21世纪经济管理新形态教材
工商管理系列

Practice of Property Management

物业管理实务

（第4版）

张作祥◎主编
张青山 董岩岩 温磊◎副主编

清华大学出版社
北京

内 容 简 介

本书根据《中华人民共和国民法典》以及物业管理实践与理论研究的新趋势和新经验，从物业管理实践运作的实际需要出发，本着理论与实践相结合的原则，充分考虑物业管理的现状，系统地对物业服务企业的日常工作和未来发展进行了分析。

本书主要从物业管理的本质内涵入手，对物业管理市场和物业管理招标与投标进行了系统的阐述。然后，从物业服务企业介入标的物业进行相关的管理工作开始，分别对物业管理的早期介入和承接查验、前期物业管理，以及房屋维修管理、物业设备管理、物业安全管理、物业环境管理、物业租赁管理、物业风险管理与保险等进行了详细的分析和论述。

本书可用作物业管理专业、房地产相关专业的本科生教材，也可供相关从业人员及高职学生使用，还可以作为物业管理行业培训参考用书。

本书封面贴有清华大学出版社防伪标签，无标签者不得销售。

版权所有，侵权必究。举报：010-62782989，beiqinquan@tup.tsinghua.edu.cn

图书在版编目（CIP）数据

物业管理实务 / 张作祥主编. —4 版. —北京：清华大学出版社，2022.1（2024.7重印）
21 世纪经济管理新形态教材·工商管理系列
ISBN 978-7-302-58968-6

Ⅰ. ①物… Ⅱ. ①张… Ⅲ. ①物业管理—高等学校—教材 Ⅳ. ①F293.347

中国版本图书馆 CIP 数据核字（2021）第 172998 号

责任编辑：王　青
封面设计：李召霞
责任校对：王荣静
责任印制：宋　林

出版发行：清华大学出版社
　　　　　网　　址：https://www.tup.com.cn，https://www.wqxuetang.com
　　　　　地　　址：北京清华大学学研大厦 A 座　　　邮　编：100084
　　　　　社 总 机：010-83470000　　　邮　购：010-62786544
　　　　　投稿与读者服务：010-62776969，c-service@tup.tsinghua.edu.cn
　　　　　质 量 反 馈：010-62772015，zhiliang@tup.tsinghua.edu.cn
　　　　　课 件 下 载：https://www.tup.com.cn，010-83470332
印 装 者：天津安泰印刷有限公司
经　　销：全国新华书店
开　　本：185mm×260mm　　　印　张：17　　　字　数：380 千字
版　　次：2006 年 7 月第 1 版　2022 年 1 月第 4 版　　　印　次：2024 年 7 月第 3 次印刷
定　　价：49.00 元

产品编号：092262-01

前言

物业管理是管理科学的基本原理在物业住用过程中的具体应用而形成的一门综合性、应用性较强的新兴学科。物业管理也是与广大居民的日常工作和生活最贴近的相对独立的行业，行业的快速发展迫切需要相关理论的指导和一大批懂管理会技能的专业人才。对物业管理学科理论的研究和实践经验的总结虽然取得了一定的进展，但尚未形成科学、系统、完善的学科理论体系。

对物业管理专业人才的培养得到了部分院校的积极响应，一些院校在不同层面上开设了物业管理专业的教育和培训课程。随着物业管理市场化程度不断提高，相关物业产权单位和使用人对物业管理服务的要求也越来越高，物业服务企业之间的竞争日益加剧，对本科及本科以上专业人才的需求也必将日益强烈。

本书是编者在总结多年专业教学、人才培养的经验及相关理论研究的基础上，根据行业发展的客观实际，在物业管理专业课程教学的过程中组织编写的。本书在组织编写过程中紧跟行业发展和学科研究的最新趋势，充分考虑物业管理工作的完整性和系统性，对物业管理工作的具体实操部分也作了适当的阐述，为从事或即将从事物业管理工作的人员提供一种可供借鉴、参考的思维方式和处理问题的方法，对于其日后逐步改进工作方法和提高管理能力具有一定的指导意义。

本书适合物业管理本科专业教学使用，也可供物业管理相关学科的高职、高专、自考等教学使用，还可作为物业管理行业培训、物业管理从业人员学习和参考用书。

本书的第 4 版主要由张作祥与张青山、董岩岩、温磊共同完成，其中张作祥负责统筹及校核工作，张青山和温磊负责根据新的有关规定进行修改和完善，以及相关法规的整理编辑，董岩岩负责统稿、编辑及章节习题的组稿。

在本书的编写过程中，编者不同程度地参阅了部分学者和专家的著述，在此表示感谢。

由于物业管理是一门应用性很强的综合性学科，且行业实践的发展非常迅速，对相关内容的阐述和理解还有待进一步探讨，也由于精力和水平所限，书中难免有不妥之处，恳请广大读者批评指正。

编　者
2021 年 6 月

目 录

第一章 绪论 ·· 1
　　第一节 物业概述 ·· 1
　　第二节 物业管理概述 ··· 6
　　第三节 物业管理的兴起与发展 ·· 17

第二章 物业管理市场 ·· 24
　　第一节 物业管理市场概述 ··· 24
　　第二节 物业管理市场的构成 ·· 28
　　第三节 物业管理市场的管理 ·· 34

第三章 物业管理招标与投标 ··· 39
　　第一节 物业管理招标与投标概述 ·· 39
　　第二节 物业管理招标 ··· 41
　　第三节 物业管理投标 ··· 49
　　第四节 物业服务方案 ··· 67

第四章 物业管理早期介入与承接查验 ··· 74
　　第一节 物业管理早期介入 ··· 74
　　第二节 物业竣工验收 ··· 81
　　第三节 物业项目的承接查验 ·· 86

第五章 前期物业管理 ·· 93
　　第一节 前期物业管理概述 ··· 93
　　第二节 楼宇入住与装修管理 ·· 97
　　第三节 档案资料的管理 ·· 103

第六章 房屋维修管理 ·· 107
　　第一节 房屋维修 ·· 107
　　第二节 房屋维修管理综述 ··· 109
　　第三节 房屋维修工程 ··· 118
　　第四节 房屋日常维修养护 ··· 125

第七章　物业设备管理 ……………………………………………………… 131

第一节　物业设备概述 ……………………………………………… 131
第二节　物业设备管理综述 ………………………………………… 137
第三节　物业设备管理的基本制度 ………………………………… 145
第四节　主要的物业设备管理方法 ………………………………… 148

第八章　物业安全管理 ……………………………………………………… 157

第一节　物业安全管理概述 ………………………………………… 157
第二节　物业保安管理 ……………………………………………… 160
第三节　物业消防管理 ……………………………………………… 165
第四节　车辆管理 …………………………………………………… 169

第九章　物业环境管理 ……………………………………………………… 173

第一节　物业环境管理概述 ………………………………………… 173
第二节　物业保洁管理 ……………………………………………… 175
第三节　物业绿化管理 ……………………………………………… 180

第十章　物业租赁管理 ……………………………………………………… 185

第一节　物业租赁概述 ……………………………………………… 185
第二节　物业租赁合同 ……………………………………………… 188
第三节　物业租赁管理综述 ………………………………………… 191
第四节　物业租金 …………………………………………………… 201

第十一章　物业风险管理与保险 …………………………………………… 205

第一节　风险及风险管理 …………………………………………… 205
第二节　物业风险管理 ……………………………………………… 212
第三节　物业保险 …………………………………………………… 216

参考文献 ……………………………………………………………………… 226

附录 …………………………………………………………………………… 227

商品房屋租赁管理办法 ……………………………………………… 227
前期物业服务合同（示范文本） …………………………………… 231
物业承接查验办法 …………………………………………………… 241
保安服务管理条例 …………………………………………………… 246
电梯应急指南 ………………………………………………………… 254
普通住宅小区物业管理服务等级标准（试行） …………………… 258

第一章

绪　论

第一节　物业概述

房地产是现代社会的重要经济资源，也是社会财富的重要组成部分。随着房地产业的发展，对物业管理业务的需求已经摆在开发商和业主面前，对这部分经济资源进行有效的管理和经营是一个不容回避的现实问题。国际上通行的物业管理已经运行了一个多世纪，而我国的物业管理业务是在改革开放、推行市场经济以后逐渐从社会经济生活中分离出来的。物业管理在我国是一个蓬勃发展的新兴行业，是在房地产经济资源数量不断增加的基础上对存量固定资产进行市场化经营而产生的一种新的需求。

一、物业的含义

一般认为，"物业"一词是由我国香港传入内地的，其英语单词为 estate 或 property，其含义为财产、资产、拥有物、房地产等。这是一个广义的范畴。而我们经常说的物业，则是一个狭义的范畴，是指已建成并投入使用的各类建筑物及其设备、设施和相关的场地。其中各类建筑物是指住宅小区、综合商住楼、别墅、写字楼、商业大厦、宾馆、饭店、工业厂房、仓库等，既可以是一个建筑群，也可以是一个单体建筑。配套设施、设备是这些建筑物内外附属的各类设备、公共市政设施；而相关场地是指与这些建筑物相邻的庭院、绿地、道路等。物业可大可小，一个单元住宅是一个物业，一座大厦是一个物业，一所学校、一个体育场馆也是一个物业。物业是具体的、独立的单元性房地产。同一个建筑物还可按权属的不同分割为若干个物业。

由物业的定义可以看出，一个完整的物业应该包括以下几个组成部分：

（1）已经建成并具有使用功能的各类建筑物，即供居住和非居住的建筑物；

（2）与上述建筑物相配套的设备（含生产设备）和市政、公用设施；

（3）与建筑物、构筑物相邻的场地、庭院、停车场、物业区域内的非主干道路等。

二、物业的基本性质

世界上任何事物都有自己特有的属性，物业也不例外。明确物业的属性，对于深刻理解并掌握物业的本质内涵、了解物业管理的本质、掌握物业管理的运行规律、搞好物业管理有着十分重要的意义。

1. 物业的自然属性

物业的自然属性又称物业的物理属性或物理性质，是指与物业的物质实体或物理形态相联系的性质，它是物业社会属性的物质内容和物质基础。物业的自然属性主要表现如下：

（1）物业的二元性。物业的物质实体表现为具有特定用途和明确属性的建筑物，任何建筑物的基础都是建立在土地之上的，从而成为土地的附属物，土地的功能则借助建筑物得以充分发挥。因此，在经济发达的社会中，物业大多是指土地与建筑物的统一体，兼有土地与建筑物两方面的物质内容。当然，对于不同的物业，其二元的组成比重是不同的。例如，城市物业建筑面积与土地面积的比值一般高于农村；而经济、文化、商业中心物业建筑面积与土地面积的比值一般高于重工业基地。物业的这种二元性是一般商品所不具备的，它决定了物业必然兼有土地与建筑物两方面的性质。

（2）物业的固定性。土地是不可移动的。这里所说的不可移动，并不是指泥土或者地下埋藏的东西不可移动，也不是指地质地貌不可改变，而是指土地的空间方位、位置的确定性。土地是不可移动的，因此建于土地之上的各类建筑物，不管形状如何、性能怎样、用途是什么，也是不能随便移动的。当然，随着现代科学技术的发展，有些建筑物，甚至整座楼宇，都可以移位。但是总不能像其他商品一样，把这块土地连同其上的建筑物装上火车、轮船、飞机运往另外一个地方。土地和各类建筑物是不可移动的，因此与各类建筑物相配套的设施，如管道、道路、电缆等也是不可移动的。也就是说，物业在空间位置上是不可移动的。

（3）物业的有限性。物业的有限性主要是由土地供给的有限性决定的。因为土地的绝对数量是有限的，而且具有不可再生性，用来开发建设的土地就更有限了。随着社会经济的发展，土地面积日益减少，人类只能在有限的土地上开发建设，从而使物业的数量受到一定的限制。同时，建筑材料、建筑技术、建设资金等物业建设所必需的相关资源的有限性也决定了物业的供给是有限的。

（4）物业的差异性。物业的差异性也可以称为物业的多样性。就土地而言，处在不同地理位置或区位的物业是不同的。就建筑物本身而言，由于建筑物的结构、功能、自然环境、技术经济条件不同，形成了物业形式上的多样性。不管房地产多么简单，哪怕只是一间小屋，也不管它有多大，乃至几万甚至几十万平方米，结构多么复杂、内容多么繁多、用途多么广泛，它都是单件产品。房屋建筑不可能像其他工业品一样，可以按照同一套图纸、同一个模具或原料进行"原版复制"，即使是按照同一套图纸或原料进行复制，也会因为房屋在建造过程中所使用的材料和消耗的劳动，即物化劳动和活劳动消耗的不同而不同，世界上不存在完全一样的建筑物。同时，人们在建造一处建筑物，特别是比较大型的建筑物的时候，往往还要力求表现或追求一种理念或艺术视觉效果，这就使各类建筑物更加丰富多彩。因此，也可以说房地产、物业在形式上和内涵上都具有多样性，是无数个个性的统一。

（5）物业的耐久性。房屋和土地都是相当耐久的资产。土地的使用可以说是无限期的，它具有不可毁灭性，即永恒的价值。物业一经建造完成，可供人们长期使用，建筑业中经常提到"精心设计，百年大计"这句口号，说明建筑物一般是要使用数十年甚至更长时间的。

（6）物业的配套性与系统性。一个完整的物业是一个系统，物业的各组成部分之间彼此联系或相互配套组成一个整体才能发挥物业应有的功能，满足人们生活、工作和消费的需求。没有配套设施的物业难以发挥功能，也难以满足各种需要。人们的各种现实需求从客观上决定了物业的配套性和系统性。

物业的系统性要求各种配套设施应该齐全，否则将影响物业功能的发挥。以住宅为例，室内设备配套至少应包括厨房、厕所、上下水、电等，否则就会产生不便，影响房屋的居住功能。住宅小区的配套包括文化教育设施、卫生保健设施、商业服务设施、环境保护设施等。市政配套设施包括交通、邮电、能源、自来水、供热等。拥有这些配套设施的住宅小区可以形成一个完善的系统，充分发挥住宅小区的功能，即物业的配套设施越齐全，其功能发挥就越充分。物业的配套设施不仅要完善，而且组成部分要运转正常，即系统的每个组成部分都要正常发挥其应有的功能，否则整个系统的功能就会受到影响。这也是物业管理的目标所在。

2. 物业的社会属性

物业的社会属性是指与所有权及商品经济相联系的性质，主要包括下面几个方面。

（1）物业的权属性。物业的权属性是指物业在法律上有着明确的权属关系。这种明确的权属关系使物业的所有者、经营者和使用者的经济利益，在物业的开发、建设、经营、管理与使用过程中受到法律的保护。物业的权属性最重要的内容就是物业的所有权和物业的使用权。

物业的所有权是指物业所有者在法律规定的范围内对该物业所拥有的占有、使用、收益和处分的权利。物业所有者的经济利益主要表现在当其物业留作自用时不必向任何人交纳租金，而当依法将物业出租时可以向承租人收取租金。

物业的使用权是指依法经营或使用物业的权利。在我国，物业的使用权是实行所有权与使用权分离以后出现的一种依法成立的有限产权。当使用者取得物业使用权后，就要向物业所有者交纳租金，而不论其将物业留作自用还是用于出租。

（2）物业的商品性。在市场经济条件下，物业本身既有经济价值又有使用价值，因而物业的基本经济属性是商品。物业的商品属性主要体现在以下几个方面：①物业开发建设的整个过程中凝聚了不同行业不同人员的具体的脑力劳动和体力劳动，是人类一般劳动的凝结，因而它具有价值；②特定的物业都具有满足人们某种需要的属性，即物业具有使用价值；③物业的价值和使用价值可以通过市场交易活动实现，物业的买卖、租赁、抵押，土地使用权的出让和转让，都是体现物业商品性的具体方式；④物业的开发建设、经营管理活动，都是商品经济活动，必须遵从价值规律；⑤物业的分配与消费，即便是非营利性的，也充斥着商品的行为，遵循"商品—货币"的规则；⑥参与物业开发建设、经营与管理以及消费的人与人之间的关系是建立在市场经济基础上的经济关系，从生产到消费都不是无偿的。

（3）物业的稀缺性。这种稀缺性主要是相对人类的需要而言的：一方面表现为土地资源供应上的绝对短缺；另一方面表现为建筑资源供应上的相对短缺。从整个人类历史发展来看，人口的数量在不断增长，而整个地球的陆地面积并没有增加，人均占有土地面积不断缩小，这就是土地的绝对短缺。从人们占有房屋空间的角度来看，这是一个可大可小的伸缩过程。房屋建筑面积小，一个人有张床就可以了；房屋建筑面积大一些，人们就希望一个人有一间房；如果条件允许，人们还希望一个人拥有一套房。因此，从这个意义上讲，人们对占有房屋空间的面积总是不够充分满意的，这就是建筑资源供应上的相对短缺。

（4）物业的效用性。物业的效用性是指对人类社会的使用价值属性，即人们因占有使用物业而得到某些需求的满足。物业若无效用，就不会存在物业价格，人们就不会产生占有物业的欲望。物业作为物质资料既可以为生活服务，也可以为生产服务；既可以充当消费资料，也可以充当生产资料，如住宅是消费资料，厂房、商店是生产资料。物业作为资本参与经营活动。由于任何经营活动都需要一定的活动场所，所以物业又可以作为资本作价入股，构成企业生产经营过程中投入的固定资产，收取投资利润，也可以按期出租等。物业还可以用来抵押进行融资。作为不动产，物业可谓是永恒资本，被视为最可靠的债务抵押物或担保物。物业可以被赠送和继承。物业产权所有人可以将所属物业无偿地赠予他人，也可以将其作为遗产，留给子孙后代等。

（5）物业的保值、增值性。物业这种商品在社会实际购买力的长期的时间序列上，呈现一种递增趋势。而且这种递增趋势主要不是由于直接追加的劳动，而是物业本身的一种"自然增值"。我国城市建筑用地的价格从20世纪80年代初到现在已成百倍地增长，房屋的价值也增加了几十倍，而这种保值、增值不是直线上升的。从短期来看可能升值，也可能降值。但是从长期来看，物业的价值无疑呈现出在波动中上扬、螺旋式上升的趋势。

三、物业的类型

根据物业的定义可以看出，物业的范围相当广泛，几乎可以包括所有的建筑物，如住宅小区、高层楼宇、宾馆饭店、工厂厂房、仓库、码头、车站等。根据不同的分类标准，可以把物业分成不同的类型。

1. 按使用功能的不同

（1）居住物业，包括住宅小区、单体住宅楼、公寓、别墅、度假村等。

（2）办公物业，主要是供企事业单位使用的各类写字楼、办公楼等。

（3）商业物业，包括综合楼、商场、购物中心、宾馆饭店、康乐场所等。

（4）工业物业，包括生产厂房、工业园区、仓库、货场等。

（5）其他用途的物业，除以上几种物业之外的物业类型，如交通运输、邮政通信、广播电视、医院、学校、体育场馆等。

2. 按物业所有权人的数量

（1）单一产权物业，即某物业的所有权人只有单个个人或单位，如房改前单位所拥有的某栋住宅楼，产权归该单位所有。

（2）多元产权物业，即某物业的所有权人有多个个人或单位，如目前大部分新建的商品住宅小区等。

此外，还可以按照业主的性质，把物业分为私有产权物业和公有产权物业，后者又包括集体所有物业和国家所有物业两种形式。

四、房地产、不动产与物业的联系和区别

1. 联系

（1）房地产。房地产有狭义和广义之分。狭义的房地产主要是指房屋、地基及附属土地。附属土地是指房屋的院落占地、楼间空地、道路占地等空间上与房屋和地基紧密结合的土地。广义的房地产是指全部土地和房屋，以及附着于土地和房屋之上不可分离的部分。从法律意义上说，房地产本质上是指以土地和房屋作为物质存在形态的财产。这种财产是指蕴含于房地产实体中的各种经济利益以及由此形成的所有权、使用权、租赁权、抵押权等财产权益。

（2）不动产。不动产一词译自英语 real estate 或 real property。real estate 具体指土地及附着在土地上的人工建筑物和房屋；real property 具体指 real estate 及其附带的各种权益。房地产由于其位置固定，不可移动，通常又被称为不动产。从广义的房地产概念来说，房地产与不动产是同一语义的两种表述，但是在某些方面，不动产所涉及的范围比房地产更宽泛。房地产的表述侧重表明这种财产是以房屋和土地作为物质载体，而不动产的表述侧重表明这种财产具有不可移动的独特属性。

（3）物业。物业主要是指以土地和土地上的建筑物、构筑物形式存在的具有使用功能的不动产和相关财产。物业是单元性的、具体的房地产或不动产。

2. 区别

（1）内涵的区别。房地产一般是指一个国家、一个地区或一个城市所拥有的房产和地产的总和；而物业一般是指单元性房地产，即一个单项的房地产、具体的房地产。从宏观的角度来讲，一般只用房地产而不用物业，如房地产业而非物业业，房地产体制改革也很少用物业体制改革来代替。

（2）称谓上的区别。房地产通常是广义上对房屋开发、建设、销售、管理等方面的统称，是对房屋建筑物进行描述时最常使用的概念；不动产通常用于界定法律财产关系，其着眼点是该项财产实物形态的不可移动性；物业通常用于描述具体的房地产项目，是针对具体房屋建筑物及其附着物的使用、管理、服务而言的概念。

（3）适用范围的区别。房地产通常在经济学范畴使用，用于研究房屋及其连带的土地的生产、流通、消费及随之产生的分配关系；不动产一般在法律范畴使用，用于研究该类型财产的权益特性和连带的经济法律关系；物业一般在房屋消费领域使用，而且特指在房地产交易、售后服务阶段针对使用功能而言的房地产，通常是指具体的房地产。

第二节 物业管理概述

一、物业管理的含义

随着物业管理实践的不断发展,人们对物业管理的认识也越来越清晰、越来越理性。一般来说,对物业管理的含义的理解主要有广义和狭义两种。

(一)广义的物业管理

广义的物业管理泛指一切有关房地产的发展、租赁、销售及售租后的服务,包括房地产经营管理方面的所有事宜。

(1)对物业权属的管理,即土地所有权的管理、土地地籍的管理、房屋所有权和使用权的管理以及其他物业权属的管理。

(2)对物业经营活动的管理,即关于房屋的买卖、租赁、抵押和典当、继承与赠与等。

(3)对物业的维修保养管理,即关于房屋的维修、拆迁、租赁后的服务等。

(4)对与物业有关的法律纠纷的管理,即物业管理中涉及的法律文书和合同,物业纠纷的调节、仲裁与诉讼等。

(二)狭义的物业管理

狭义的物业管理主要是指有关房地产及其辅助设备设施售租后的服务。

原国家建设部房地产业司物业管理处在《中国物业管理实务》中给出的定义是:"物业管理是由专门的机构和人员,按照合同和契约,对已竣工验收投入使用的各类房屋建筑和附属配套设施及场地以经营的方式进行管理,同时对房屋区域周围的环境、清洁绿化、安全保卫、公共卫生、道路养护统一实施专业化管理,并向住用人提供多方面的综合性服务。"

从这个定义可以看出,狭义的物业管理强调了以下几个方面的内容:

(1)物业管理的主体必须是专门的机构和人员。换句话说,物业管理必须由具备一定条件的机构(物业服务企业)和具备一定专业要求的人员进行,不是任何个人或组织想管就可以管,想管好就能管好的。

(2)物业管理者必须根据物业所有者的委托,遵守国家的法律法规,按照一定的合同或契约进行管理。换句话说,物业管理者的权限是物业所有者给予的,从属于物业的所有权,也是受国家相关法律法规保护的,按照合同和契约进行。物业管理者行使的只是对特定物业的管理权。

(3)物业管理的对象是已经竣工验收并投入使用的各类建筑物及其附属配套的设备设施和相关场地,包括物业区域内环境卫生、绿化、公共秩序与安全、车辆停放及交通等方面。

(4)物业管理是以经营的方式进行统一的专业化的管理。换句话说,物业管理本身是一种市场化的经济行为。因此，它的实际运作过程、运作机制都必须遵循市场规律的相关原则，一切活动都要纳入经营的轨道。同时，物业管理又是一种现代化的管理行为，对房屋及其附属设备、设施的管理都要遵循专业化的原则。

（5）物业管理的目的是为业主服务，是为业主和使用者提供高效、优质、便捷、经济的综合服务，提高广大业主和使用人的生活质量，提升物业的住用价值，为其创造一个整洁、文明、安全、舒适的生活和工作环境，最终实现社会、经济和环境效益的协调统一。

2003年9月1日开始实施的《物业管理条例》第二条指出："本条例所称物业管理，是指业主通过选聘物业服务企业，由业主和物业服务企业按照物业服务合同约定，对房屋及配套的设施设备和相关场地进行维修、养护、管理，维护相关区域内的环境卫生和相关秩序的活动。"根据《物业管理条例》对物业管理的界定，对物业管理的概念可以进一步理解为：物业管理（property management）是指物业服务企业的经营者接受物业所有者的委托，依照国家有关法律规范，按照物业服务合同或契约行使管理权，运用现代管理科学和先进维修养护技术，以经济手段对物业实施多功能、全方位的统一管理，并为物业所有者和使用者提供高效、周到的服务，使物业发挥最大的使用价值和经济价值。

传统意义上的物业管理所管理的对象往往局限于建筑实体，即所管理的是建筑的结构主体和配套设施、设备场地的物业实体，而忽视了建筑的文化含量和精神价值以及建筑与人息息相关的心理联系。现代物业管理应包括新的内涵，在更广阔的层面上不再局限于对建筑实体的管理而更关注空间与人、文化与价值等附着于建筑物之上的精神内涵，注重经济效益、社会效益、环境效益的协调发展，最终以提升物业住用人的生活质量和社会的和谐进步为主要目标。

二、物业管理的特点

物业管理是城市管理体制、房地产管理体制的重大改革，是与房地产综合开发、现代化生产方式相配套的综合性管理，是随着住房制度改革的推进而出现产权多元化格局后与之相衔接的统一管理，是与社会主义市场经济体制相适应的社会化、专业化、市场化的管理。物业管理是一种有别于以往房产管理的新型管理模式，以提供物业管理服务为主要内容，属于第三产业。物业管理是管理的一种，具备管理的一般属性和特点。此外，物业管理还具有如下特性。

1. 社会化功能集成度较高

物业管理较高的社会化集成功能主要体现为：①物业管理将分散的社会分工汇集起来统一管理，如房屋、水电、清洁、保安、绿化等。每位业主只需面对一家物业服务企业即可将所有关于房屋和居住（工作）环境的日常事宜办妥，而不必分别面对各个部门，这犹如为各业主找到了一个"总管家"，业主只需根据物业管理部门批准的收费标准按时缴纳管理费和服务费，即可获得周到的服务，既方便业主，也便于统一管理。②面向社会的物业管理，房地产开发商或业主应自觉将开发或持有的物业推向社会，通过公开招标、公平竞争，把物业交给高水平的专业公司管理。③物业管理本身也应社会化，物业管理的涉及面很广，每一个管理项目都有一定的专业要求，物业服务企业可以将一部分管理项目分离出去，使其成为社会的一个专门行业，这样既可以减轻物业服务企业的负担，也符合专业化的要求，有助于提高管理的水平和效率。

2. 专业化要求高

物业管理的专业化是指由专门的物业服务企业通过签订委托服务合同，按照产权人和使用人的意愿与要求实施专业化的管理：①有专业的人才；②有专门的组织机构；③有专门的管理工具和设备；④有科学、规范的管理措施与工作程序，运用现代管理科学和先进的维修养护技术实施专业化的管理。

3. 市场化竞争

物业管理是一种企业化、市场化的经营管理行为，市场化是当前物业管理最主要的特点。物业服务企业是企业，不是事业单位，也不是行政机关的分支机构，实行独立核算、自主经营、自负盈亏、自我积累和自我发展。物业服务企业作为独立的法人，应按照《中华人民共和国公司法》的规定运行，不受任何干扰，政、事、企职能分离。因此，首先，物业服务企业应该"真正成为相对独立的经济实体，成为自主经营、自负盈亏的社会主义商品的生产者和经营者，具有自我改造和自我发展的能力，成为具有一定权利和义务的法人"。其次，物业服务企业应逐步走向市场，完全按照市场的原则进行运作，优胜劣汰，不断提高物业管理的整体水平。最后，在具体实施物业管理的过程中，应按照相关法律法规的规定和约束，以经济手段为主，实行责、权、利相结合的经营责任制。业主通过招投标的方式选聘物业服务企业，物业服务企业所提供的商品主要是劳务，采用等价有偿的方式向业主或使用人提供物业服务，业主或使用人购买并消费这种服务。在这样一种新的机制下逐步形成有活力的物业管理竞争市场，业主有权选择物业管理单位，物业管理单位必须依靠自己良好的经营和服务才能进入并占领相应的市场份额。这种通过市场竞争和商品经营的方式所实现的商业行为就是市场化。双向选择和等价有偿是物业管理市场化的集中体现。

4. 科学化经营

物业服务企业应以管理学基本理论为指导，充分结合所管物业的独特属性，开展物业管理经营活动。物业服务企业的服务性质是有偿的，即推行有偿服务，合理收费。物业服务企业可以通过多种经营逐步走上"以业养业、自我发展"的道路，从而使物业管理有了造血功能，既减少了政府及各主管部门的压力和负担，又使房屋维修、养护、环卫、治安、管道维修、设备更新的资金有了来源，还能使业主得到全方位、多层次、多项目的服务，获得安全、舒适、可靠的居住和工作环境，实现房地产经营的良性循环。

三、物业管理的对象及目标

（一）物业管理的对象

物业管理的对象包括管理对象和服务对象。

1. 物业管理的管理对象包括硬件和软件

硬件是指建筑物或构筑物实体、建筑用地及相关场地、机电设备系统、市政公用设施等一系列实体；软件是指生活环境、工作环境、服务功能等。物业管理的目标是使各硬件系统运转正常，保证人们的正常生产、生活，并创造优美、舒适的生活环境，使人们得到精神上的享受，提高生活和工作质量。

2. 物业管理的服务对象是物业产权所有者和物业使用人

对于自己使用的房屋，物业产权所有者和物业使用人是一致的，物业管理面对的只是物业产权人即业主。业主由于大多缺乏管理物业的经验和能力，逐渐将自有物业委托给物业服务企业进行管理。随着社会分工的日趋细化和生活节奏进一步加快，这种趋势将越来越明显。

对于产权人（业主）将物业出租给使用人（租户）的情况，物业管理既要面对业主又要面对租户。物业服务企业受业主委托，以努力提高物业的价值和使用价值为目标，主要是对业主负责。而只有向租户提供令其满意的服务，才能搞好物业管理，才能真正为业主带来经济效益，因此物业服务企业也要为租户负责。而且物业服务企业在更多场合、在更大程度上直接面对的是广大租户。租户只有接受了满意的管理服务，才有可能将房屋租下来，甚至续租或带来更多的租户，从而提高物业价值。随着人们生活水平的提高，对生活、工作环境质量的要求越来越高，要求物业管理人员保护好物业，延长其使用寿命，不断完善其各项功能，以适应不断变化的市场需要。

（二）物业管理的目标

物业服务企业受业主的委托，代表业主的利益进行物业管理，以维持并提高物业的价值和使用价值为总体目标。物业管理的目标具体可以归纳为质量目标、安全目标和费用目标。这三个目标之间不是完全独立的，而是一个有机的系统，彼此相互联系，在考虑某一具体目标时要兼顾其余，否则只能是顾此失彼。例如，质量目标要求采用的设备、材料等越高级、越先进越好，然而如果一味追求高质量而不及其余，必将带来巨大的费用支出；反之，费用目标也并非花费越低越好，低廉的价格往往伴随着不过关的产品质量，也可能造成过于频繁的维修和设备的更新重置，从而带来更大的费用支出。以降低物业质量为手段来追求较低费用支出的做法是非常短期和不负责任的行为。物业管理人员应以全局的眼光，综合运用法律、经济、技术及组织协调等措施，努力寻求三个目标的协调统一。

1. 物业管理的质量目标

物业管理的质量目标包括硬件质量目标和软件质量目标（见图1-1）。

在项目生命周期的不同阶段，质量目标的重点有所不同：在项目实施期，应注重保证项目的物理功能，如保证结构功能、建筑功能和机电设备功能；项目建成使用后，质量目标的重点则是采取措施保证物业的使用功能及软件目标的实现，如服务的完备性、及时性和用户的满意度。影响物业质量目标的因素很多，包括项目实施期的设计因素、材料因素、设备采购因素和安装因素、土建施工因素等，以及项目使用期内设备的操作、保养、维修等因素。质量目标的控制应贯穿整个项目生命周期。

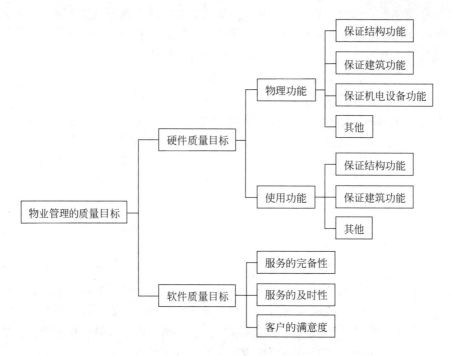

图 1-1　物业管理的质量目标

2. 物业管理的安全目标

（1）物业使用环境的安全。防止环境方面的灾害，如火灾及其他意外事故。

（2）物业的安全。防盗、防火及其他意外损失。

（3）物业使用人的安全。物业使用人的人身、财产安全等。

3. 物业管理的费用目标

物业生命周期内的费用可分为项目实施期的一次性投资和项目使用期的经常性费用。物业管理的费用目标主要是针对后者。物业管理费用（经常性费用）应该包括物业的日常运营费、物业的维修费、物业的保养费、更新重置费等。

物业管理人员应根据物业的具体情况，结合自身的专业知识和经验，针对物业管理费用的各项内容编制预算，作为物业管理的费用目标。依据这一费用目标，对物业进行保养、维修和必要的更新，使物业在任何时候都处于最佳状态。在物业的各项管理费用实际发生时，采取各项措施，使实际发生的费用不超过预算的费用表，以达到控制费用的目的。

应该注意，从整个项目生命周期来看，项目实施期间的一次性投资和项目使用期的物业管理费并非相互独立、互不联系的。一般而言，工程项目一次性投资的增加可以提高物业的质量，从而降低物业使用阶段用于物业保养、维修和更新重置的费用；相反，较低的物业质量将导致物业管理费用的大量增加。

四、物业管理的内容

（一）物业管理的基本内容

1. 日常养护

日常养护主要是指对各类建筑物、配套设施的维修养护。具体来说，就是房屋的维修养护，照明系统的维修养护，配电设备的维修养护，配套的供水系统、供暖系统、空调系统、电梯运行系统的维修养护等。

2. 公共安全管理

公共安全管理是维护物业的正常工作、生活秩序而进行的专门的管理与服务工作，包括物业管理区域内的安全、保卫、警戒以及对排除各种干扰的管理。

3. 清洁绿化管理

清洁绿化管理是为了净化和美化物业环境而进行的管理与服务工作。物业清洁绿化是物业管理的重要组成部分，是体现物业管理水平的一项重要标志。既需要做好草地和花木的养护工作，定期修剪、施肥、浇水、防治病虫害、更换花木、营造园林绿地等，也需要搞好清洁工作，如对各种垃圾、废物、污水、雨水的处理，防鼠灭虫、外墙清洗、粉刷，还要做好清洁保养的工作计划、检查监督等管理工作。

4. 消防管理

消防管理也是为维护物业的正常运行而进行的一项专门的管理与服务工作，是指预防物业火灾发生、最大限度地减少火灾的损失，以及火灾中的应急措施。消防工作包括灭火和防火，配备专职人员，培训一支兼职队伍，制定消防制度，保证消防设备处于良好待用状态。消防管理工作的重点是防患于未然，加强防范措施，同时还要让业主和租户具有人人防火及自救的意识。

5. 车辆和道路管理

车辆和道路管理是物业管理中的一件十分琐碎而又不可或缺的工作。要防止车辆丢失，并定点停放，避免阻碍交通和有碍观瞻。车辆管理看起来是一件小事，但处理起来并不容易。特别是随着人们生活水平的提高，汽车拥有量也在逐渐增加，而我们的住宅设计往往没有考虑这个问题，从而进一步增加了车辆交通与停放管理的难度。

6. 征收费用

征收费用是一项十分细致而又复杂的工作。需要编制预算、收支账目，定期收取费用，处理在收取费用过程中的各种矛盾，还要定期公布账目，接受监督和检查等。

7. 解决矛盾

物业管理实际上是通过对物及相关人员言行的规范和管理实现对人的服务。因此，在物业管理过程中必然涉及大量的人与人之间的矛盾，需要协调社会各方面的关系，包括与政府主管部门，街道，供水、供电、煤气、电信、市政等相关部门的沟通与关系；还要协调物业管理范围内的物业服务企业与发展商、业主、租户的关系，并处理好内部职工之间的关系等。

8. 档案管理

档案管理是物业服务企业的一项基础性工作。档案所涉及的内容相当多,包括房地产开发立项、建筑相关的文件资料、业主入住、产权户籍管理相关的文件,以及物业服务企业自己的一些相关文件等。

(二)多种经营服务

物业管理多种经营服务主要是指物业服务企业在征得相关主体同意后,依托物业管理区域特有的市场资源所开展的各类有偿服务,特别是针对某些用户的特定需要而提供的有针对性的有偿服务。专项服务通常事先设立服务项目,并公布服务内容与质量、收费标准,当业主或租用人需要这种服务时,可自行选择。费用在公共服务费外单独收取。

(三)物业租赁

物业服务企业根据自身的实力及所管物业区域的特点,可以开展接受业主(或其他组织)委托的物业租赁业务,增加企业的经营收入。

(四)社区管理

参与社区管理是物业服务企业的一项特殊使命。物业服务企业在搞好自身的业务之外,还要承担积极参与社区管理这一特殊职能。物业服务企业应自觉与各级政府、医疗、政法、公安部门取得联系,随时传达有关政策和法令,开展社区建设和管理工作,如全民选举、人口普查、计划生育、社会治安、医疗保健、防病治病、社区文化等。

五、物业管理的类型

(一)按管理主体分类

1. 以区、街道、办事处为主体成立的物业服务企业实施的管理

这种管理主要突出了地方政府行政管理的作用,因此具有权威性,制约力强,但缺乏专业知识,市场化意识不足。

2. 以房地产管理部门为主体,由下属的房管所、站成立物业服务企业进行的管理

这种管理受计划经济体制影响比较深,带有行政管理的色彩,但是具有一定程度的专业化特点。

3. 物业产权拥有单位为管理主体实施的管理

主要是指一些大的企事业单位对所拥有的产权物业实施的管理。管理对象通常是本单位职工或以本单位职工为主居住的物业。这种管理方式仍带有一定程度的福利性。

4. 以物业服务企业为主体实施的管理

这是一种以委托与被委托、服务与被服务的方式,完全按市场经济运行规律进行的管理。管理单位与业主(或使用人)是一种平等的民事关系,是被实践证明适应我国住房体制改革的比较有效的房屋管理模式。

（二）按业务委托情况分类

1. 委托服务型物业管理

委托服务型物业管理是指房地产开发商将开发建成的物业出售给业主，一次性收回投资并获取利润，然后委托物业服务企业对该物业进行管理，完善其售后服务。这里的"委托"分为下面两种情况。

（1）开发商自己组建物业服务企业，对所出售的物业进行管理，也就是物业管理中通常所说的"父子"关系。这种类型的物业管理的特点是：①有利于完善售后服务。开发商将售后服务工作交由自己下属的物业服务企业，这些企业对开发商委托的物业通常比较熟悉，与开发商也比较容易沟通协调，因而容易得到开发商的支持。②通常不存在经费难题。例如，有些开发项目将投资总额的一定比例（通常为 1%~2%）划拨物业服务企业作为管理基金。然而，这类物业服务企业在人员、制度、设备等方面往往不够专业和规范，也很难站在业主和使用人的角度维护业主和使用人的合法权益，许多开发商对物业管理也并没有给予足够的重视。

（2）开发商以招标的方式委托专业物业服务企业对已出售的物业进行管理。这是物业管理今后的发展方向。因为招投标本身就是一种市场竞争行为，只有通过竞争，才能促使物业服务企业注重服务质量和企业形象，促进物业管理行业的健康发展。随着物业管理市场的不断成熟，这种类型的物业服务企业将得到进一步发展。

2. 租赁经营型物业管理

租赁经营型物业管理是指房地产开发商建成房屋后并不出售，而是交由下属的物业服务企业进行经营管理，通过收取租金收回投资，并获取利润。物业服务企业对物业的管理不仅是日常的维修养护工作，更主要的是对所管物业的出租经营，为房地产开发商获取更加长远而稳定的利润。这类物业服务企业多以经营商业大楼、综合大厦、写字楼为主。

委托服务型物业管理与租赁经营型物业管理存在较大的差别。从产权上看，前者只有管理权而没有产权，后者既拥有产权又有管理权；从管理上看，前者是物业的售后服务，是为了保持物业的正常使用，后者则需努力营造良好的物业使用环境，创造租赁条件，赢得租户并为之服务；就管理的物业对象而言，前者适合各种楼宇，后者则主要以商业及职业人群为服务对象；从管理方式上看，前者注重的是管理与服务，后者更注重积极的、带有开拓性的经营。

（三）按管理重点分类

1. 管理型物业管理

管理型物业管理主要是对物业及其附属设备、设施和场地实施统一的综合管理，以期通过管理给业主或用户创造整洁舒适、安全高雅的居住和办公环境。

2. 服务型物业管理

服务型物业管理主要是在完成基本管理任务的基础上，充分利用现有物业条件，尽可能完善各种配套设施，发挥主观能动性，开展多种多样的经营服务项目，为用户提供全方位的服务。

3. 经营型物业管理

经营型物业管理主要是运用现代经营手段，按照市场经济的原则，在搞好管理和服务的同时，开展各种经营活动。不仅要实现对物业管理区域内相关业主和使用人的服务的投资价值收益（直接体现为保持较高的物业管理服务费的收缴率），还要依托物业管理区域的市场资源，力所能及地开展多种经营服务，增加企业的经济效益，提高企业的竞争能力。

（四）按经营形态的不同分类

1. 管理型物业管理

管理型物业管理主要进行产权产籍管理，开展物业的产权经营、中介服务和房地产经纪业务等，也包括对物业的档案资料管理。清洁、保安、维修、养护和公共服务等具体的事务管理操作是以分包及与专项服务公司合同工、钟点工挂钩的服务形式分解的。

2. 实务型物业管理

实务型物业管理一般是以保安公司、绿化公司、保洁公司、房屋维修公司、机电设备保养维修公司等专业公司的形式出现的。这些公司以开展物业专项服务管理为业务，工种齐全，服务质量比较高，通过接受其他物业服务企业的分包来取得管理业务。

3. 半管理半实务型物业管理

半管理半实务型物业管理的优点是优势互补，既可以充分发挥自己的长处，又可以充分利用他人的优势，取长补短，优化管理组合要素，达到最佳管理效果。

（五）按照物业服务企业接管楼盘的财务渠道分类

1. 包干型物业管理

包干型物业管理即大业主（房地产开发商）或小业主（购房者）按合同契约、政府有关部门规定的费用或以指导价格，付给物业服务企业一定费用（通常按每平方米或每套房屋计价），由物业服务企业承包，亏损或盈利由物业服务企业承担或享有。

2. 费用加成型物业管理

费用加成型物业管理方式下，物业服务企业所有的成本费用开支都必须经业主审定，然后由业主按比例付给物业服务企业一定的酬金，即利润。

六、物业管理与传统房屋管理的区别

物业管理与传统房屋管理有所不同。一般来说，传统房屋管理是房地产管理中的一项具体管理内容，是介于行政管理和非行政管理之间的一种房屋管理形式。物业管理是传统房屋管理的一种革新，无论在管理模式、手段、观念上，还是在管理的深度和广度上，都与传统房屋管理有着很大的区别（见表1-1）。

表 1-1　物业管理与传统房屋管理的区别

比较内容	物业管理	传统房屋管理
物业权属	多元化产权	单一产权（国有、集体所有）
管理主体	物业服务企业	政府、单位房管部门
管理单位性质	企业	事业或企业性事业单位
管理手段	经济和法律手段	行政手段
管理性质	经营型的有偿管理服务	福利型的无偿、低偿服务
管理观念	为业主、住户服务，以人为本	管理住户，以物为中心
管理费用	经营收入、自筹等	低租金和财政补贴
管理形式	社会化、专业化统一管理	多头分散管理
管理内容	全方位、多层次的管理服务	管房和修房
管理关系	服务与被服务的关系	管理与被管理的关系
管理模式	市场经济管理模式	计划经济管理模式
管理机制	契约、合同制	行政指令、终身制、无竞争

七、物业管理与房地产业

（一）房地产业

1. 房地产业的含义

房地产业是从事房地产（房屋和土地）开发、经营、管理和服务的行业。房地产业的劳动产品是经过开发的土地以及与其紧密连接在一起的建筑物或构筑物。联合国制定的《国际标准行业分类》中，经济行业分为十大类，其中建筑业为第五类，房地产业与其他经营服务业为第八类。国家发展计划委员会、经济贸易委员会、统计局、标准局于 1985 年颁布的《国民经济行业分类和代码》把我国的经济行业分为 13 个门类，其中建筑业被列为第四类，房地产业为第七类。也就是说，国际、国内都是把建筑业和房地产业作为两个独立的产业部门对待，并规定房地产业属于以服务为特征的第三产业。

2. 房地产业的构成

房地产业的构成主要有两大部分：一是房地产的开发经营；二是政府对房地产业的行政管理。房地产的开发经营主要涉及以下领域：

（1）土地的开发经营，即土地经营的一、二、三级市场；

（2）房地产开发，是指在依法取得国有土地使用权的土地上进行基础设施、房屋建筑的行为；

（3）房地产交易，包括房地产转让、房地产抵押和房屋租赁；

（4）物业管理；

（5）房地产中介服务，包括房地产咨询、经纪、评估等；

（6）房地产金融，包括开展房地产业务过程中所需要的信贷、保险、证券等。

3. 房地产业的运行机制

房地产业的运行机制通常由下面三个环节组成。

（1）生产环节，即进行土地开发、房屋建筑等，从而获得房地产劳动产品的全过程。这一环节的前提条件是获得可供开发的土地。在这个过程中，房地产开发企业与政府部门通过协议、招标、拍卖等方式取得一定期限的土地使用权，然后组织房地产的开发和再生产活动。

（2）流通环节，即房地产作为商品进入市场，通过交易实现其使用价值和价值的过程。房地产的交易活动主要有房地产的买卖、租赁和抵押三种形式。参与这些活动的有房地产开发企业、房地产经营企业、房地产信托企业及房地产的产权人（单位或个人）等。随着住房制度的改革，住房商品化的步伐逐渐加快，房地产产权的交易活动将会迅速增长。

（3）消费环节。房地产作为商品经过流通环节转移给使用人之后，就进入了消费环节。在这个环节，房屋的售后管理与服务工作显得更加迫切和重要。物业管理部门要指导消费，加强修缮养护，延长房屋的使用年限，并使之升值。同时，业主或使用人也需要物业管理部门提供全方位、多层次、多项目的服务。

（二）物业管理与房地产业

物业管理是整个房地产业的一个重要组成部分或重要环节。房地产业是横跨生产、流通和消费三大领域的产业，物业管理则与房地产业的流通消费环节，特别是消费环节有着密切的联系，是房地产开发建设的完善和延续。物业管理通过对建成并投入使用的物业进行管理和服务，使物业发挥最大的综合效益，并且不断延长使用寿命，使巨额投资建成的各类房屋能够保值、增值，从而最大限度地提高房地产的综合效益。

1. 物业管理行业来源于又独立于房地产行业

物业管理实质上是房地产综合开发的延伸，是一个社会化和专业化的服务行业。房地产经营管理主要侧重物业的开发建设，而物业管理则主要从事物业的维护、保养及对环境的绿化和对物业住用人的服务。物业管理是房地产业发展到一定阶段的必然产物。随着经济体制改革的展开，特别是城市土地有偿使用和住宅商品化改革的实施，我国的房地产业从长期的福利性的萎缩状态中得以复苏，并迅速崛起。然而，传统的房地产管理体制已经不适合房地产业的发展需要，房地产业的发展呼唤着房地产管理体制的变革。作为房地产消费环节的物业管理服务不仅是房地产投资、开发、建设、流通的自然延续，而且是一个重要的新兴行业。目前，不管是发达国家的房地产业发展经验，还是我国的社会实践都表明，建立健全并完善一个机能健康、运行良好的物业管理行业，不但是衡量房地产业成熟程度的重要标志，而且对房地产的发展具有一定的促进作用。

首先，随着我国房地产业的不断发展，房地产产品的数量将不断增加，质量也将不断提高，从而在客观上需要在房地产产品建成售出进入消费领域后，有一个专门保证物业正常使用、延长其使用寿命的物业管理，为房地产提供长期维修、养护、改建、改装、优化环境及房屋产权流动所必需的信息、公证、咨询、信托、代租、转让和拍卖等服务，以满足房地产业主和使用人不断变化的需要,提高房地产物业的价值和使用价值。

其次,房地产产品具有使用上的长期性和价值比重大的特点,从而决定了在房地产产品售出后有一个管理产权、产籍以及维修、养护和各项售后服务的长期任务,其间消费和部分的生产交叉结合在一起。随着住宅的商品化和自有化,房屋在出售后部分产权或全部产权转让后,会因产权多元化而发生如同自管部分与公共部分的划分,以及公共部分及其设施的修理决定和费用负担问题;发生水、火等自然灾害及人为灾害后的修理决定及其费用负担等问题,这些都需要由专业化的经营企业统一管理协调。

最后,社会经济的发展和人们生活水平的提高及收入的增加,业主和使用人对现有的房地产产品的空间设计不满意会提出新的要求,从而需要在保持原有使用功能的基础上,按照现代社会经济发展的要求,对原有房地产物业的格局、内容乃至形式进行重新规划、布局、设计、改造和增加功能,以满足业主和使用人的各种要求。

2. 物业管理对房地产行业发展的促进作用

物业管理作为房地产开发经营的派生和延续,其管理与服务质量的好坏将直接影响房地产开发经营的前景。物业管理对房地产经营的影响主要表现在以下几个方面。

(1)良好的物业管理有利于房地产的销售推广。随着人们生活水平的提高,人们对工作环境和居住环境越来越关注。良好的物业管理可以给人们带来舒适、优美、安全的工作和居住环境,从而可以提升物业的住用品质,促进物业的销售和推广。

(2)良好的物业管理有利于实现物业的保值升值。从财富积累的角度来看,良好的物业管理可以延长物业的使用寿命,充分发挥物业的使用价值。缺乏良好的物业管理将导致物业内部设施运行不良,加速物业物理损耗的速度,使物业的使用价值超前消耗,造成财富的巨大浪费。

(3)良好的物业管理有利于房地产市场的发展和完善。物业管理的社会化和专业化的良性发展,是与房地产综合开发的经济体制改革相适应的,它使房地产开发、经营与服务有机地结合起来,具有繁荣和完善房地产市场的作用。

(4)良好的物业管理有利于提高房地产开发企业的声誉和品牌价值。良好的物业管理能充分发挥物业设施及其环境效益的整体功能,促进人居环境的改善,从而有助于人际关系的融洽。优质的物业管理可以免除业主和租用户的后顾之忧,增强他们对房地产开发企业的信心,建立房地产综合开发企业在公众心目中的良好形象,这本身也是企业最形象、最实惠的广告,具有提高房地产开发企业声誉的作用。

第三节 物业管理的兴起与发展

一、物业管理的产生与发展

(一)物业管理的产生

一般认为,物业管理作为一种有效的房屋管理模式起源于19世纪60年代的英国。

当时英国正处于工业发展高涨的阶段，大量农村人口涌入城市，造成城市房屋的空前紧张，一些房地产开发商相继修建了一批简易住宅并廉价出租给工人家庭。由于住宅设施简陋，环境条件差，人为破坏房屋设备、设施的现象时有发生，工人们也经常拖欠租金，业主的经济收益难以得到保障。这种情况下，一位名叫奥克维娅·希尔（Octavia Hill）的女士为其名下出租的物业制定了一套行之有效的管理措施要求承租者严格遵守，不仅自己的收益得到保证，租户也比较满意。希尔的做法引起了英国政府的重视，并很快在英国推广。一种新型的房屋管理模式就这样诞生了，这就是物业管理的雏形。

物业管理虽然最早起源于英国，但真正意义上的现代化物业管理形成于19世纪末期的美国。19世纪末，美国经济正处于迅速发展的时期，伴随着建筑技术的不断进步，一幢幢高楼大厦拔地而起。这种情况下，大厦管理问题越来越突出。于是专业物业管理机构开始出现并迅速增加，物业管理行业组织也逐渐形成。

1908年，世界上第一个物业管理组织——芝加哥建筑物管理人员组织（Chicago Building Managers Organization，CBMO）成立。随后三年中，CBMO先后在底特律、华盛顿和克利夫兰举行了年会，由此推动了第一个全国性业主组织——建筑物业主组织（Building Owners Organization，BOO）的成立。CBMO和BOO的成立及其积极的工作，推动了美国物业管理的发展。在这两个组织的基础上，美国又成立了建筑物业主与管理人员协会（Building Owners Organization and Managers Association, BOMA），这是一个地方性和区域性组织的全国联盟，在物业管理过程中代表业主和管理人员的利益。在上述组织和物业管理师的影响与推动下，美国物业管理走在了世界的前列。

（二）物业管理的发展

1. 英国的物业管理

英国不仅是物业管理的发源地，而且其物业管理水平也是世界一流的，很多国家和地区房地产及物业管理的发展都是借鉴了英国的经验。英国物业管理服务的内容非常广泛，除了传统意义上的楼宇维修、养护、清洁、保安外，还延展至工程咨询、物业功能布局和规划、市场行情调研与预测、目标客户群认定、物业租售推广代理、通信及旅行安排、智能系统化服务、专业性社会保障服务等全方位服务。

英国物业管理的最大特色是依法管理，有关房地产开发管理的法律、法规就有50多种。《城乡规划》及土地开发许可制对土地的取得、处置、征用、开发等作了具体的规定，要求房地产开发必须符合城市规划，保护好环境，不与公共利益相抵触。

英国有较为丰富的古建筑与历史遗址，政府特别注意这些古迹的保护，专门制定了政策、法规进行管理，如《城乡保护1990年法案》《建筑编目与保护区域1990年规划法案》等都是针对房地产开发中的古建筑和历史遗址保护的立法。这些法案对古建筑、古遗址保护的职责、措施、处罚等作了强制性规定，在控制发展的区域内禁止建设新房屋。

2. 美国的物业管理

美国是一个以土地私有制为基础的国家，其物业管理的基本模式主要是运用现代化的管理工具和方法，以保护和提高业主财产价值、增加业主收入为目标，全方位地满足住用人各层次的需求，并实现物业服务企业自身的发展目标。

（1）严格资质管理，确保物业管理质量。20世纪30年代初，美国借鉴英国的经验，强化政府在住房管理中的角色，促使住宅业迅速发展起来，并带动了物业管理的发展，各地纷纷成立物业管理公司或类似的专业公司。因此，帮助业主选择有能力、有资质的管理企业及管理人员成为政府的一项任务。承担这项任务的是1929年成立的全美房地产经纪人协会物业管理学会（IREM）。

IREM一直致力于物业管理的教育培训和资格认证工作，其认证分为两类：对单位的认证，即合格管理机构（accredited management organization，AMO）证书；对个人的认证，即注册物业管理师（certified property manager，CPM）证书。AMO是颁发给合格房地产管理公司的证书，获得该证书的公司至少拥有一名CPM。

CPM证书是颁发给在经验、教育和职业道德规范方面有杰出表现的专业物业管理者的。要获得CPM执照，必须经过候选和正式获取两个阶段。取得正式证书必须符合五个条件：①一定年限的管理经验；②通过至少几门专业课考试；③超过1年全职进行有效的物业管理计划、决策和组织；④接受有关职业道德教育；⑤获得分会和总会的批准。此外，CPM的资格并非终身制，如果违反IREM的职业道德条款，物业管理人员将被取消CPM资格。

（2）实施专业服务，提高服务效率。在美国房地产发展的初期，物业管理大多是内部管理，即由业主自己管理。然而，这种形式的管理受业主的精力和专业知识的限制，弊端越来越明显，因此后来逐步转向承包管理，即聘请专业物业管理公司和专业人员管理。美国的专业物业管理公司并非独自完成所有的服务项目，而是将保安、清洁、工程维修、绿化等工作承包给专业公司。这既为物业管理公司开展全面服务创造了条件，又提高了工作效率和质量。

（3）重视法规建设，规范物业管理行为。美国是一个讲究法治的国家，法律、法规十分健全，在物业管理方面也是如此。例如，为了避免民族、肤色、宗教、性别等方面的歧视而制定的《联邦住宅法》《保护残疾人法》要求各物业管理公司所管的楼宇和公共场所、娱乐场所必须设有残疾人专用的停车位、轮椅通道、电话、饮水管、电梯的按钮必须方便坐轮椅者使用，还必须设有把手、残疾人专用卫生间等。在美国这个典型的契约社会中，业主与物业管理公司、物业管理公司与专业服务公司都通过合同契约形式建立了广泛的联系，并将契约作为实施权利、履行义务的依据。政府为了检查有关法规的执行情况，经常采用"微服私访"的方式，对违法者及时给予审查和惩罚。这些法律、法规的最终实施都是通过建筑设计、施工准则及政府的批准手续、监督得以落实，为物业管理公司实施管理打下了良好的基础。

（4）设施齐全，服务到位。配套设备、设施是否齐全直接关系物业管理服务质量的好坏。美国的市政公建配套水平很高，政府要求所有的建筑工程都应有必要的公共设施，否则不得动工兴建，要求对给排水系统、污水处理系统、道路系统、电话、供变电等系统以及公园绿地和企业公共设施进行必要的投资。在公共设施方面，美国特别注重车库的建设和管理，几乎所有楼宇都建有地下车库，不少建筑物将第三四层甚至第五六层都辟为车库，以满足大量汽车的停放要求。此外，物业管理中计算机的使用十分普遍，包括计算机安全监控、冷热装置的调控等。在一些物业管理公司，工程师可以在家中办公，通过计算机网络即可了解所管物业区域的设备、设施情况与管理活动。很多物业管理公司通过互联网了解房地产市场的最新信息，掌握房地产管理法规的最新动态，开展跨国的房屋租赁业务等。

3. 新加坡的物业管理

新加坡的物业管理公司根据管理范围的不同一般分设财务组、工程维修组、市场管理组、环境清洁组、园艺组、服务组、文书组、监督组等。新加坡的物业管理范围很广，除购房和转销直接向建屋发展局申请外，其他业务通常都在物业管理单位办理。物业管理的业务范围包括：房屋的维修与养护；机电设备、消防设备的维修与保养；商业房屋的租赁服务与管理；出租住宅的租金缴纳与售房期款的收取；公共场所的出租服务与管理；小区停车场的管理；小区环境清洁、园艺及绿化的实施与管理；配合治安部门搞好治安工作；介绍居民劳动就业及其他方面的服务等。

新加坡在居住区公共设施的养护及服务上有着较为细致的管理：建屋发展局规定每五年对整幢楼房的外墙、公共走廊、楼梯、屋顶及其他公共场所进行一次维修；物业管理单位保证对电梯进行维修和检查，一旦电梯发生故障，只要按响警铃，5 分钟内维修人员就会赶到；建屋发展局设有热线电话，为居民提供 24 小时服务，并与各区物业管理单位保持联系，一旦居民求助，维修车便会及时赶到工作现场；每幢住宅楼都设有公共电视天线以保证良好的收视效果；一般高层住宅底层没有围护，是敞开的空间，叫作楼下旷地，是公共活动场所，居民有婚丧之事或有其他活动时可以租用，但须办理准用证；小区停车场由小区物业管理单位统一管理，拥有车辆的住户必须向物业管理单位申请停车季票，每户只准申请一个车位，外来车辆一律按钟点收费，停车场还提供洗车服务；为确保小区整洁，全面推行垃圾袋装化，太重和太大的垃圾实行定期处理，易燃、易爆、易碎物不准投入垃圾箱等。

为了加强对居住小区的管理，物业管理部门还编写了《住户手册》《住房公约》《防火须知》等资料，将搬进新居后应注意的事项和有关知识详细地告诉住户，以明确住户的权利和义务，以及物业管理部门的权利和职责等。

二、我国物业管理的兴起与发展

（一）历史背景

我国的物业管理是在计划经济体制下的传统住房管理体制向市场化、商品化的住房管理体制转化的过程中逐步发展起来的。

长期以来，我国是产品经济模式，强调一切产品都要实行统一管理、统一调配。城市房地产的开发建设、使用实行的也是统一管理、统一调配的管理办法。生产性用房由国家计划投资建设并无偿划拨企业使用和自管；非生产性用房和职工住宅由国家包下来，统一建房，统一分配使用。

由于我国长期实行福利性低租金制分配住房的政策，否定了住房的商品属性，排斥价值规律和等价交换的原则，国家尽了很大力量投资建房，不但建房投资收不回来，连维修费、管理费都不够，致使大量房屋失修。据 20 世纪 80 年代初统计，全国直管公房失修失养超过 50%。由于城市公有住房长期实行低租金制，每平方米使用面积的年租金很低，很难实现正常的维修养护和管理。其结果是国家每年要拿出大量的财政资金进行住房补贴，而房屋管理部门无法核算其经济效益，修房靠补贴，单位只是计划的被动执行者，职工的切身利益与投资的经济效益完全脱节。这种管理体制造成单位缺乏内在的动力和外在的压力，不愿经营，无法强化管理，使房管系统管的房子越来越破，淘汰量逐年增加，使国家财富和人民财产遭受重大损失。

（二）物业管理在我国的大致发展历程

我国内地最早开始物业管理模式探索与尝试的是当时被列为沿海开放城市和经济特区的深圳。1981 年 3 月 10 日，深圳市第一家涉外商品房管理的专业公司——深圳市物业管理公司正式成立，标志着内地的物业管理迈出了第一步，也宣告了这一新兴行业在内地的诞生。1985 年年底，深圳市房管局成立，对全市住宅区进行调查研究，肯定了物业管理公司专业化、社会化、企业化的管理经验，并在全市推广。1988 年由企业实施管理，由房管局实施业务指导和监督的住宅管理体制基本形成。到 1993 年深圳市专业性物业管理公司和内设物业管理专业机构的单位超过百家，6 月又成立了全国首家物业管理协会——深圳市物业管理协会。

广州于 1981 年开始在新建住宅小区——东湖新村试点新型的管理办法。1984 年广州房地产经济研究会通过考察东湖新村，编写了《城市住宅管理向多层次的综合服务与经营类型的发展》。这篇论文在提交中国城市住宅研究会 1984 年年会进行交流时受到肯定。1986 年 10 月，广州房地产经济研究团体和行业协会与市房地产管理局联合召开了广州住宅小区管理和服务专题研讨会。此后，市政府、市建委和房管部门把住宅小区管理提上议事日程，不断组织讲演交流，推动这项工作的开展。正是在这种背景下，广州东华物业管理公司成立，为五羊村提供专业化的服务，并在实践中不断完善小区的物业管理，使小区的各个方面都能够正常运转并发挥较好的效能，营造和维持了优美整洁、方便舒适、文明安全的小区居住环境。五羊村居住小区在 1988 年广州市住宅小区评比中获第一名，1991 年获"广东优秀住宅小区"称号，1992 年被评为国家模范文明住宅小区第一名。

在沿海开放城市物业管理试点经验的基础上，1994 年 3 月建设部颁布了 33 号令，即《城市新建住宅小区管理办法》，明确指出："住宅小区应当逐步推行社会化、专业化的管理模式。由物业管理公司统一实施专业化管理。"该办法正式确立了我国物业管理的新体制，为房屋管理体制的改革指明了方向，并提供了法律依据。

1992 年 2 月国家计划委员会、建设部联合颁布《城市住宅小区管理服务收费暂行办法》，以规范物业管理服务的收费行为，维护国家利益和物业管理单位及物业产权人、使用人的合法权益，促进物业管理事业的健康发展。

1996年9月建设部人事劳动教育司和房地产业司联合发布了《关于实行物业服务企业经理、部门经理、管理员岗位培训持证上岗制度的通知》，为全面提高物业管理人员的素质，规范物业管理行为提供了保证。

2003年国务院第9次常务会议上通过的《物业管理条例》，于2003年9月1日起施行，对规范和指导我国物业管理的健康、规范、高效发展起到了重要作用。

《中华人民共和国物权法》（简称《物权法》）于2007年10月1日起施行，《物业管理条例》也根据其立法宗旨及相关条例进行了修订。按照《物权法》的有关精神及修订后的《物业管理条例》的有关条款，各级地方政府及相关职能部门又相继修订和完善了一系列的物业管理法规，为物业管理行业的发展奠定了法律基础。

2021年1月1日实施的《中华人民共和国民法典》（简称《民法典》）有关物权、所有权、建筑物区分所有权、相邻关系、物业服务合同等的条款，在原《物权法》的基础上进一步完善了物权法律制度，规定了物权制度基础性规范。所有权是物权的基础，是所有权人对自己的不动产或动产依法享有占有、使用、收益和处分的权利。针对近年来群众普遍反映业主大会成立难、公共维修资金使用难等问题，并结合此次新冠肺炎疫情防控工作，《民法典》进一步完善了业主的建筑物区分所有权制度。在合同编部分，针对物业服务领域的突出问题，增加了有关物业服务合同的内容。

（三）物业管理行业形成并逐渐成熟

行业实际上是一个"群体"的概念，是指由生产或提供相同或相近的产品或服务的具有一定数量和规模的企业组成的集合或群体。也可以说，行业是由提供相近商品或服务、在相同或相关价值链上活动的企业共同构成的。

物业管理行业是由以提供物业管理服务为主要业务内容的相关企业组成的企业群体。物业管理要成为一个独立的行业，必须具备一定的条件，而并非物业管理一产生就自然而然地成为一个独立的行业。在我国，物业管理成为一个相对独立的行业，并得到全社会的认可也只是近些年的事情。这主要是由于物业管理在我国从诞生起就一直保持着高速的发展，快速得到了社会的认可，并取得了较好的经济效益、社会效益和环境效益，是被实践证明了的适应我国住房体制改革的一种较好的房屋管理模式。作为一个全新的行业，物业管理行业正在逐步成熟和健全。

（1）物业管理从业人员队伍及物业管理规模逐步增大。截至2017年年底，我国物业服务企业总数超过11.8万家，管理的各类物业总面积达246.65亿平方米，经营总收入为6 007.2亿元，从业人员超过904.7万人。

（2）物业管理行业协会逐步健全。一个行业是否成熟健全的一个重要标志就是该行业的行业协会是否健全。1993年深圳市物业管理协会成立，2000年10月全国性的物业管理协会——中国物业管理协会成立。全国各省（市）都成立了自己的物业管理行业协会。

（3）物业管理范围不断扩大。我国的物业管理首先是从住宅小区的管理开始的，逐步扩展到各类办公楼宇、商业设施、宾馆饭店、工业厂房、机场、码头等物业。除了新建物业要实行物业管理，原有物业（包括各类公有产权物业）都已逐步对原有的管理模式进行改造，实行市场化、经营型的管理新模式。

（4）物业管理人员的专业化教育和培训逐步得到加强。新兴的行业需要新型的专业人才，我国物业管理是新兴行业，其实践发展迅速，市场化程度、竞争强度日益激烈，促使物业服务企业逐步加大对物业管理专业人才的引进和培训工作的投入。

复习思考题

1. 简述物业的基本概念，掌握当前常见的物业形态。
2. 如何理解物业的基本性质？
3. 什么是物业管理？如何理解物业管理的基本特点？
4. 简述物业管理的主要内容。
5. 物业管理的基本类型有哪些？
6. 当前的物业管理与传统房屋管理有何不同？

自测题

第二章

物业管理市场

第一节 物业管理市场概述

一、市场概述

市场的产生和发育是历史的必然产物，也是主观世界认识客观世界、改造客观世界的过程。市场的产生是社会经济发展的必然结果，市场的发展则是随着人们对客观经济规律认识的不断深化，逐渐完成的。世界历史的发展证明，市场经济的充分发育和不断完善是社会经济发展不可逾越的历史阶段。

（一）市场的含义

在日常生活中，人们习惯将市场看作买卖的场所，如集市、商场、批发市场等。这样的定义是从时空的角度对市场的描述。

从经济学的角度来看，市场属于商品经济的范畴，是商品内在矛盾的集中表现，是一种供求关系。同时，也可以把市场理解为商品交换关系的总和，是通过交换反映出来的人与人之间的一种经济关系。市场是社会分工和商品生产的产物。

而管理学界侧重从具体的交换活动及其运行规律认识市场：市场是供求双方在共同认识的一定条件下所进行的商品或劳务的交换活动。

对市场的定义是从不同的角度加以阐述的。我们认为，所谓市场，简言之，就是各种买卖关系的统一。为了加深对市场含义的认识，我们还应该对市场做如下说明。

（1）市场是建立在社会分工和商品生产基础上的一种交换关系。这种交换关系由一系列交易活动构成，并由商品交换规律决定，其实现过程是动态的、错综复杂的，充满挑战性和风险性，但也是有规律可循的。

（2）现实市场的形成有若干基本条件，包括：①消费者（用户）一方存在需求或欲望，并拥有可支配的交换资源；②存在由另一方提供的能够满足消费者（用户）需求的产品或服务；③有促成交换双方达成交易的各种条件，如双方接受的价格、时间、空间、信息和服务方式等。

（3）市场的发展是一个由消费者（买方）决定，由生产者（卖方）推动的动态过程。在组成市场的双方中，买方需求是决定性的。

随着交易的日益频繁和科学技术的进步,尤其是互联网的发展和应用,市场的内涵得到了空前的丰富和发展。

(二)市场的基本特征

市场是一种交换关系,一般具有以下特征:
(1)市场是一种保护个人或单位合法财产的法律制度。
(2)市场是企业从事生产经营活动的基础。
(3)市场经济的运行主要由价格机制调节。
(4)通过市场竞争可以增进个人的经济福利。
(5)一个健全、有序的市场经济必须具有有限的政府干预等。

一般来说,所有市场均具备这五大特征。但是还应该看到,市场经济的具体内容随着时间和地点的变化会有很大的不同。

(三)构成市场的基本要素

构成市场的基本要素主要包括市场主体、市场客体、市场环境等。

1. 市场主体

市场主体是指在市场上进行交换的个人或组织。一种商品或服务之所以成为交换的对象,主要是因为存在对这种商品或服务的需求,以及针对这种需求的供给,因而市场主体包括需求主体和供给主体。市场主体是指相互交换客体进入市场的当事人。无论有形商品还是无形商品,都不会自动产生交换关系,商品的流动体现了当事人的意愿。这种意愿的体现反映了以经济利益为基础的权利。当事人之间的意愿交换体现为合法经济权利的相互让渡关系。在发达商品经济的条件下,市场主体结构形成的依据是法权让渡关系,可以划分为所有权让渡关系、占有权让渡关系与使用权让渡关系。因此,市场主体结构包括所有权市场、占有权市场与使用权市场等。

2. 市场客体

市场客体是指在市场中被交换的对象。一个市场区别于另一个市场的主要标志在于它们交换的对象不同。市场客体也可以被看作市场当事人发生经济关系的媒介,因为市场当事人之间的经济关系是隐藏在市场客体运动过程的背后,通过市场客体运动表现出来的。市场交易双方意愿的物质承担者则成为经济关系的媒介,即市场客体。市场客体分为有形的商品和无形的商品两大类。

3. 市场环境

市场环境是指进行交换的环境。这里所说的市场环境并不单指进行交换的具体场所和时间,而主要指使市场交换赖以进行的社会制度及相关的各种法律法规。任何市场交易的发生都需要有一系列健全的交易规则,还必须按照一定的程序才能保证交易双方的合法权益。

二、物业管理市场

物业管理是有偿出售智力和劳力的服务性行业，物业管理服务进入商品交换领域，便构成了物业管理市场。物业管理市场是指围绕出售和购买以物业为对象的管理服务而进行的各种交易活动的总和。物业管理是物业管理服务交换活动的载体，是权利和义务转移的"场所"，也是物业管理交换关系的总和。具体来说，就是把物业管理服务纳入整个经济活动中，使其进入流通、交换，使物业管理经验与服务得以传递、应用，并渗透到生产、生活领域，改善生产与生活环境，提高生产与生活质量，从而实现其应有的价值。

首先，物业管理市场是围绕物业管理进行的各种交易活动的总和。物业管理服务市场供求双方走到一起，就是为了交易物业管理服务。供求双方无论做什么，都是围绕物业管理进行的，如果没有物业管理服务，就没有物业管理市场。例如，到商场购买空调，无论怎样询价、比质量、挑款式、看性能，都是为了购买空调；同样，出售空调的售货员无论怎样讲解、劝说，也都是为了出售空调。如果该商场没有空调业务，也就形成不了这个市场。

其次，物业管理市场是物业管理服务交换活动的载体。物业管理服务能够进行交换是以物业管理市场的存在为前提的。通过这个市场，物业管理服务才能得到人们的审视，才有可能实现价值和使用价值，才能不断提高质量、降低成本，更好地满足物业住用人的各种需求。

再次，物业管理市场也是一种权利转移的"场所"。物业管理市场上，供方提供未来的物业管理服务的拥有权，同时获得需方的货币所有权或其他权利；而需方则获得物业管理服务的使用权、享用权，同时付出自己对货币的所有权或其他权利。这种权利转移是双向的，也就是说，无论供方还是需方，付出一种权利，将会获得另外一种权利；一般不会出现只有付出没有获取，或只有获取而没有付出的情况。

最后，物业管理市场是物业管理交换关系的总和。物业管理市场是物业管理发展到一定程度的标志。它的出现表明该国家、地区或城市的社会化、企业化、专业化、经营性物业管理行业已形成一定的规模。在物业"谁开发，谁管理"的时代，物业管理不可能走向市场，也不可能受到社会的普遍关注。只有市场经济不断发展、社会分工不断完善，以及人们的物质文化生活水平不断提高，才可能产生业主、使用人与物业管理者之间的交换关系。因此，物业管理市场反映了社会需求与社会供给之间的经济关系，是物业管理交换关系的总和。

物业管理市场除了具备一般市场的特点外，还由于其用于交换的产品（物业管理服务）的特殊性而具有特有的性质。

1. 非所有权性

物业管理服务必须通过物业管理服务者的具体劳动向需求者提供服务，这种服务劳动是存在于人体之中的一种能力，在任何情况下，没有哪种力量能使这种能力与人体分离。因此，物业管理市场上交换的并不是物业管理服务的所有权，而只是这种服务的使用权。

2. 生产与消费的同步性

一般情况下，物业管理服务是向住用人直接提供服务，服务过程本身既是生产的过程，也是消费的过程，劳动和成果是同时完成的，而且这种劳动产品是不可储存的。我们以物业管理的保安服务为例。保安员为住用人提供站岗、巡查等安全保卫服务，当保安员完成保安服务离开岗位时，住用人的安全服务消费也同时完成。

3. 服务品质的差异性

物业管理服务是通过物业服务企业员工的操作，为住用人直接服务，服务效果、服务品质必然要受员工的具体服务经验、技能水平，以及情绪和服务态度等因素的影响。同一项服务由于具体操作不同，服务的品质差异会很大。

4. 服务的综合性和连锁性

物业管理服务是集物业的维修养护、治安保卫、清扫保洁、庭院绿化、家居生活服务等多种服务于一体的综合性服务。这种综合性的服务通常是相互关联、相互补充的。住用人对物业管理服务的需求在时间、空间及形式上经常出现相互衔接，不断由某一种服务消费引发另一种消费。

5. 服务需求的伸缩性

住用人对物业管理服务的消费有较大的伸缩性，当他们感到方便、满意时，就会及时或经常惠顾；感到不便或不理想时，就会延缓，甚至不再购买相关服务。特别是物业服务企业提供的专项服务和特色服务，如代购车、船、机票，代订代送报刊等，客户可以长期惠顾，也可以自行解决或委托其他服务单位。

三、物业管理市场化的必然趋势

物业管理是随着我国经济体制的转变和住房体制的改革而出现的一种新型的房屋管理模式。物业管理市场是我国市场经济和房地产综合开发发展到一定阶段的产物。现代物业管理被实践证明是一种能够较好地适应我国住房商品化的房屋管理模式，是未来房屋管理的必然方向，而市场化运作正是现代物业管理最突出的特征。物业管理市场化是应对我国经济体制改革的深入和住房商品化的必然趋势，是我国加入WTO迎接国际市场竞争挑战的需要，是满足群众不断提高的居住生活需求的需要，是建立我国统一市场体系的需要，也是物业管理服务的消费者——物业住用人的迫切要求。

1. 物业管理市场化是我国加入WTO后，应对国际经济一体化竞争挑战的需要

加入WTO以后，外国企业将会逐渐进入我国市场的各个领域。物业管理作为一个集管理、经营、服务为一体的服务性行业，其巨大的市场空间将对外资形成强烈的吸引力。相对于国外大型的物业服务企业，我国物业服务企业的服务理念还稍显滞后，管理规模偏小、专业化程度不高、经营机制不活、服务内容单一等问题将充分暴露，从而会处于市场竞争的劣势。因此，我们必须大力培育和发展物业管理市场，在物业管理市场中引入竞争机制，建立健全有利于物业管理市场健康发展的法律法规，规范物业管理，提高物业管理服务水平，增强物业服务企业的竞争力。

2. 物业管理市场化是满足群众不断提高的居住生活需求的需要

当前，人们对居住、工作环境的要求越来越高，传统意义上的保安、保洁、绿化、维修保养等物业管理服务已不能满足物业住用人对物业管理服务的需求，而应向物业的保值增值化、生活环境人文化和服务需求个性化方向发展。只有建立物业管理市场，让物业服务企业根据城市居民不断提高的消费需求开拓自身的服务领域，才能不断扩大物业管理服务的空间。

3. 物业管理市场化是建立我国统一社会主义市场体系的需要

物业管理是商品，是向物业住用人提供物业管理服务的一种特殊商品。在具体的物业管理服务中凝聚了物业管理相关人员的脑力劳动和体力劳动，具有价值和使用价值。这种价值的实现同样要通过交换，而交换的顺利完成就逐渐形成了物业管理市场。物业管理市场是我国社会主义市场经济体系不可或缺的组成部分。

4. 物业管理市场化也是物业管理服务的消费者——物业住用人的要求

由于住房体制的改革，住房商品化已经被广大居民所接受，这也是被实践证明了的一项能够改善我国居民住房条件，减轻国家财政负担，推动整个社会经济发展的有效政策措施。而房屋维修保养、庭院环境维护等管理服务工作应按照社会分工和统一协调等原理进行安排，以市场的运作手段合理配置能够为居民提供类似服务工作的力量和资源。这不仅是市场经济条件下住房商品化的潜在要求，也是广大物业住用人获得较好的物业维修养护、庭院环境规划、治安保卫等服务的基本保证。只有形成健全的物业管理市场，充分引入竞争机制，才能促使物业服务企业不断提高服务水平，提高物业住用人的住用品质，真正实现物业管理的经济效益、社会效益和环境效益的协调统一。

第二节　物业管理市场的构成

一、物业管理市场的主体

（一）物业管理市场主体的构成

市场主体是指参与市场活动的各种实体，包括单位和个人。物业管理市场主体通常包括物业管理服务的供给与需求主体、管理主体、媒介主体等。

1. 物业管理市场的供给与需求主体

物业管理市场的供给与需求主体，即物业管理服务的供给方和需求方，具体来说，包括物业服务企业和业主及非业主使用人。其中，物业服务企业是物业管理服务的供给方，而业主及非业主使用人是物业管理服务的需求方。

2. 物业管理市场的管理主体

物业管理市场的管理主体主要是指按照有关物业管理的法律法规和规则，对物业管理市场的参与者的交易行为等进行管理的单位。

（1）各级行政主管部门。国家建设部住宅与房地产业司负责规划、组织和推动全国物业管理工作的实施，包括拟定物业管理的法规及规章制度并监督执行，拟定物业管理的资质标准等。住宅与房地产业司下设物业管理处，分管与指导监督全国的物业管理工作，规范物业管理市场秩序，推动物业管理市场的健康有序发展。

各级地方物业管理行政管理机构主要按照国家有关物业管理市场发展与规范的宏观指导精神，制定本辖区的有关物业管理法规、政策和实施细则，并贯彻执行，还要指导和监督物业服务企业、业主大会和业主委员会的具体工作，实行行业归口管理。

（2）市场管理职能部门。物业管理市场作为我国统一市场体系不可分割的一部分，当然也应纳入整个市场体系的管理范畴。市场管理职能部门主要包括工商行政管理部门、公安、税务和物价等部门。工商行政管理部门主要负责物业管理市场的市场秩序管理。公安部门的主要职责是防范和打击物业管理市场上的犯罪行为。税务部门主要负责监督物业服务企业依法纳税，查处物业管理市场上的偷税、漏税活动。物价部门则主要负责制定物业管理服务价格和监督交易者执行价格政策等。

（3）物业管理行业协会。物业管理行业协会属于民间行业组织，是社会团体法人，不受部门、地区和所有制的限制，也不改变成员的企事业单位的隶属关系，不以营利为目的，代表物业管理行业的共同利益，并为其服务。物业管理协会按照政府的产业政策和行政意图协助主管部门推动行业的管理和发展。物业管理协会根据政府主管部门的委托可以行使某些行业管理的职权。因此，可以把物业管理协会看作物业服务企业与政府相关部门之间的纽带和桥梁，是政府主管部门的"助手"和"参谋"。

3. 物业管理市场的媒介主体

物业管理市场的媒介主体主要是指物业管理的中介机构，包括物业管理的咨询、代理和经纪等机构，尤指专门负责物业管理市场上的招投标事宜的专业机构。物业服务企业并不熟悉如何在市场上投标，也不知道怎样参加投标成功机会更大，因此委托专业机构代理物业管理市场上的招投标等诸多事项是必然的选择。物业管理市场的媒介主体对物业管理行业的健康发展起着良好的推动作用。

4. 物业管理市场的其他主体

物业管理市场的其他主体主要是指房地产开发公司及与物业管理有一定联系的机构。房地产开发公司是经营房地产开发业务的专业性企业，具有企业性质，又称开发商或发展商。房地产开发公司主要从事房地产开发的决策、策划、组织、建设、监督等活动。

开发商在物业管理市场上可以充当几种角色，不同角色所起的作用和地位是不同的。现实中，开发商可以充当以下角色或若干种复合角色：单纯的物业开发建设者；单纯的物业业主或使用人；单纯的物业服务企业（开发商所属），或是它们的综合。

（二）物业服务企业

1981年成立了我国内地最早的专业化物业服务企业——深圳市物业管理公司。物业管理是我国房地产业迅速发展、住房制度改革和房屋商品化的产物。据有关资料显示，目前我国绝大多数城市已经引进和推广了物业管理，全国物业服务企业超过11.8万家，从业人员超过904.7万。这些都表明物业管理行业在社会经济中的发展已经得到了社会的基本认可和接受，具备了强大的生命力及广阔的发展前景。

1. 物业服务企业的概念

物业服务企业是指专门从事建筑物及附属的设备、设施、相关场地及周围环境的管理，为业主和使用人提供全方位、多层次的有偿服务以及良好的居住和工作环境，并具有独立法人地位的专业化、社会化、企业化相结合的经济实体。简言之，物业服务企业是指按照合法程序成立，以经营物业管理咨询、操作等服务为主要业务的企业性经济实体。

物业服务企业的主要职能是遵守国家有关的政策和法规，按照物业管理服务合同的约定，运用现代管理理论和先进的维修养护等专业技能管理物业，妥善维护业主合法权益，为业主和用户创造优雅、舒适、宁静、安全、和谐的居住和工作环境。

作为独立的企业法人，物业服务企业必须有明确的经营宗旨和经政府部门认可的管理规章，能够独立承担民事责任。

物业服务企业与物业的业主和使用人之间是服务与被服务、委托与被委托的平等民事关系，双方的权利与义务的内容和形式，主要靠法律、法规或合同的形式予以确定。

2. 物业服务企业的性质

物业管理行业作为第三产业的性质决定了物业服务企业主要是一种服务性质的企业。物业服务企业具备一般企业的共同性质，而由于其从事的业务内容及行业的特殊性，物业服务企业还具有下列特性。

（1）合同制约性。物业管理活动主要是在遵守国家相关法律法规的前提下，按照物业服务企业和业主就物业管理服务内容、服务水平等协商一致所签订的物业管理服务合同的要求进行的。因此，物业服务企业的日常物业管理服务活动必须以物业管理服务合同的约定为基础，受物业管理服务合同的制约。

（2）委托代管性。一般情况下，物业管理区域内物业财产的所有权归属于全体业主。由于管理权从属于财产权，业主对特定的物业财产理所当然地具有管理权。但是，由于物业产权多元化、复杂性及建筑物实体结构的不可分割性等特点，以及业主和使用人由于各种原因无法对物业进行专业化、综合性的管理、维修养护等，往往通过合同的形式把物业的管理养护等工作委托给具备一定条件和能力的专业化的物业服务企业，因此物业服务企业对物业的管理和维修养护等工作具有委托代管的性质。

（3）社会职能性。由于物业服务企业主要是对特定的物业区域、住宅小区、商住楼等提供物业管理服务，是物业管理区域的具体管理和服务者，因此不可避免地要参与建筑物外观、质量安全、区域环境卫生、市政设施、和谐稳定等管理工作。也就是说，与其他类型的企业相比，物业服务企业更多地、更具体地担负某些行政管理、社会管理的特殊职能。

物业服务企业提供的产品——物业管理服务属于无形产品。无形产品与有形产品一样，具有价值与使用价值。物业服务企业只有通过提供合适的、优质的服务，既能提供基本服务，也能提供高档次的特殊服务，充分满足不同层次消费者的需求，才能使名义需求转换成有效需求，赢得市场，完成产品到货币的转化过程，实现企业发展的良性循环。

物业服务企业是为了发挥物业的最大使用功能，使其保值增值，并为物业所有人和使用人创造整洁、文明、安全、舒适、和谐的生活和工作环境，最终实现社会、经济、环境三个效益的统一和同步增长的企业法人。物业服务企业主要面向住宅小区、高层及多层住宅楼、综合办公楼、商业大厦、宾馆饭店、标准化工业厂房、仓库物业等提供专业化、综合性的物业管理服务。物业服务企业的管理范围广泛，服务项目多元，除了房屋的使用及出租、房屋的附属设施设备的维修养护外，还包括室外的环境卫生、园林绿化、市政设施、社会治安、车辆交通以及住用人的生活方面的各项服务。

3. 物业服务企业的组建

物业管理作为房地产综合开发的延续和完善，按照社会化、企业化、专业化、制度化的发展思路，对物业实施有效的管理和提供优质的服务，是现代化城市管理和房地产经营的重要组成部分。物业服务企业要想在激烈的市场竞争中处于有利地位，在组建之初就必须确立明确的发展目标。

物业服务企业作为第三产业，其服务性质决定了其宗旨必须是"业主至上，服务第一"。物业服务企业的总体目标是提供优良的物业管理和高水平的多种经营服务。物业服务企业的运作目标是妥善管理和维护业主的物业财产，使之始终保持良好的运行状态，并努力实现物业的保值增值，延长使用寿命；以较少的投入，为业主和用户提供优质服务，使其在安全、文明、舒适、和谐的环境中生活和工作，提升业主和使用人的生活与工作质量；积极开展各种有益的物业经营和有偿服务活动，创造较高的经济效益和社会效益、环境效益，增强企业的竞争力。

同时，物业服务企业在成立前期，还要确立企业的经营目标，具体包括企业的信誉目标、盈利目标、发展目标和服务目标等。

组建物业服务企业，首先要进行可行性项目的调研和论证，在经过周密的市场调研和论证的基础上，在具有一定的市场前景和能力的前提下，进行相关的组建工作，如招聘人才、拟定企业章程及必要的规章、验资、申请、审核等工作，到当地工商行政管理部门领取营业执照。

二、物业管理市场的客体

物业管理市场的客体是指物业管理市场上被交易的对象或商品，即物业管理服务。物业管理服务是一种无形的劳务，具体包括房屋建筑、设备设施的维修保养，环境绿化、社区保安等公共性、常规性的服务及其他多种综合性经营服务。物业管理服务除了具有服务的一般性质外，还具有经营性、管理性、综合性和规范性等特点。物业管理市场的客体按服务对象可以分为常规性的公共服务、针对性的专项服务和委托性的特约服务；按是否有偿可以分为无偿性和有偿性；按提供的主体可以分为区街道办事处提供的物业管理服务、房地产管理部门为主提供的物业管理服务、产权单位为主提供的物业管理服务、专业物业服务企业为主提供的物业管理服务等。

物业管理市场客体的商品化是指这些市场客体能够在公开市场上交换和流通，并通过交换和流通实现其作为商品的价值和使用价值。

物业管理服务商品化的客观性决定了其必然可以作为商品进行交换。物业管理服务是商品，它具备作为商品所必须具备的两个要素，即价值和使用价值。物业管理服务可以满足住用人在物业管理区域内，在使用物业的过程中所需要的服务要求，因而具有使用价值。同时，每一项物业管理服务都是物业管理相关人员具体的脑力和体力劳动的付出，因此物业管理服务具有价值。物业管理服务是商品，这种商品的供求双方走到一起，有可能实现交换，从而实现物业管理服务的市场价值。

需求主体的决策自主性与消费社会化的需求也使物业管理服务最终成为市场交换的客体。业主、使用人在物业管理市场上不是被动地接受政府部门和某个物业服务企业强加的管理，而是自主地选聘、改聘、辞聘物业服务企业，根据物业服务企业的管理业绩和物业的实际情况作出自己的决策，而不受其他单位、企业、政府权力机关的干涉。

市场上有足够数量与多种类型的物业管理服务的供给者——物业服务企业。每一个物业服务企业只占物业管理市场的一定份额，而这些份额也有可能随时被其他物业服务企业抢占。物业服务企业之间存在一定程度的竞争，这种竞争可能让物业服务企业更好地生存和发展，也有可能让其很快退出市场。只有在这种条件下，才能最大限度地保证物业管理服务商品的高品质、多样化、丰富性与可消费程度。

三、物业管理市场环境

环境是指周围的地方，或者周围的情况和条件。一般来说，物业管理市场环境是指构成该市场环境的一整套制度框架及确立市场运作法则的一系列政策规定，以及一定的社会经济发展的物质环境。此外，物业管理市场环境还应包括影响或决定物业管理市场运作的一系列市场观念。

（一）物业管理市场环境的构成

（1）基本的社会经济制度及相关的法律，包括《宪法》《民法典》《公司法》等市场经济体制的法规。

（2）房地产行业的有关法律法规和政策，如《中华人民共和国城市房地产管理法》等。

（3）物业管理行业的有关法规与政策，如《物业管理条例》等。

（4）物业管理市场机制与运作法则，如市场进入规则、市场交易规则及竞争机制等。

（5）物业管理市场观念，如人们对物业管理及其行业的看法、对物业管理市场的认识与接受程度等。

物业管理的健康发展、物业管理水平的提高不仅要有供求双方的主观努力、互相监督与制约，还必须有一套有利于物业管理整体长期健康发展的制度框架，以及成熟的市场意识和观念。

（二）物业管理市场环境的培育

1. 进一步完善适合我国物业管理发展特点的法律法规

物业管理发展的法规滞后问题一直是制约我国物业管理实践健康有序发展的瓶颈之一。我国物业管理从诞生之日起，就以非常快的发展速度，很快走进了人们的生活。在快速发展的过程中，由于相关的法律法规可操作性不强，协调性、系统性欠缺，在物业管理的过程中出现了不少问题，不仅制约了物业管理自身的发展，也给居民生活和社会秩序带来了一定的负面影响。

对此，国家有关部门高度重视，先后颁布实施了《城市新建住宅小区管理办法》《城市住宅小区管理服务收费暂行办法》《关于实行物业服务企业经理、部门经理、管理员岗位培训持证上岗制度的通知》，以及《物业管理条例》《物业服务企业资质管理办法》等行业法规和规定，对物业管理的健康、规范、有序发展起到了重要的促进作用。

但是，物业管理是实践性非常强的行业，在发展的过程中经常会出现一些新的问题和矛盾，现有的一些法律法规还存在有待完善的地方，尤其是国家关于和谐社会、和谐社区建设的重大战略指导方针的出台，促使我们考虑物业管理如何为和谐社会、和谐社区的建设和发展作出更大的贡献。

随着物业管理事业的不断发展，要使物业管理的各个领域和环节真正做到有章可循、有法可依，需要进一步明确许多具体的实施细则。首先，业主或使用人与物业服务企业之间的权益、责任和义务还需要以立法的形式进一步明确。业主是物业的所有人，业主委员会由其选举产生，将代表他们行使物业管理的选聘权、重大事务的决策权与物业管理的监督权；业主、业主委员会与物业服务企业之间是平等的民事法律关系，即委托和被委托的关系。其次，要不断健全物业服务企业的资质审查和等级评定制度。物业服务企业类型多样，素质良莠不齐，因此必须以法律规范企业的设立条件，控制企业数量，提高企业素质。政府主管部门也要加强对物业服务企业的审查和监管力度，对违规行为坚决予以查处，对一些管理混乱、服务质量差及乱收费的企业，可吊销其营业资格。

为此，国家及行业主管部门也在不断修订和完善物业管理法律法规，如废止了《物业服务企业资质管理办法》等一些涉及妨碍市场化公平竞争的法规政策。

2021年颁布实施的《中华人民共和国民法典》中有关物权、物业服务合同等条款进一步规范和明确了物业管理相关主体之间的权属关系，为物业管理的健康有序发展奠定了法律基础。但是在具体操作层面，还需要行业主管部门及各地方政府进一步细化流程进行指导和规范。

2. 加强监管和司法力度，真正使物业管理有法可依、有法必依、违法必究、执法必严

物业管理相关主管机构要切实按照相关法律法规对物业管理市场上的行为加以监督检查，严厉查处违反物业管理法律法规、损害当事人合法权益的行为，真正把物业管理的法律法规及有关规定落到实处。

3. 加强宣传教育，努力培育全社会的物业管理市场意识

相关部门和单位要大力宣传物业管理的相关知识，转变人们对物业管理的传统认识，培育和加强物业管理的市场意识，使全社会真正理解和接受物业管理是市场行为、是应该按照市场运营的基本规律进行的。只有这样，才能真正形成物业管理各主体之间的良性互动关系，共同推动物业管理市场的健康高效发展，造福全社会人民。

4. 切实明确物业管理区域业主委员会的身份和地位

业主委员会是由经过业主大会选举的，在业主大会闭会期间能够代表全体业主的人员组成的，在维护业主的合法权益、配合物业服务企业搞好物业管理服务、协调各行为主体的关系等方面发挥重要的作用。但是，各地对业主委员会的成立、人员组成、职责权利、社会地位、法律身份等没有统一的规定，使物业管理当事人很难对物业管理相关问题进行良好的沟通，很难真正实现物业服务企业与业主平等的民事法律地位，也无法完全符合市场经济基本规律和运行法则。

5. 大力推行物业管理项目的招标投标制度

招标投标制度是按市场机制配置资源的一种非常有效的方式，体现了公开、公平、公正、合理的市场竞争原则，促使企业加强自身能力的建设和维护，进而可以提高整个行业乃至整个经济社会的竞争能力和水平。

根据《前期物业管理招标投标管理暂行办法》对业主入住达到一定比例或业主委员会成立之前，对物业管理实行招标和投标所作的相关规定，住宅及同一物业管理区域内的非住宅的建设单位应当通过招投标的方式选聘具有相应资质的物业服务企业从事物业管理项目的管理和服务工作。

但是，在具体执行过程中，有些物业管理项目并未进行招标和投标，仍按照原来的"父子"关系形式对物业项目进行管理。有些物业管理项目虽然进行了招标和投标，但其操作过程中不同程度地存在违规行为。这些都是与市场经济不相容的。

业主委员会成立后，仍应按照市场经济的原则，进行公开的招标和投标，真正实现物业管理的优胜劣汰，促进物业管理市场的健康发展，推动物业管理水平的提高。

6. 加强物业服务企业自身建设，重视物业管理人才的引进和培养

物业管理水平的高低、服务技能的强弱、服务意识等问题归根结底是由物业服务企业自身的能力，尤其是其拥有的物业管理员工的素质和能力决定的。要想在物业管理市场上赢得更大的市场份额，得到业主的支持，获得长期的竞争优势，除了加强企业自身的能力，重视企业员工的培养和能力的锻炼外，别无他法。只有这样，才能真正推动物业管理市场的健康发展，实现物业管理的经济效益、社会效益和环境效益的协调发展，推动我国市场经济及和谐社会的建设，造福全体居民。

第三节 物业管理市场的管理

一、物业管理市场管理及其意义

物业管理市场管理是指有关管理部门按照社会经济发展的客观规律和物业管理市场发展的目标、方向，运用法律、行政、经济和宣传教育等手段对物业管理市场交易对

象及交易过程中的全部经济关系进行调控、指导、监督、服务等的管理工作。

加强对物业管理市场的管理是维护正常的市场秩序的中心环节，物业管理市场的管理体制是国家的管理监督和群众性管理监督的结合，是各种组织和手段的有机统一。物业管理市场的管理主要由三类市场管理机构完成：①国家设置的市场管理职能机构；②物业管理服务的技术管理机构；③群众性的管理监督机构。

政府通过法律法规对物业管理市场进行宏观的管理，为物业管理市场发挥应有的功能创造有法可依、有纪可守、有章可循的良好的市场环境。行业协会是物业服务企业依法自愿组成的行业性组织，通过开展各种有益的活动，在行业内起到协调、协作和监督管理的作用。

对物业管理市场进行有效的监督和管理是政府职能在物业管理市场领域的直接体现。随着我国社会主义市场经济体制的不断完善，物业管理市场也将得到不断的发展和壮大。因此，加强物业管理市场的管理，保证物业管理市场的正确发展方向和良好的运行秩序，无论在理论上还是在实践中，都具有极其重要的意义，具体列举如下。

（1）物业管理市场的管理丰富了物业管理行业中政府行政监督和管理的内容，把对物业管理行业的政府监督与管理拓宽到了市场领域，从另一个角度强化了物业管理的行业性质和产业特点。

（2）政府对物业管理市场的管理，有利于保证物业管理服务交易的正常秩序，维护交易双方的正当经济利益。政府通过对业主大会、业主委员会进行业务指导，来保证交易的合理合法。同时，政府利用法律与经济手段，打击物业管理市场的不正当竞争和欺诈行为，保证物业管理市场的良好运行秩序。

（3）政府通过制定一系列的制度与标准，保证物业管理服务的高质量及收费价格的合理性。这样既有利于广大群众更好地接受物业管理，也促进了物业管理的迅速推广和健康发展。

此外，政府还可以通过经济和法律手段，直接或间接地调节物业管理市场交易对象的结构和数量，调节其供求关系，保证一定时期内的供求平衡，最大限度地发挥物业管理服务的作用，杜绝各种不必要的人力、物力和财力的浪费，使各种社会资源得到合理的配置。

二、物业管理市场管理的对象与原则

（一）物业管理市场管理的对象

物业管理市场管理的对象包括物业管理市场活动的主体、客体和活动运行过程等。

对物业管理交易主体的管理主要是指对物业管理服务的提供者——物业服务企业的规范运作、合理收费、参与社区建设等方面的监督和规范，按照相关的法律法规指导、检查、监督其日常经营活动。

对物业管理服务的对象——业主或非业主使用人的管理，主要体现为宣传物业管理有关知识和规定，指导其合理合法地维护自身的合法权益，监督其遵守物业管理服务合同和管理规约等。

此外，还要对物业管理市场的其他行为主体进行监督和管理，如对从事物业管理相关中介机构的规范、监督与管理，对物业管理培训及考试等过程的监督和管理等。

对物业管理服务交易的对象，即物业管理服务的管理，主要体现为物业管理服务内容的合法性、健康性、积极性，物业管理服务的价格与价值的协调一致性，以及对提供物业管理服务的过程的质量及安全性等进行有效的监督检查与管理。

对物业管理整个市场运行秩序的管理主要包括：建立并维护良好有序的物业管理市场进出秩序，维护正常的物业管理交易关系；物业管理市场的调查与预测、委托代理机构、进行招投标、签订委托合同、办理缴费和移交手续等。政府一方面通过有关法律法规指导和监督这一过程的进行；另一方面从整顿物业管理市场交易秩序、提供市场信息服务等入手，加强对物业管理市场的直接管理。

（二）物业管理市场管理的原则

从确保物业管理市场健康发展和顺利运行以及保护交易双方当事人合法权益的角度，在物业管理市场管理的过程中应主要把握和遵循下列原则。

1. 统一原则

对物业管理市场的管理要执行国家统一的法律法规和政策；对物业管理市场的管理要有统一的管理机构；各级评比、奖惩要有统一的标准并严格遵守。

2. 公平原则

政府对物业管理市场参与主体的管理应该公平，不能厚此薄彼；物业管理服务的交易要以诚信为本，以物业管理服务商品的内在价值为基础进行等价交换。

3. 自愿原则

物业管理市场的供求双方都是国家的主人，在法律上是平等的民事主体，因此双方应在平等协商的条件下自愿进行物业管理服务的交易。供求双方均不能因为自己的社会地位高、权力大而强迫进行物业管理交易。任何强买强卖都是违反自愿原则的，都是应该禁止的。

4. 法制原则

依法管理的法制原则是物业管理市场健康、有序和规范发展的基础和保证。依法管理的核心是：有法可依、有法必依、执法必严、违法必究。为此，必须建立健全物业管理市场管理的法律法规，组建统一的、权威性的物业管理市场管理和执法机构，促进物业管理市场的健康发展。

三、物业管理市场管理的主要内容

物业管理市场的管理是对物业管理服务交易中各种经济活动的管理，管理的范围比较广，管理的内容也较为丰富。主要包括以下几方面的管理。

（一）物业管理市场交易主体的管理

按照相关法律法规，审核物业管理市场主体的资格和条件；规范主体行为的监督管理；对业主大会及业主委员会工作的指导和管理等。

（二）物业管理市场交易客体的管理

物业管理市场交易客体的管理主要是指通过评选优秀物业管理小区等方法，间接地对物业服务企业的管理水平和服务质量进行规范与管理，提升主动竞争意识，提高物业管理市场的整体水平。

（三）物业管理市场交易行为的管理

物业管理市场交易行为的管理主要是指对物业管理服务交易双方的交易活动进行的管理，包括保护合法经营、合法竞争和公平交易，打击非法和不正当竞争行为，如欺骗性交易和强买强卖等行为。

（四）物业管理市场交易价格的管理

物业管理市场交易价格是物业管理市场交易的核心问题。物业管理市场交易价格的管理主要包括：核定或制定物业管理服务交易指导价格；制定物业管理服务交易价格的管理办法；对物业管理服务交易价格的监督检查，防止多收费、乱收费、收费不服务、少服务等情况的发生。

（五）物业管理市场交易合同的管理

物业管理市场交易对象的特殊性，决定了要实施物业管理服务必须签订物业管理服务合同，通过合同来限定物业管理服务商品的大致"模样"。物业管理市场服务合同的管理主要包括：物业管理服务交易合同当事人资格的审查和确认；统一物业管理市场委托合同示范文本的制定和宣传推广、监督检查等；无效物业管理服务合同的认定和处理；物业管理服务合同纠纷的调解和处理等；物业管理服务交易合同档案的管理（备案管理）等。

（六）物业管理市场交易信息的管理

物业管理市场交易信息的管理主要包括物业管理市场上的广告信息、供求信息、价格信息（市场行情信息）、反馈信息及物业管理市场的环境信息等的收集、整理、发布和管理。政府应建立物业管理市场的信息收集、处理及市场对策研究机构，分析、研究物业管理市场的变化趋势，为物业服务企业提供可靠的物业管理市场信息，帮助物业服务企业的项目优选和项目决策，扶持一批物业管理骨干和品牌企业。

四、我国物业管理市场的发展趋势

从市场环境来看，物业管理的法律法规将逐步完善，并逐渐得到贯彻落实。政府将进一步强化对物业管理市场及招投标活动的指导和监督，物业管理的相关主体的关系会进一步得到理顺。物业管理市场将会走上法制化运作、规范化发展的轨道，行业协会的作用也将得到充分的发挥。

传统的和非市场化的房屋管理模式将逐步纳入市场化的物业管理轨道，物业管理的市场规模将逐步扩大，市场化程度将逐步提高，运作手段也将逐步成熟，价格机制、供求机制和竞争机制将逐渐发挥应有的作用。物业管理在城市管理和社会生活中的积极作用将进一步得到充分的发挥和确认。

随着建筑的科技含量的逐步提高，物业的智能化程度也将逐步提高，其智能化、自动化、集成化程度越来越高，物业管理的技术含量、智能化程度也会越来越高，物业管理市场将逐渐由劳动密集型向技术密集型、智力密集型发展。

由于物业管理市场化不可逆转的发展趋势，必将促使物业服务企业提高服务水平和综合能力，为争夺更大的市场份额而展开竞争，从而使有实力、重服务、讲诚信、会经营的企业脱颖而出，得到广大业主和使用人的认可，形成具有一定知名度的品牌效应，产生一批名牌物业服务企业。

复习思考题

1. 简述物业管理市场的基本含义。
2. 如何理解物业管理市场的基本特征？
3. 为什么说物业管理市场化是一种必然的趋势？
4. 简述物业管理市场的构成。
5. 简述物业管理市场主体的类型。
6. 如何理解我国当前的物业管理市场环境？如何改进？
7. 简述物业管理市场管理应遵循的原则。
8. 简述物业管理市场管理的主要内容。

自测题

自测自练　扫码答题

第三章

物业管理招标与投标

第一节 物业管理招标与投标概述

一、物业管理招标与投标的含义

物业管理招标是指开发商或业主（业主大会）为即将建造完成或已经建造完成并投入使用的物业寻找物业管理者，制定符合其管理服务要求和标准的招标文件，向社会公开招聘并最终确定最符合要求的物业服务企业的过程。物业管理招标是开发商或业主利用市场竞争机制和价值规律选择物业管理者的行为。

物业管理投标是指物业服务企业为了开拓业务而依据物业管理招标的要求组织编写标书，并向招标单位递交应聘申请和标书，通过竞争获得物业管理权的过程。

物业管理招标与投标通常不是孤立存在而是有机结合的。有招标才会有投标，投标也是针对某个特定的招标要求进行的。物业管理招标与投标是一个过程的两个方面，其实质是一种市场双向选择行为。

二、物业管理招投标的基本原则

（一）公正原则

公正原则主要是指用同样的准则、同一把标尺衡量所有的投标书，或者说评标、验标、决标的规则及计分方法对所有的投标方、投标书都是统一的、公正的。

（二）公平原则

公平原则是指在招标文件中向所有拟参与投标的物业服务企业提出的投标条件都是一致的，即所有投标者都在相同的基础上投标。由此可见，公平原则的关键是要体现投标的起点公平：应当采取统一的方式招标；招标文件对所有的投标者要求都应一致，要做到"一视同仁"；招标者对招标文件的解释说明应在同一时间针对所有参加投标的物业服务企业公开进行。

(三）公开原则

公开原则是指招标过程中的各项程序都要公开发布，以方便行业和社会的监督，增强物业管理招标与投标的市场透明度，从而获得满意的招投标结果，保护招投标双方的合法、正当权益。

(四）合理原则

合理原则是指招投标双方都要接受一定的约束原则。对招标方来说合理原则是指招标方在评标、议标、验标时要以合理的原则为指导，认真分析投标书和物业管理方案，审查和慎重考虑投标方的承诺与建议是否符合本物业区域的情况及可行程度。对投标方来说，合理原则就是要求物业服务企业从自己的管理能力和经营项目出发，综合考虑各种情况，通过仔细分析决定是否参与某项目的投标。

当然，规范高效的物业管理招投标离不开有关法律法规的约束，物业管理招投标活动必须在合法的前提下进行，确保真正达到物业管理招投标的目的，真正体现公平竞争、优胜劣汰的市场经济规律。

三、物业管理招投标的作用和意义

在物业管理行业开展招投标活动是物业管理市场化的一大进步，具有重要意义。

1. 物业管理招投标制度是物业管理市场化的内在要求

物业管理招投标制度可以极大地促进物业管理市场的优胜劣汰，使竞争机制和价值规律在物业管理行业发挥应有的作用，推动物业管理市场化的健康高效发展。

在实行招投标以前，物业管理的优越性并未很好地体现，还存在很多问题，这些问题在很大程度上是因为物业管理的供求双方不是相互选择而发生关系的，而大多是由开发商或建设单位自建自管，把物业管理服务强加于业主或非业主使用人的。

把招投标引入物业管理以后，实际上就是在物业管理中引入竞争机制，标志着我国物业管理正逐步进入公平竞争的新时代，既为开发商或业主选择合格的物业管理者提供了较大的空间，也为广大物业服务企业提供了公平竞争的机会，有利于我国物业管理市场的发展。

2. 物业管理招投标有利于实现物业管理的互动和提高物业服务企业的专业水平

实行公开的物业管理招投标制度，充分引入竞争机制，让业主和物业服务企业真正实现双向选择，不仅有利于在今后的物业管理中互相支持和沟通，实现物业管理过程中的互动互助和物业管理的综合目标，还有利于物业服务企业不断提高自身的物业管理水平和服务技能，更好地为业主和使用人服务。

3. 物业管理招投标可以帮助居民树立正确的物业管理消费观

物业管理招投标活动的开展扩大了物业管理的影响面，使业主能够学到物业管理的很多新知识和新观念，增强对物业管理的深层次理解，更好地接受和配合物业管理。此外，物业管理招投标还能够帮助居民改变传统的思想观念，消除错误心态，树立正确的物业管理消费观，增强维权意识，减少物业管理纠纷，协助物业服务企业共同搞好社区的物业管理工作。

此外，物业管理招投标还有利于推动我国物业管理行业的发展，这适应了我国社会主义市场经济的基本要求。同时，实行物业管理招投标制度，可以使物业服务企业切实感受到竞争的压力，促使其努力提高自身的实力，以适应物业管理市场国际化竞争的需要。

第二节　物业管理招标

一、物业管理招标的特点及主要方式

（一）物业管理招标的特点

1. 物业管理招标的超前性

物业管理招标的超前性是指由于物业管理具有早期介入的特点，决定了物业管理招标必须超前，即在物业动工兴建之前开发商就应进行物业管理招标，选择物业服务企业，这有利于其对物业管理方面的问题提出建议和意见。

为了确保物业管理质量，遵循统一规划、合理布局、综合开发、配套建设和因地制宜等方针政策，也为了业主和住户的利益，物业管理必须提前介入。在项目的整个过程中，物业服务企业都应从便于物业管理、方便业主使用的角度，对物业的规划设计、工程施工、设备安装等提出建议和意见。

2. 物业管理招标的周期性和阶段性

物业管理招标的周期性和阶段性是由物业管理工作的周期性和阶段性所决定的，针对不同的阶段和不同的服务内容，物业管理招标的内容要求和方式选择也有所不同。

物业管理招标并非"一劳永逸"的，而是一项具有周期性和阶段性的工作。首先，由于开发商和业主在不同时期对物业管理有不同的要求，招标文件中的各种管理要求、管理价格的制定都具有阶段性。其次，物业服务企业即使中标，也不代表该企业能够长期占有这一市场份额，随着时间的推移，也许会有更好的、更先进的物业服务企业参与竞争，也可能由于其自身的管理服务水平低下、内部建设和管理松懈而遭淘汰。

（二）物业管理招标的主要方式

物业管理招标的主要方式有公开招标、邀请招标和协议招标三种。

1. 公开招标

公开招标是指由招标单位通过报纸、广播、电视、互联网等媒体发表招标信息，所有符合招标条件并愿意参加投标的物业服务企业都可以参加投标的一种招标方式，也是市场化程度较高的一种招标方式。

公开招标是国际上最常见的招标方式，其最大的优点是能够最大限度地体现招标的公平、公正、公开和合理的原则。我国大型基础设施和公共物业的物业管理一般都要求采用向社会公开招标的方式。

在公开招标中，首先应当依法发布招标公告。凡是符合条件并愿意参加投标的单位，原则上都可以按照物业管理招标公告中的各项要求参加物业管理的投标活动，包括到指定地址领取或购买较详细的介绍资料和资格预审表，将资格预审表填好后按时以规范的方式送给招标单位。招标单位对所有参加的投标单位进行资格审查。审查合格的投标单位可以向招标单位购买招标文件，参加投标。招标公告应当载明招标人的单位和名称、招标的项目情况及获取招标文件的方法等事项。

2. 邀请招标

邀请招标是指由招标单位自行选择有承担能力的若干物业服务企业，向其发出招标通知，邀请其参加投标。

邀请招标具有针对性强、耗时短、费用相对较低等优点，主要适用于标的规模较小（工作量不大，总管理费报价不高）的物业管理项目。招标人采取邀请招标方式的，应当向至少3个以上的物业服务企业发出招标邀请书。

3. 协议招标

协议招标又称谈判招标，主要是由招标单位直接邀请自己选中的物业服务企业进行协商，确定物业管理的有关事宜。协议招标实质上可以看作更小范围的邀请招标。协议招标虽然是最简单的一种招标方式，但是很容易产生暗标等腐败行为。

一般来说，公开招标具有市场化程度高、选择范围广、社会监督面宽等优点，适合大范围、大规模的物业，但也存在耗时长、费用高、过程或环节复杂等不足；后两种招标方式则适合小规模的非收益性或有特殊要求的物业的管理。

二、物业管理招标的程序

物业管理招标过程中涉及大量的人力、物力等，应当严格按照程序来完成（见图3-1）。按时间的先后顺序可以将整个招标程序大致划分为招标准备阶段、招标实施阶段和招标结束阶段。

（一）招标准备阶段

招标准备阶段是指从开发商或业主决定进行物业管理招标到正式对外招标即发布招标公告之前的阶段。这一阶段的准备工作主要有成立招标机构、编制招标文件、制定标底等。

1. 成立招标机构

任何一项物业管理招标都需要成立一个专门的招标机构，并由该机构全权负责整个招标活动。招标机构的主要职责包括：拟定招标章程和招标文件；组织投标、开标、评标和定标；组织签订合同。可见招标机构一旦成立，其职责将贯穿整个招投标过程。

成立招标机构主要有两种途径：一种是开发商或业主自行成立；另一种是开发商和业主委托专门的物业管理招标代理机构招标。

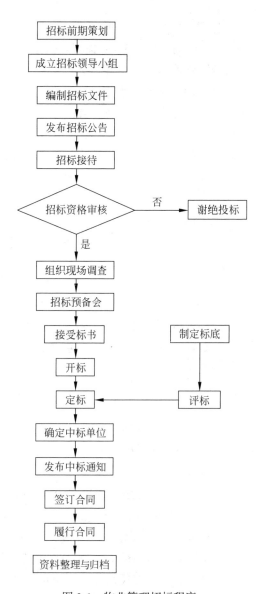

图 3-1　物业管理招标程序

2. 编制招标文件

编制招标文件是招标准备阶段招标人最重要的工作内容。招标文件是招标机构向投标者提供的进行招标工作所必需的文件,其作用包括:告知投标人递交投标书的程序;阐明所需招标的标的情况;告知投标评定准则及订立合同的条件等。招标文件既是投标人编制投标文件的依据,又是招标人与中标人商定合同的基础。因此,招标文件是对招标机构与投标人双方,以及招标人与中标人双方都具有约束力的重要文件。

物业管理的招标文件通常包括投标须知、物业管理招标书和物业的设计图纸等。

(1)投标须知主要包括投标人须知、关于投标的主要要求、合同格式与条件等内容。其中，投标人须知包括出具投标保证书、明确保密要求、申明"不选择最低标价"、明示递送投标书的程序，以及开标与定标的时间和标准等内容。关于投标的主要要求包括出具履约保证金和不采用最低标价承诺等。

（2）物业管理招标书通常包括要求管理的物业的说明书与物业管理的内容和要求两大项。开发商或业主应在物业管理招标书中详细且具体地说明本次招标的物业的基本情况。通常要列出物业的名称、地理位置、占地面积、建筑面积、楼宇类型、住房数量、拟住人数，以及物业各个组成部分的情况，如建筑物的结构、建筑材料的选用、设备与设施的配套安装、内外部环境及公共配套设施等。所有描述必须准确，不能使用含糊不清的文字，以便投标的物业服务企业核算管理成本和确定管理模式。

物业管理的内容和要求通常包括竞投单位拟采用的管理方式和物资装备计划、管理人员配备、管理人员的培训、档案的建立与管理、管理规章制度、各项指标的承诺、社区文化、便民服务、经费收支、管理新构想等。

3. 制定标底

制定标底是招标的一项重要的准备工作。在正式招标前，招标人应对招标项目定出标底。标底是招标人为准备招标的内容计算的一个合理的价格，即一种预算价格，其主要作用是作为招标人审核报价、评标和确定中标人的重要依据。因此，标底是招标单位的"绝密"文件，不能向任何无关人员泄露。

（二）招标的实施阶段

招标的实施阶段是整个招标过程的实质性阶段。招标的实施主要包括：发布招标公告或投标邀请书；组织资格预审；召开标前会议；开标、评标与定标。

1. 发布招标公告或投标邀请书

《中华人民共和国招标投标法》（简称《招标投标法》）规定，招标人采用公开招标方式的，应当在公开媒体上发布招标公告；招标人采用邀请招标方式的，应当向三个以上具备承担招标项目的能力、资信良好的特定的法人或其他组织发出投标邀请书。无论是投标公告还是投标邀请书，其目的都是一致的，即向尽可能多的潜在投标者提供均等的机会，让其了解招标项目的情况，并考虑是否参加该项目投标，如果参加则做好准备。

（1）发布招标公告的渠道。发布招标公告应根据项目的性质和自身的特点选择适当的渠道。发布招标公告的常用渠道包括指定的专业招标公报、官方公报、本国报纸、技术性或专业性期刊以及信息网络等其他公开媒体。

（2）发布招标公告的时间安排。招标人在刊登招标公告时应考虑刊登招标公告所需的时间，以及投标人准备投标所需的时间（投标人申请投标、得到招标文件、准备投标、提交投标书需要有足够的时间）。按照惯例，从发布公告之日算起，应让投标人至少45天（通常是60~90天）准备投标或递交标书。

（3）招标公告的内容应以简明和完整为宗旨，通常情况下应包括：招标单位（业主或开发商）名称；项目名称；项目资金来源（物业管理资金来源，如业主分摊或开发商预付）；招标目的；项目要求概述（项目性质、规格及管理要求）；购买招标文件的时间、地点和价格；接受标书的最后时间和地点；开标日期、具体时间和地点；必要时规定资格预审的标准，以及提供资格预审文件的日期、份数和使用语言；必要时规定投标保证金的金额；招标单位的地址、电话等联系方法。

当然，招标公告的具体内容和格式可以根据招标人的具体要求有所变通，投标邀请书的内容和格式与招标公告大致相同。

2. 组织资格预审

资格预审是对投标人的一项"粗筛"，也可以说是投标人的第一轮竞争。资格预审可以减少招标人的费用，通过资格预审可以保证实现招标目的，选择最合适的投标人，而且资格预审能吸引实力雄厚的物业服务企业来投标。

资格预审包括发出资格预审通告或资格预审邀请书、出售资格预审文件和评审三个步骤。其具体内容主要包括申请人的基本情况、申请人的财务状况，以及经验和过去的表现等。

3. 召开标前会议

通过资格预审确定合格申请人后，应尽快通知合格申请人，要求他们及时前来购买招标文件。接下来，招标机构通常在投标人购买招标文件后安排一次投标人大会即标前会议。标前会议的目的是解答投标人提出的与物业管理招标相关的问题。招标人应在会议上宣布开标日期。

4. 开标、评标与定标

在预定的开标时间，招标机构当众拆封所有收存标书，公开宣读各物业服务企业的标价，并声明无论管理费用高低均有中标希望。开标过程一般聘请监督员和公证员在场。

开标后，通常要经过 3~6 个月的定标期才能定标。这段时间内，招标机构一般组织行业专家组成评标委员会，对投标的物业服务企业的资金、设备、人员、技术力量、内部管理机制、管理服务水平进行综合研究，并对其标书中的物业管理费用、管理服务方式和管理创意等进行衡量并评分。必要时，还要召开答辩会，根据标书内容向物业服务企业负责人当面提出询问，由投标人答辩，评委可当场评分。经过多方考察研究，标书得分和答辩得分按一定比例计入总分，才能最终确定中标人。

（三）招标结束阶段

招标人在最后选出中标人时，招标工作便进入结束阶段。这一阶段的最大特点是招标人与投标人由一对多的选拔和被选拔关系逐渐转移到一对一的合同关系。这一阶段的具体内容包括合同的签订与履行以及资料的整理与归档等。

1. 合同的签订

合同的签订，实际上就是招标人向中标人授予承包合同，是整个招投标活动的最后一个程序。在招标与投标中，合同的格式、条款、内容等都已在招标文件中作了明确规定，一般不作更改。然而按照国际惯例，在正式签订合同前，中标人和招标人（开发商或业主）通常还要先就合同的具体细节进行谈判磋商，然后签订新的正式合同。

通过招标投标签订的合同，通常由三部分组成：合同序文；合同内容；合同结尾。

合同序文要写明订立合同的双方当事人（招标人与中标人）的法定名称和地址，以及其他必需的详细信息。

合同内容即合同条款，是合同最主要的组成部分，一般包括技术性条款、财务条款和法律条款等。

合同结尾要写明签订合同的日期、地点及拟订合同的语言文字，最后还要写明合同生效日期，并由合同双方当事人或代理人签字盖章。

通常情况下，以招标方式成交的合同，在形式上是一份简单的协议书，合同的内容都列在招标文件，以及商谈过程中对招标文件和投标文件的修改与补充所形成的书面材料中。合同通常分为两部分：一部分是不变的，包括投标须知和合同一般条件等；另一部分是全面特殊条款、投标文件、技术规格说明及补充修改文件等。合同的格式由招标人预先拟好，待确定中标人后再由双方签字盖章。

2. 合同的履行

合同的履行是指合同双方当事人各自按照合同约定完成其应承担的义务的行为，在此特指中标人应当按照合同约定履行义务，完成中标项目的行为。在合同履行过程中，应注意以下两方面的问题：

首先是合同履行的要求。按照法律规定，合同必须全部履行。这意味着违约一方不能以其他财物或赔偿代替，即使支付了违约金或赔偿金，对方如果要求继续履行，仍应继续履行；履行合同时，合同标的物的品种、规格、数量、质量以及主体、时间、地点、方式等都必须适当。

其次是关于合同履行中的担保。《招标投标法》规定："招标文件中要求中标人提交履约保证金的，中标人应当提交。"招标文件中通常应规定在中标后，签订合同前，中标人应按照合同的条款和条件，向招标人递交一份履约保证书。

3. 资料整理与归档

为了让业主和开发商能够对中标人的履约行为进行有效的长期监督，招标人在招标结束后应对形成合同的一系列契约和资料进行整理归档。需归档的文件资料主要包括：招标文件；对招标文件进行澄清与修改的会议记录和书面文件；招标文件附件及图纸；中标人投标文件及标书；中标后签订的承包合同及附件；中标人的履约保证书；与中标人的往来信件；其他重要文件等。

三、物业管理招标文件的编制

物业管理招标文件是物业管理招标人向投标人提供的指导投标工作的规范性文件。招标文件编制的好坏直接关系招标人和投标人双方的利益，因此招标文件的内容既要详尽周到，又要合理合法，以体现招标公平、公正的原则。

招标文件的内容大致可以概括为三个部分：第一部分是投标所需了解并遵循的规定，具体包括投标邀请书、投标人须知、技术规范及要求；第二部分是（投标人）物业服务企业必须按规定填报的投标书格式，这些格式将组成附件作为招标文件的一部分；第三部分是中标的物业服务企业应签订的合同的条款（包括一般条款和特殊条款）及应办理的文件。

三个部分的具体内容可归纳为组成招标文件的六要素：投标邀请书；技术规范及要求；投标人须知；合同的一般条款；合同的特殊条款；附件（附表、附图、附文等）。

1. 投标邀请书

投标邀请书与招标公告的目的大致相同，即提供必要的信息，使潜在投标人获悉物业管理项目投标信息后，决定是否参加投标。其主要内容包括业主名称、项目名称、地点、范围、技术规范及要求的简述、招标文件的售价、投标文件的投报地点、投标截止时间、开标时间、地点等。投标邀请书可以作为招标文件的一部分，也可以单独寄发。

2. 技术规范及要求

这一部分用于说明业主和开发商对物业管理项目的具体要求，包括服务内容和应达到的标准等。对于若干子项目的不同服务标准和要求，可以列一张"技术规范一览表"加以综合。此外，技术规范部分还应包括对物业情况进行详细说明的物业说明书，以及物业的设计施工图纸。

3. 投标人须知

投标人须知是招标文件的重要组成部分，其目的是为整个招投标过程制定规则，包括总则说明、招标文件说明、投标书的编写、投标文件的递交、开标和评标、授予合同等。

（1）总则说明。总则说明主要是对招标文件的使用范围、常用名称的释义、合格的投标人和投标费用等进行总的说明。

（2）招标文件说明。招标文件说明主要是对招标文件的构成、招标文件的澄清、招标文件的修改等进行说明。

（3）投标书的编写。投标人须知中应详细列出对投标书编写的具体要求，包括：投标所用的语言文字及计量单位；投标文件的组成；投标文件格式；投标报价；投标货币；投标有效期；投标保证金，以及投标文件的份数及签署等。如果由于采取邀请招标或协议招标方式招标，而没有进行投标资格预审，则投标人须知中还应要求投标人按预定格式和要求递交投标人资格的证明文件。

（4）投标文件的递交。主要是对投标文件的密封和标记、递交投标文件的截止时间，以及迟交的投标文件、投标文件的修改和撤销的说明。

（5）开标和评标。开标和评标是招标文件体现公平、公正、合理的招标原则的关键，包括：对开标规则的说明；组建评标委员会的要求；对投标文件响应性的确定，即审查投标文件是否符合招标文件的所有条款、条件和规定，且没有重大偏离和保留；投标文件的澄清，即说明投标人在必要时有权澄清其投标文件内容；对投标文件的评估和比较；评标原则及方法；评标过程保密等。

（6）授予合同。通常包括定标准则（说明定标的准则，包括"业主不约束自己接受最低标价的申明"等）；资格最终审查（说明招标人会对最低报价的投标人进行履行合同能力的审查）；接受和拒绝任何或所有投标的权利；中标通知；授予合同时变更数量的权利（申明招标人在授予合同时有权对招标项目的规模予以增减），以及合同协议书的签署（说明合同签订的时间、地点及合同协议书的格式）和履约保证金等。

4. 合同的一般条款

（1）定义。对合同中的关键名称进行释义。

（2）适用范围。写明合同的适用范围。

（3）技术规格和标准。通常与招标文件的第二部分"技术规范及要求"的内容一致。

（4）合同期限。通常可参照委托管理的期限。

（5）价格。物业管理费用的记取，一般应与中标人的投标报价表一致。

（6）索赔。说明在投标人(合同的乙方)发生违约行为时，招标人（合同的甲方）有权按照索赔条款规定提出索赔，具体包括索赔的方案和索赔的程序。

（7）不可抗力。在发生预料不到的人力无法抗拒事件的情况下，合同一方难以或者不可能履行合同时，对由此引致的法律后果所作的规定。不可抗力条款一般包括不可抗力的内容、遭受不可抗力事件的一方向另一方提出报告和证明文件，以及遭受不可抗力事件一方的责任范围等。

（8）履约保证金。为保证合同履行而需提交的履约保证金比例，以及提供履约保证金的形式。

（9）争议的解决。预先规定合同双方在合同履行过程中发生争议时的解决途径和方法。

（10）合同终止。说明合同的期限和合同终止的条件（如物业服务企业违约情节严重、业主破产、物业被征用等）。

（11）合同修改。申明对于合同的未尽事项，需进行修改、补充和完善的，甲乙双方必须就所修改的内容签订书面的修改合同书，作为合同的补充协议。

（12）适用法律。合同适用的法律。

（13）主导语言及计量单位。

（14）合同文件与资料的使用。合同文件与资料的使用范围及相关事宜，如对保密的规定等。

（15）合同份数。

（16）合同生效等。

5. 合同的特殊条款

合同的特殊条款是为了适应具体项目的特殊情况和特殊要求作出的特殊规定。此外，合同特殊条款还可以对合同一般条款未包括的某些特殊情况进行补充。在合同的执行过程中，如果一般条款和特殊条款不一致而产生矛盾，应以特殊条款为准。

6. 附件

附件是对招标文件主体部分文字说明的补充，包括附表、附图和附文等。

（1）附表包括投标书格式、授权书格式、开标一览表、项目简要说明一览表、投标人资格的证明文件、投标保函格式、协议书格式、履约保证金格式（通常为银行保函）等。

（2）附图主要是指拟招标的物业的设计和施工图纸等。

（3）附文一般包括拟招标的物业说明书等。

四、物业管理招标标底的确定

标底是指招标项目的预期价格水平,是物业招标人所期望的物业管理服务水平与所能承受的物业管理服务费的最高限额的统一。标底的作用包括:使招标单位预先明确自己将要招标的物业管理目标,即招标单位将要选择什么层次管理水平的物业服务企业来管理自己的物业;作为衡量投标单位标价的依据和准绳。标底是评标的主要尺度之一。

1. 确定的标底要与拟招标的物业的档次一致

物业的档次不同,其管理服务水平与要求也不同,相应地,物业管理服务费也将不同。

2. 标底要反映业主、使用人的经济承受能力及消费意向

标底直接影响物业管理服务的项目、水平和管理质量,也直接影响业主和使用人的工作与生活质量。标底的不同也直接反映出业主或使用人将来要支付多少物业管理相关费用,因此确定标底时应考虑业主和使用人的经济收入、消费水平、消费意向等方面的情况。

3. 标底的确定要以招标文件中的管理目标为依据

管理目标的货币表现形式就是招标标底。投标企业要想中标,其投标报价必须尽量接近标底,而要做到这一点,投标企业对管理目标必须有透彻的理解。招标单位要想选聘到自己满意的物业服务企业,其制定的标底也应接近管理目标。

此外,确定招标标底还要严格遵循国家及地方政府颁布的有关法规,并与物业管理的市场行情相协调,只有这样,招标单位才能确定科学合理的标底。

第三节 物业管理投标

一、物业管理投标的基本目的和原则

物业管理投标与物业管理招标是相呼应的,没有投标就完不成招标;同样,没有招标,投标也就失去了基础。

物业管理投标是物业服务企业针对特定的物业管理项目招标文件的相关要求,在充分分析项目情况及自身发展目标和实力的前提下,组织相关资源,编写投标文件,参与争夺物业管理项目的过程。其主要目的是争取新的物业管理项目的管理权及更大的物业管理市场份额。

一般情况下,拟投标的物业服务企业在投标过程中应遵循以下几个原则。

1. 集中实力,重点突破

在众多的招标物业中,物业服务企业不可能面面俱到,每个项目都参加。物业管理项目招标是一项既花费精力和时间,又花费金钱的事情,因此物业服务企业应当寻找符合自身经营目标的物业进行投标。

2. 客观分析,趋利避害

企业投标前必须对所投标的物业进行仔细而客观的分析,考虑自己能否满足招标文

件提出的方案、计划及技术要求，及时要求招标方澄清有时可能出现的差错或不够明确的地方。物业服务企业在承接物业项目时，也就承担了风险。如果预计风险大于可能获得的利润，物业服务企业应打消参加该项物业投标的想法。

3. 精益求精，合理估算

拟投标的企业对成本的估算应尽可能细致、准确，但是现实中很难做到这一点。标价估算过高会导致报价过高，可能导致竞标失利；估算过低又可能导致利润减少，甚至无利可图。因此，投标企业应尽可能按严密的组织计划计算标价，做到不漏项、不出错。

4. 适当加价，灵活报价

标价的确定是投标过程中至关重要的一步，而在成本上加价多少也是估价人员最难把握的。当企业在某项特殊服务上具有较大优势时，投标时可适当提高报价；当竞争者较少且自身行业优势较大时可适当提高加价幅度，反之则应谨慎从事；同一项目报价中，单价高低应视具体情况而定。此外，物业管理投标报价还应注意以下几个方面：

（1）以价格取胜。以价格取胜是指分析出竞争对手的价格，然后以低于对方的价格报价，这种报价是相对低价，有一定取胜的可能，但也有一定的风险。

（2）以服务质量取胜。消费者在选择商品时主要看质量价格比，价格相同的条件下，质优者必然获胜，企业可以在投标文件中宣讲自身的优势，以取得评委的信任。

（3）以特色取胜。这里所说的特色要有针对性，不同物业有不同的客观条件，投标人应针对物业的具体情况，提出管理和服务的特色。

（4）以资信取胜。资信程度也是一种评标因素。资信程度主要是从企业的业绩、获优项目数量和投诉率等方面反映出来的。

（5）以优惠条件取胜。业主和评委关注的另一个问题是投标人提出的优惠条件。投标人经常提到的优惠条件有增加履约保证金、设置免费服务项目及改善某些设施等。

此外，投标企业还应做好与报价有关的工作，并清楚地认识到投标报价并非纯技术性问题，而是集合了技术与信息等多方面的商业活动。投标企业必须通过各种途径尽可能多地了解投标信息，争取在激烈的竞争中得到更多的机会。

5. 加强调查，了解市场

客观分析市场竞争形势，有利于物业服务企业选择投标项目，确定报价。从企业的长远经营目标来看，这样的调查分析有利于内部资源的优化配置，进而获得丰厚的回报。

二、物业管理投标的基本策略

1. 攻势策略

攻势策略是一种主动进攻性策略，采用这类策略的投标企业通常对投标物业与业主有足够了解，并积累了大量的经验。同时，在所有投标企业中，它无论是在规模还是在技术上都有较大优势，不仅能满足招标物业的服务要求，而且可以提供更为全面的特殊服务，也就是说，其竞争优势非常突出。在这样的分析结果下，企业会以行业强者身份参与竞争，并在标价的计算中确定一个高于平均的加价幅度，而在谈判中则尽可能利用其雄厚实力争取有利于自己的条件。这些企业通常都是在物业管理行业存在已久，并占据了较大的市场份额,资金雄厚、技术实力比较强的大企业。

2. 守势策略

投标企业在投标物业管理项目的过程中虽然积累了一定经验或具有某些优势,但在众多竞争者中其优势并不突出,若采取攻势策略会陷入不利境地。投标企业此时的做法应当是尽可能地突出自身特殊优势,避免在弱项上与其他企业发生正面冲突,尽可能与竞争者接触,获取更多信息,找出竞争者的弱点,伺机出动或联合出动,以争取胜利。

3. 低成本策略

采取低成本策略的投标企业尽可能压低报价以争取中标。这一策略可以是纯报价策略,也可以结合其他策略进行。采用低成本策略的投标企业既可能是旨在实现扩大市场份额目标的实力强大的大企业,也可能是将其作为进入市场的先行步骤的小企业。但投标企业应注意报价不宜过低(甚至低于成本),更不能压低成本而降低服务质量,因为在物业管理这样的服务行业中服务质量是决定性因素,以降低服务质量为代价争取中标,其结果只能是得不偿失。

4. 差异化策略

由于不同物业性质的差异,其要求的服务内容重点不同,各物业服务企业可能在不同物业的管理上各具优势。投标企业可以利用这些差异,扬长避短,争取在自己擅长的领域获得成功。但这一策略的成功应用应当建立在正确且充分了解市场和竞争对手的基础上。

5. 谋求发展策略

接管某个物业项目对物业服务企业并没有多少利润,甚至可能亏本,但为了争取将来的优势,如为了掌握某类型的物业管理经验或为了进入某一领域,建立信誉,占领市场,则可以采取谋求发展策略。这种策略通常是与低报价或类似低报价(如附带优惠条件)密切相连的,但总体而言是一种有远见的投标策略。

6. 广告宣传策略

广告宣传策略是物业服务企业在明知道自己不可能中标的情况下采取的一种积极应对措施。物业服务企业抛开中标的念头,秉持开放的心态,以宣传企业、扩大企业的影响为目的,为今后的发展打下舆论基础。

7. 形象包装策略

良好的企业形象是占领市场的有力武器。物业服务企业通过各种媒体做广告,建立公共关系网,定期刊登企业名录,宣传企业的信誉,定期包装企业的形象,给招标单位留下良好的印象。

此外,在实际的投标过程中还应注意以下几个方面:

(1)组织保障。决定参加投标后,应立即成立投标工作小组,尽快制订工作计划,有重点地分头开展工作,并及时沟通,使投标工作有条不紊地顺利进行下去。

(2)市场调查。通过各种渠道,了解相同类型的物业在物业管理过程中的做法、经验等,借鉴其他企业先进成熟的做法,并调查投标物业和使用人的要求,做到对将来的服务对象心中有数。

（3）了解对手。在准备投标的同时，设法了解参与投标的其他物业服务企业的情况，与自身情况进行对比，以争取主动，扬长避短，出奇制胜。

（4）规范及时。投标是公平参与竞争的行为，在操作时不能违反国家的法律、法规，以免损毁企业的声誉。投标书的编写要符合规范、合乎要求，争取先声夺人。

三、物业管理投标的程序

按照时间的先后顺序可以将物业管理投标划分为投标前期工作、投标实施阶段和定标后的工作等步骤（见图3-2）。

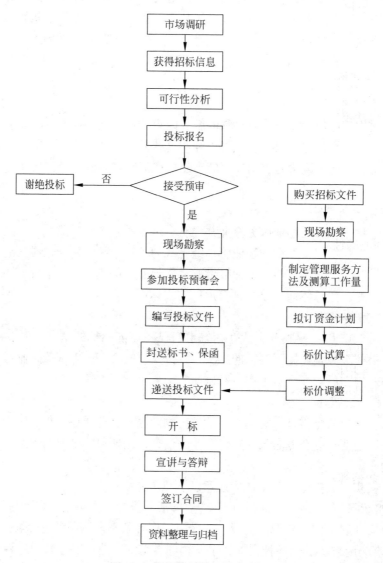

图3-2　物业管理投标基本步骤

（一）投标前期工作

1. 取得从业资格

与所有合法经营的企业法人一样，从业资格是物业服务企业从事正常经营活动必须具备的首要条件，也是物业服务企业参与招标前必须考虑的基本因素。通常所应具备的从业资格证书有营业执照及相关证书等。

2. 筹措资金

物业服务企业的财务状况也是衡量其实力的重要因素，因为必须满足企业投标全过程及中标后管理资金的需要。投标企业应根据自己的财务状况及招标物业管理所需资金，做好资金筹措准备，备妥足够的资金以通过投标资格预审。投标企业可以考虑的资金来源主要有自有的资金积累和银行贷款。投标企业应根据招标物业规模、自身收益情况及成本分析决定资金来源的构成。

3. 收集招标物业相关资料

招标物业相关资料是物业服务企业进行投标可行性研究必不可少的重要因素。资料的范围不仅包括招标公司和招标物业的具体情况，还应包括竞争对手的情况等。

4. 进行投标可行性分析

一项物业管理投标从购买招标文件到送出投标书，涉及大量的人力、物力支出，一旦投标失败，所有的前期付出都将付之东流。因此，物业管理投标企业在确定是否竞标前要进行必要的可行性研究，不可贸然行事。

1）招标物业分析

（1）物业的性质。了解并区分招标物业的性质非常重要，不同性质的物业要求的服务内容不同，所需的技术力量不同，物业管理的相对优劣性也差异明显。

（2）特殊服务要求。某些物业可能会由于其特殊的地理环境和某些特殊功用，需要一些特殊服务。这些特殊服务很可能成为某些投标企业的优势，物业服务企业必须认真对待。要慎重考虑这些特殊服务的费用支出及自身的技术力量或可否找到分包伙伴等，以形成优化的投标方案；反之，则应放弃竞标。

（3）物业招标背景。在决定投标前，还需要了解拟招标的项目及招标机构在招标文件中没有提及的招标背景，以使本企业的投标活动具有针对性和主动性。

（4）物业开发商状况。这一层面的分析包括开发商的技术力量、信誉度等。物业的质量取决于开发商的设计和施工质量，而有些质量问题在物业服务企业接管后才出现，从而会增加物业服务企业的维护费用及与开发商交涉的其他支出，甚至可能影响物业服务企业的信誉。因此，物业服务企业应尽可能选择信誉好、易于协调的开发商开发的物业。

2）自身条件分析

（1）类似的物业管理经验。投标者应针对招标物业的情况，分析本企业以往的经历，查找是否有类似的经验，确定企业的竞争优势。

（2）人力资源优势。企业是否在以往接管物业中培训人员，是否具有熟练和富有经验的管理人员，是否与在该物业管理方面有丰富经验的专业服务公司有密切的合作关系等。

（3）技术优势。能否利用高新技术提供高品质服务和特殊服务，如智能大厦等先进的信息管理技术、绿色工程、高科技安全防盗设施等。

（4）财务管理优势。企业在财务管理分析方面是否有完善的核算制度和先进的分析方法、是否拥有优秀的财务管理人员、能否多渠道筹集资金并合理开支等。

（5）劣势分析。主要体现在本企业相对竞争对手的优势所显示出的弱势条件。

3）竞争对手分析

（1）潜在竞争对手。主要是指进入行业不久的物业服务企业，它们可能没有成熟的管理经验，但有可能在某一方面具有绝对或垄断优势，这样的竞争对手不仅隐蔽而且威胁巨大，必须认真对待。

（2）同类物业服务企业的规模及其接管物业的数量与质量。大型物业服务企业通常具有成熟的经验、先进的技术和优秀的品质，企业的规模是实力的体现。

（3）当地竞争对手的地域优势。当地的物业服务企业可以利用熟悉当地文化、风俗的优势提供令业主满意的服务，还可能由于与当地有关部门的特殊联系而具有某些关系优势。

（4）经营方式的差异。应具体分析投标企业的经营方式，权宜从事。

4）风险分析

风险分析主要是对通货膨胀风险、政治风险、经营风险、自然条件风险，以及分包公司不能履约等其他风险进行分析。物业服务企业从事国际投标时，还可能面临国际风险。

（二）投标实施阶段

在对是否参与投标进行细致调研和论证后，应及时按照招标机构公示的有关招标文件的要求，呈递相关文件或资料，接受投标资格的预审。预审合格后，才真正进入投标的具体实施过程。

1. 购买、阅读招标文件

物业服务企业必须向招标机构购买招标文件，本着仔细谨慎的原则阅读并尽可能找出不太清楚或不明白的地方，再按其不同性质及重要性，将这些问题标注出来，待召开标前会议时向招标机构提出。

2. 召开标前会议，考察现场

如果有需要，开发商或业主委员会通常会根据具体情况组织所有参与投标的物业服务企业召开标前会议，现场回答参加竞标的企业对招标文件及项目的相关问题，并可安排统一到拟招标的物业现场进行实地参观，帮助投标企业了解物业的情况，以合理计算标价。

3. 制定管理服务方法及工作量

投标企业应根据招标文件中给出的物业情况和管理服务范围、要求，详细列出完成所要求管理服务任务的方法及工作量。

4. 制订资金计划

资金计划应当在确定了管理服务内容及工作量的基础上,以资金流量为依据进行测算。一般来说,资金流入应大于资金流出。物业服务企业经营的主要现金流入和流出项目通常包括招标文件规定的预付款和保证金、接管期间费用支出、接管期间收入,以及其他资金来源等。

5. 标价试算

在对标价进行试算前,投标者应做好以下工作:

(1)明确领会招标文件中的各项服务要求;

(2)计算和复核服务工作量;

(3)掌握物业现场的基本信息;

(4)掌握标价计算所需的各种单价、费率、费用等;

(5)拥有分析所需的适合当地条件的经验数据等。

6. 标价评估及调整

对于上述试算结果,投标企业必须进一步评估才能最终确定标价。标价评估大致包括两个方面:一是价格类比;二是竞争形势分析。分析之后便可以进行标价调整。通过这一步骤,投标企业即可确定最终标价。

7. 办理投标保函

投标人一旦中标就必须履行受标义务。为防止投标人违约给招标人造成经济损失,在递交物业管理投标书时招标人通常会要求投标人出具一定金额和期限的保证文件,以确保投标人中标后不能履约时,招标人可以通过出具保函的银行,用保证金的全部或部分作为招标人经济损失的赔偿。投标保函通常由投标企业开户银行或其主管部门出具。

投标保函列明的主要担保责任包括:投标人在投标有效期内不得撤回标书及投标保函;投标人被通知中标后必须按通知书规定的时间前往物业所在地签约;在签约后的一段时间内,投标人必须提供履约保函或履约保证金等。

8. 编制标书

投标人在作出投标报价决策后,应按照招标文件的要求正确编制标书,即投标人须知中规定的投标人必须提交的所有文件。

9. 封送标书、保函

投标文件全部编好后,投标人即可派专人或通过邮寄将标书投送给招标人。投标人应将所有的投标文件按照招标文件的要求,准备正本和副本(通常正本一份,副本两份)并分别包装密封。

所有投标文件都必须在投标邀请书中规定的投标截止时间之前送至招标人。

(三)定标后的工作

1. 中标后合同签订与履行

经过评标与定标之后,招标方将发函通知中标企业。中标企业接到通知后应做好准备,进入合同的签订阶段。物业委托管理合同的签订通常需经过签订前谈判、签订谅解备忘录、发送中标函、签订合同协议书等步骤。由于在合同签订前双方还将就具体问题进行谈判，中标企业在准备期间应充分分析自己的优劣势、技术资源条件及业主状况，并尽量熟悉合同条款，以便在谈判过程中把握主动，避免在合同签订过程中利益受损。

同时，物业服务企业还应着手组建物业管理专案小组，制定工作规划，以便在签订合同后及时进驻物业。物业委托管理合同自签订之日起生效，业主与物业服务企业均应依照合同规定行使权利、履行义务。

2．未中标的总结

竞标失利不仅意味着前期工作白白浪费，而且将对企业的声誉产生不利的影响。未中标企业应在收到通知后及时对本次失利的原因进行分析，避免重蹈覆辙。可从以下几个方面进行分析：

（1）准备工作是否充分。投标企业在前期收集的资料是否不够充分，致使企业对招标物业的主要情况和竞争对手了解不足，因而采取了某些不当的策略，导致失利等。

（2）估价是否准确。投标企业还可分析与中标标价之间的差异，找出存在差异的根源，是工作量测算得不准，还是服务单价确定偏高，或计算方法不对等。

（3）报价策略是否有失误。这里包含的原因很多，投标企业应具体情况具体分析。

对以上分析得出的结果，投标企业应整理并存档，以备下次投标时借鉴参考。

3．资料整理与归档

无论投标企业是否中标，在竞标结束后都应将投标过程中的一些重要文件进行分类归档保存，以备查核。这样既可为中标企业在合同履行中解决争议提供原始依据，也可为竞标失利的企业分析失败的原因提供参考。

需整理并归档的文件主要包括：招标文件及其图纸；对招标文件进行澄清和修改的会议记录和书面文件；投标文件及标书；与招标方的往来信件；其他重要文件资料等。

四、物业管理投标书的编写

物业管理投标书是对投标全面准备工作的总结，是投标企业的投标意图、标价策略与目标的体现，其编制质量的优劣直接影响投标竞争的成败，因此投标企业应认真编写投标书。

（一）物业管理投标书的组成

1．投标致函

投标致函实际上是投标者的正式报价信，其主要内容包括：

（1）表明投标企业完全愿意按投标文件中的规定承担物业管理服务任务，并写明自己的总报价金额；

（2）表明投标企业接受物业整个合同委托管理期限；

（3）表明投标如被接受，投标企业愿意按招标文件规定金额提供履约保证金；

（4）说明投标报价的有效期；

（5）表明投标书连同投标企业的书面接受通知均具有法律约束力等。

2．附件

附件的数量及内容按照招标文件的规定确定。各种商务文件、技术文件等均应依据招标文件要求备全，缺少任何必需文件的投标将无法中标。附件主要包括：

（1）企业简介。概要介绍投标企业的资质条件、以往业绩等情况。

（2）企业法人地位及法定代表人证明。包括资质证明文件（营业执照、税务登记证、企业代码、授权书、代理协议书等）、资信证明文件（保函、已履行的合同及商户意见书、中介机构出具的财务状况书）等。

（3）企业对合同意向的承诺。包括对承包方式、价款计算方式、服务款项收取方式、材料设备供应方式等情况的说明。

（4）物业管理专案小组的配备。简要介绍主要负责人的职务、以往业绩等。

（5）物业管理组织实施规划等。说明该物业管理运作中的人员安排、工作计划、财务管理等内容。

（二）物业管理投标书的主要内容

物业管理投标书除了按规定格式要求回答招标文件中的问题外，最主要的内容是介绍物业管理要点，以及物业管理服务内容、服务形式和费用等。

1．介绍投标企业自身的概况和经历

主要介绍企业概况以及以前管理过或正在管理物业的名称、地址、类型、数量，指出与此次招标物业类似的管理经验和成果，并介绍主要负责人的专业、物业管理经历和经验等。

2．分析招标物业的管理要点

指出此次招标物业的特点及日后管理上的重点、难点，分析租用户对此类物业及其管理的期望、要求等。

1）住宅小区

对于住宅小区，舒适便捷是业主最起码的要求，高档次的优质服务则是其更高的享受追求，因此住宅小区的物业管理应突出以下几点。

（1）环境管理。应维护规划建设的严肃性，定期进行检查维修，禁止乱凿洞、乱开门窗的破坏性行为，禁止个别业主随意改动房屋结构或乱搭建行为，保证业主的居住安全等。

（2）卫生绿化管理。定时对小区公共场所进行清扫保洁，及时清运垃圾，并对卫生用具进行清洁消毒。加强小区的绿化养护，派专人管理绿化带、花草树木，禁止人为的破坏行为等。

（3）治安管理。成立保卫处，负责小区内的治安巡逻与防范，确保住户的人身和财产安全。

（4）市政设施管理。市政道路、下水管道与消防等公共设施的管理、维修、保养等。

（5）便利服务。为特殊住户提供的各种专业有偿服务和特需服务等。

2）高层住宅

相对于普通住宅小区而言，高层住宅的特点是建筑规模大、机电设备多、住户集中、居住人员的素质也相应较高。因此，高层住宅的物业管理重点应放在以下几个方面。

（1）机电设备管理。例如，发电机、中央空调、供水、消防、通信设备的维护和管理等。这些机电设备一旦发生问题，必将严重影响住户的生活和工作，因此物业服务企业必须备有一支技术熟练的专业人员，并做好管理人员的培训，健全各项管理制度，保证及时排除故障。

（2）治安保卫管理。应设保安班，24小时值班守卫，建立来访人员登记制度，公共场所安装闭路电视监控系统等。

（3）卫生清洁管理。坚持早上清扫楼梯、走廊通道、电梯间等，及时收集各楼层垃圾，清洁卫生用具，保持大楼清洁卫生等。

（4）保养维护。主要是对公用设施、公共场所进行定期检查、维修等。

3）写字楼

写字楼作为办公场所，要求环境保持宁静、清洁、安全，其物业管理的重点应放在以下几个方面。

（1）安全保卫工作。保证防盗及安全设施运作良好，坚持出入登记制度，24小时值班守卫。

（2）电梯、中央空调、水电设施维护。保证工作时间上述设备正常工作，不允许出错。

（3）清洁卫生服务。与高层住宅类似，但要求更高，应当勤擦洗门窗，清扫走廊，做到无杂物、无灰尘，同时保证上班时间的开水供应等。

4）商业大厦

在商业大厦管理中，企业形象、居民购物方便程度是首要的考虑因素，其管理的重点应放在以下几个方面。

（1）安全保卫工作。商业大厦的客流量通常较大，容易发生安全问题，应保证24小时专人值班巡逻，以及便衣、保安人员场内巡逻。

（2）消防工作。管理维护消防设施，制定严格的消防制度。

（3）清洁卫生工作。由专职人员负责场内巡回保洁、垃圾清扫，随时保持环境卫生。

（4）空调和供热设备管理。设立专职操作及维修人员，保证设备的正常运转等。

以上是针对各类型物业列举其物业管理中普遍的重点和难点，但在具体编写投标书时，投标企业应针对物业的具体性质与业主情况，就最突出的问题进行详细分析。

3．介绍本企业将提供的管理服务内容及功能

1）开发设计建设期间的管理顾问内容

简要介绍物业服务企业早期介入所应考虑的问题及其意义，接下来就各具体问题进行详细叙述。对招标物业的设计图纸提供专业意见，投标企业应从物业建成后便于管理的角度出发，提供建议；对招标物业的设施提供专业意见，投标企业应从使用者的角度考虑设施的配置是否满足住户的普遍需求；对招标物业的建筑施工提供专业意见，并进行监督，包括参与开发商重大修改会议，向业主提供设备保养维修等方面的建议等；提供招标物业的特别管理建议，主要是就先前分析到的管理难点有针对性地提出施工建议，以利于日后管理等。

2）物业竣工验收前的管理服务内容

制订员工培训计划，详细说明员工培训的内容及培训后员工应具备的素质；制定租约条款、管理制度，编写租用户手册等；列出财务预算方案，说明日常运作费用支出，确定日后收费基础等。

3）用户入住及装修期间的管理服务内容

住户入住办理移交手续的管理服务，说明物业服务企业在用户入住期间应向用户解释的事项及应当承办的工作；住户装修工程及物料运送的管理服务，规定用户装修时应注意的问题及应提交的文件等；迁入与安全管理服务，说明物业服务企业应采取哪些措施，规定业主应遵守哪些规章制度等。

4）管理运作服务内容

（1）物业管理人员安排，编制物业管理组织运作图，说明各物业部门的职责及相互关系。

（2）保安服务，包括为聘任与培训员工、设立与实施保安制度等而应采取的各项措施。

（3）清洁服务，包括拟定清洁标准、分包清洁工作等措施，监督清洁工作，以及保证清洁工作的其他措施。

（4）维修保养服务，制订维修计划，安排技术工程师监督保养工作的实施等。

（5）财务管理服务，包括编制预算案、代收管理费、处理收支项目、管理账户等。

（6）绿化园艺管理服务，包括配置园艺工、布置盆栽、实施节日装饰工程等。

（7）租赁管理服务，针对承租用户的管理工作，包括收取租金、提供租约、监督租户遵守规章制度等。

（8）与租户联系及管理报告，主要包括通告、拜访用户、了解情况，并定期向业主大会报告管理情况等。

（9）其他管理服务内容，补充说明由于招标物业的特殊功用或业主特殊要求而需要的其他特定服务等。

5）将提供的服务形式、费用或期限

招标文件示例

B省政府大楼的招标文件（部分内容）：该项目位于A市T区，总建筑面积为84 350平方米，招标方式为邀请招标，由招标人委托代理机构于2020年4月组织具体的招标活动。

附录1：招标文件目录

第一部分　投标邀请函
第二部分　投标人须知
总　则
1. 项目说明
2. 定义及解释
3. 合格的投标人
4. 纪律与保密事项
5. 保证
6. 投标费用

招标文件
7. 招标文件构成
8. 招标文件的澄清和修改
9. 实地查验物业

投标文件的编制
10. 投标语言及计量
11. 投标文件构成
12. 投标函
13. 投标报价说明
14. 投标报价货币
15. 证明投标人合格和资格的文件
16. 投标保证金
17. 投标人知悉
18. 投标有效期
19. 投标文件的式样和签署
20. 知识产权

投标文件的递送
21. 投标文件的密封标记
22. 投标截止时间
23. 迟送的投标文件
24. 投标文件的修改与撤回

开标与评标
25. 开标
26. 评标委员会
27. 评标原则和评标方法
28. 初步评审及详细评审

29．投标文件的修正和澄清

30．中标人

31．拒绝任何或所有投标的权利

授予合同

32．合同授予标准

33．中标通知书

34．签订合同

35．中标服务费

36．履约保证金

第三部分　物业管理服务需求书

1．概况

2．物业管理项目及范围

3．物业管理要求

4．物业管理质量指标要求

5．奖惩办法

6．物业管理期限及管理服务费支付时间

7．其他

第四部分　物业管理服务合同格式

第五部分　投标文件格式

格式一　投标函格式

格式二　投标报价表格式

格式三　法定代表人授权书格式

格式四　资格证明文件格式

格式五　技术、商务响应文件格式

格式六　物业管理投标方案文件格式

格式七　履约保证金格式

格式八　唱标信封

附录 2：投标邀请函格式

投标邀请函

_____：

　　A 市国际工程咨询公司（以下简称"招标代理机构"）受 B 省政府（以下简称"招标人"）的委托，就 B 省档案新馆大楼物业管理服务招标接受合格的国内投标人提交密封投标。有关事项如下：

一、本次招标的项目

B省档案新馆大楼物业管理服务招标（详细内容参见招标文件中的相关内容）。

二、招标文件规定的时间（本次招标均使用北京时间）

1. 本次招标和投标报名及购买招标文件时间：2020年8月1日上午9：30—11：30；下午2：30—16：00。

2. 递交投标文件时间：2020年8月28日上午9：00。

3. 投标截止和开标时间：2020年8月28日上午9：30。

三、本招标文件规定的地点

1. 发售招标文件地点：A市国际工程咨询公司。
2. 递交投标文件地点：B省政府采购中心。
3. 开标地点：B省政府采购中心。

四、投标人必须提交金额为5万元（人民币）的投标保证金，投标保证金必须在投标截止时间之前打到招标代理机构账户中

招标代理机构账户：
收款人：A市国际工程咨询公司
开户行：工商银行A市分行
账号：60102000××××××
投标保证金的有关事项按投标人须知的相关规定执行。

五、招标答辩的时间、地点。

时间：2020年8月5日上午10：00。
地点：××中路36号B省政府一楼。
2020年8月5日上午11：30前各投标人应将需解答的问题传真给招标代理机构。

六、本次招标在本招标文件规定的时间和地点公开开标，届时请投标人法定代表人或其授权代表务必出席开标会

七、招标代理机构及招标人将不负责投标人准备投标文件、实地查验物业和递交投标文件所发生的任何成本或费用

八、有关此次招标的事宜，可按下列地址以书面形式向招标代理机构查询

招标代理机构：A市国际工程咨询公司
地址：A市×××路××大厦10楼
联系人：张××
电话：××××××

传真：×××××××
邮编：×××××
招标人：B省政府
地址：××× 中路216号
电话：×××××××
传真：×××××××
邮编：×××××
联系人：陈 ××

招标人：B省政府
招标代理机构：A市国际工程咨询公司
2020年7月28日

附录3：投标人须知（部分）

一、投标报价说明

（一）投标人应根据招标文件中的要求，按投标文件格式规定填写报价表。

（二）投标人在投标文件中的投标报价总表上只允许有一个报价，任何有选择的报价将不予接受。投标价不是固定价的投标文件将作为非响应性投标而被拒绝。

（三）投标人应详细列明报价明细表，如果单价与总价不符，以单价为准修正总价。

（四）若合同项目内容没有增减，投标人所报的投标价在合同执行期间是固定不变的，没有招标人同意不得以任何理由予以变更。

二、评标基本原则和评标方法

（一）评标基本原则

评标工作应依据《中华人民共和国招标投标法》以及国家和地方有关政府采购与物业管理招标投标的规定，评标委员会只对确定为实质响应招标文件要求的投标进行评价和比较。

（二）评标方法

本次招标的评标方法采用综合评分法。具体办法为：按照评标程序的规定，依据评分标准及各项权重，各位评委就每个合格投标人的投标方案、商务状况、现场答辩及其对招标文件要求的响应情况进行评议和比较，评出其技术评分、商务评分和现场答辩评分。对各评委的评分去掉一个最高分和一个最低分，余下的评分的算术平均值即为该投标人的技术评分、商务评分和现场答辩分。评标委员会按照招标文件规定核定各投标人的投标价格，再计算各投标人的价格得分。将技术评分、商务评分和价格评分、现场答辩评分分别乘以权重并相加得出综合得分，综合得分排在前两位的投标人（得分相同时价格最低者先）为中标候选人。

三、初步评审与详细评审

（一）初步评审

评标委员会根据招标文件检查投标文件提供的资格证明文件是否齐全、是否满足招标文件的要求、投标文件是否编排有序。

在详细评标之前，评标委员会要审查每份投标文件是否实质上响应招标文件的要求。实质上响应的投标应该是与招标文件要求的全部事项、条款和质量要求相符合，没有重大偏离或保留的投标。所谓重大偏离或保留，是指实质上影响合同的委托管理事项、物业管理服务质量，或者实质上与招标文件不一致，而且限制了合同中委托方的权利或投标义务。纠正这些偏离或保留将会对其他实质上响应要求的投标人的竞争地位产生不公正的影响。评标委员会决定投标文件的响应性只是根据投标文件本身的内容，而不寻找外部的证据。

评标委员会将允许修正投标文件中不构成实质性偏离的、微小的、不正规的、不一致的或不规则的地方，但这些修正不能影响任何投标人相应的名次排序。

（二）详细评审

1. 技术评审细则

评标委员会对每个投标人按下列因素逐项打分：

（1）对物业管理服务需求书的响应程度（15%）。

（2）物业管理服务总体模式与配套措施（10%）：①总体模式（5%）；②配套措施（5%）。

（3）物业管理机构设立方案、运作流程（10%）：①机构设立方案（5%）；②运作流程（5%）。

（4）管理服务人员的配备方案（15%）：①人员配备（8%）；②人员资质、培训（4%）；③人员考核（3%）。

（5）管理服务用房及其他物资装备配套方案（10%）。

（6）各项管理规章制度（15%）。

（7）各项物业管理服务质量、物业维护计划和实施方案（10%）。

（8）物业管理各项质量指标的承诺、目标（15%）。

2. 商务评审细则

评审委员会对每个投标人按下列因素逐项打分：

（1）商务响应程度（40%）：①对物业管理委托合同的响应（15%）；②经营收支预算方案、利润率（25%）。

（2）信誉（10%）：①有无不良诉讼史（5%）；②信誉等级（5%）。

（3）业绩（20%）：①投标人近3年的物业管理服务业绩（附部分合同复印件、业主或委托书评价意见并注明联系部门及电话）（8%）；②投标人近3年的同类物业管理业绩（附部分合同复印件、业主或委托人评价意见并注明联系部门及电话）（7%）；③投标人2015年至今的物业管理业绩（附部分合同复印件、业主或委托人评价意见并注明联系部门及电话）（5%）。

（4）履约能力（20%）：①投标企业的人员规模、营业额、利润（8%）；②总资产（6%）；③资产负债率（6%）。

（5）投标企业是否有 ISO 质量认证或其他质量认证证明（10%）。

3．价格的核准和评分

（1）评标委员会详细分析、核准价格表，看其是否有计算或累加上的错误，修正错误的原则如下：①若用数字表示的金额与用文字表示的金额不一致，以用文字表示的金额为准；②单价和数量的乘积与总价不一致时，以单价为准，并修正总价；③投标人的报价有漏项的，将以所有入围投标人的最高报价计入投标报价总价；④评标委员会依据招标文件认为应该调整的价格。

（2）评标委员会将按上述修正错误的方法调整入围投标文件中的投标报价，调整后的价格对投标人具有约束力。如果投标人不接受修正后的价格，则其投标将被拒绝。

（3）价格评分：将评标委员会修正后的入围投标人的投标价格，取算术平均值的 95% 作为基准价格，等于基准价格的投标报价定为 100 分，高于基准价格的投标报价则按其比例，每高于 2% 减 1 分。低于基准价格的不加分，依此类推，算出入围投标人的价格评分。

4．现场答辩评分的主要标准与权重

（1）答辩人对物业管理知识及法规的熟悉程度（25%）；

（2）答辩人的准备充分程度（20%）；

（3）答辩人对项目的了解程度（30%）；

（4）答辩人的思路、条理性、针对性和回答问题的准确性（25%）。

（三）得分统计与评标结果

（1）将每份入围投标统计出的技术、商务、价格和现场答辩评分分别乘以权重得出其技术得分、商务得分、价格和现场答辩得分，各得分相加即为综合得分。

（2）评标委员会以书面形式写出评标结果，按综合得分由高到低的排名顺序推荐前两位的投标人（得分相同时以低价者优先）为中标候选人。

（四）技术、商务、价格及现场答辩权重的分配

技术、商务、价格及现场答辩的权重分配如下所示：

评分项目	权重/%
技术评分	40
商务评分	20
价格评分	30
现场答辩评分	10

附录 4：投标函格式

致：B 省政府（招标人）

我方确认收到贵方提供的 B 省政府大楼物业管理服务招标投标所需的招标文件及图纸的全部内容，我方（投标人名称）正式授权（全名，职务）为授权代表代表我方进行有关投标的一切事宜。在此提交的投标文件，正本一份、副本四份、唱标信封一份。包括如下内容：

（一）投标函

（二）投标报价表

（三）全套资格证明文件

（四）技术、商务响应文件

（五）物业管理投标方案文件

（六）应招标文件要求的其他文件

我方已完全明白招标文件的所有条款要求，并重申以下几点：

1. 我方已收到上述招标项目所提供的一切有关招标文件、图纸等相关说明资料，根据招标文件、图纸、答辩纪要及其他相关文件的要求和物业现场查验结果，考虑本企业自身的实力及特点，我方愿以人民币（大写）_____元 (小写)_____元的投标报价（详见投标报价表）投标承包上述服务项目。

2. 本投标文件的有效期为投标截止日后 60 天以内，如中标，有效期将延至合同终止日为止。

3. 我方详细研究了招标文件的所有内容，包括修正文（如果有）和所有已提供的参考资料及有关附件，并完全明白，我方放弃在此方面提出含糊意见或误解的一切权利。

4. 我方承诺投标文件中的一切资料、数据是真实的，并承担由此引起的一切责任。

5. 我方明白并同意我方如在投标有效期之内撤回投标，则投标保证金将被贵方没收。

6. 我方同意按照贵方可能提出的要求而提供与投标有关的任何其他数据或信息。

7. 我方理解贵方不一定接受最低价或任何贵方可能收到的投标。

8. 我方如果中标，将保证履行招标文件以及招标文件修改书（如果有的话）中的全部责任和义务，在中标通知书规定的时间内签订《物业管理委托合同》。

9. 如果我方被授予合同，我方承诺向招标代理机构支付本次招标的中标服务费。

投标人（盖法人公章）：

法人授权代表（盖章或签名）：

日期：××××年×月×日

第四节　物业服务方案

一、制定物业服务方案的一般程序

物业服务企业在确定参与招标活动后，应组织相关人员在分析招标物业项目基本情况和确定物业管理模式的基础上，制定切实可行的物业服务方案。

制定物业服务方案的一般程序为：

（1）组织经营、管理、技术、财务人员及拟任项目经理参与物业服务方案的制定。

（2）对招标物业项目的基本情况进行分析，收集相关信息及资料。

（3）根据招标文件规定的内容进行分工、协作。

（4）确定组织架构和人员配置。

（5）根据物业资料及设备设施技术参数、组织架构及人员配置情况、市场信息、管理经验等情况详细测算物业管理成本。

（6）根据招标文件规定的物业管理需求内容制定详细的操作方案。

（7）测算物业管理服务合同费用（合同总价和单价）。

（8）对拟定的物业服务方案进行审核、校对、调整。

（9）排版、印刷、装帧。

二、制定物业服务方案的要求

（1）物业服务方案的内容、格式、投标报价必须响应并符合招标文件中对物业服务需求的规定，不能有缺项或漏项。

（2）方案的各项具体实施内容必须根据招标企业的基本情况和特点制定；整体方案必须在调研、评估的基础上制定；方案的内容必须符合国家及地方法律、法规。

（3）方案中对招标文件要求作出的实质性响应内容必须是投标企业能够履行的，包括各项服务承诺、工作目标及计划、具体项目的实施方案。

（4）制定的物业管理服务费用必须合理，在满足招标方需求的基础上制定科学、经济的具体实施方案。实行酬金制的物业管理项目，投标方不能为了取得稳定的利润而制定加大成本投入的方案；实行包干制的物业管理项目，投标方不能为了控制经营风险而制定影响服务质量的方案。

此外，编制物业服务方案时还应关注四个关键要素：服务设计、资金保障机制、员工管理系统和顾客管理系统。

服务是需要设计的，良好的服务设计是卓越服务的前提条件，编制物业服务方案的过程实质上就是服务设计的过程。项目的物业服务方案是项目物业服务设计的输出文件。物业服务方案具有较强的针对性，应通过分析项目特点及特定顾客群体的需求，就服务内容、服务标准、服务定位及愿景、人力资源安排、财务预算安排、关键的服务过程等内容作出周全的策划。物业服务方案也不是一成不变的，在日常物业服务运作过程中,随着顾客群体的变化、物业逐步老化及新技术的不断出现,应当对物业服务方案进行动态管理,不断调整方案内容以适应新的形势。

三、物业服务方案的编制要点

(一)项目简介

物业服务企业在编制物业服务方案前,应通过现场踏勘、招标方答疑会等方式获取项目的基本资料。同时,还可以借助公共媒介、网络等对项目的周边环境、市场情况等进行深入的市场调查,掌握项目的详细情况。

(1)顾客的基本情况。例如,业主(或物业使用人)清单、顾客基本特征(年龄、职业、籍贯等)。

(2)物业基本情况。例如,物业的地理位置、占地面积、建筑面积、物业类型、机电设备清单、配套设施清单等。

(3)项目开发情况。例如,开发建设单位、设计单位、承建商、施工单位、项目开发及交付的进度、主要户型、售价等。

(4)项目周边情况。例如,水、电、气、暖、有线电视、电话、宽带等生活服务单位的分支机构、联系方式,医院、学校、公交站、超市、银行、邮局等服务网点的分布,派出所、居委会等的联系方式。

(5)竞争对手的情况等。例如,对周边同类项目的调研(物业服务企业、提供的服务项目及标准、物业服务价格、顾客评价等)。

(二)项目的整体策划

1. 顾客的需求分析

如表3-1所示,顾客的需求分析主要涉及:顾客是谁?他们具有哪些特征?如何利用这些特征对他们进行分类?不同类别的顾客有哪些需求?这些需求中,哪些是个性的,哪些是共性的?如何响应这些需求?对策是否可行?

表3-1 顾客需求分析表

顾客类别	顾客特征	可能的需求	响应的对策	对策可行性分析	支持性文件

2. 项目的特点分析

如表3-2所示,项目的特点分析主要涉及:项目的区位、功能、外观、园林、交通、结构、照明、设备、装饰、配套、施工质量、开发计划、销售进度等有哪些显而易见的特点?这些特点会导致哪些问题的产生?针对这些问题,有哪些可能的对策?这些对策中哪些是可行的?

表 3-2　项目特点分析表

项目的特点	潜在的管理问题	响应的对策	对策可行性分析	支持性文件

3. 服务项目、标准及服务承诺等

表 3-3 列出了服务项目、标准与价格。

表 3-3　服务项目、标准与价格

类　　别	服 务 项 目	服 务 标 准	服 务 价 格
基础性服务 （针对所有顾客）			
个性化服务 （针对部分业主）			
支持性服务 （面向开发建设单位）			

（1）服务承诺是物业服务企业公开向开发商、业主承诺的服务标准，是确保服务透明度的手段之一。

（2）物业服务企业应当选取顾客接触面广（及顾客可以直接感受到的服务项目）的服务标准予以承诺。例如，物业管理处作息时间，投诉受理及处理时间，停水、停电的回复时间，电梯困人的救援时间，消防演习的频率，水箱、外墙清理频次等。

4. 关键成功因素及挑战

（1）关键成功因素：做好哪些事情，我们就会获得顾客的认同和赞许？（哪些因素会让顾客感到满意？）

关键挑战：什么样的挑战或障碍可能会影响本项目既定目标、整体绩效的实现？

（2）不同类型的物业，其管理服务的重点与难点相差很大。即使是同一类型的物业，由于项目规模、业主群体、设施设备、地理位置等诸多因素，其管理的重点与难点也不尽相同。因此，有必要对每一个项目进行有针对性的分析，确定其关键成功因素及挑战。

5. 服务定位与服务愿景

服务定位是对物业服务模式的总体概括。我们希望给顾客带来什么样的服务感受？我们所提供的服务，其主要的服务特性是什么？而服务愿景则是对项目未来美好蓝图的描述。

（三）人力资源规划

1. 组织架构及职位设置

组织架构及职位设置通常因项目及人员状况的不同而不同，没有一定之规，但基本

的原则是科学化、针对性、精炼、高效，能快速响应业主需求。

2. 人力资源定编计划

（1）首先应明确各项业务是物业服务企业员工自行管理，还是外包给其他专业服务公司管理。可以适当地参照同地区、同类物业的管理经验来配置人员。

（2）物业类型不同、费用标准不同、工作内容不同都会导致人员配置的较大差异。因此，物业服务企业有必要在实际工作中不断积累经验，建立人力资源定额库，用来指导不同岗位的配置。

（3）可以通过人均产值、人力成本占总成本比例、管理幅度、经营预算目标达成度等指标验证人员配置数量的合理性并进行调整。

3. 员工岗位工作说明

（1）管理岗位工作说明。重点描述管理人员的工作界面、工作分工，以避免因职责不清相互推诿。需要注意的是，对一些非常设（或兼职）的岗位（如义务消防员、兼职质量管理员、兼职培训员等）应明确到人，并明确在特殊或紧急情况下对管理人员的授权。

（2）操作员工岗位说明。应详细描述每一个岗位的工作内容、工作区域、作息时间，并考虑员工在上班过程中休息、用餐或替岗的要求。

4. 管理服务团队的绩效目标

主要包括财务、顾客、流程、人力资源四个方面的指标。

（四）物业管理流程策划

物业管理流程策划通常包括共用设施设备管理、公共秩序管理、清洁管理、有害生物防治、园艺管理等常规内容。

1. 共用设施设备管理

（1）确定工作对象及工作界面。例如，强电系统、电梯升降系统、空调系统、给排水系统、消防系统、弱电系统等。

（2）确定工作内容。例如，运行巡检、维修保养、预防性维修（定期小修、中修、大修等）、纠正性维修、设施设备档案建立与维护，以及公共能源管理、装饰装修管理、工程保修管理等。

（3）确定工作方法。例如，上述内容的作业方法、流程、频次、检修标准等。

（4）确定关键因素。包括关键设备（如特殊养护要求的设备、交付时存在质量缺陷的设备）、关键时段（夏季用电高峰、冬季供暖季等）、关键界面（设备运行时间、运行设备与备用设备、与市政电网的接口、未完工程等）。

（5）制订工作计划。例如，共用设备运行计划、定期保养、维修计划、共用设施、场地维护计划、公共能耗使用计划等。

2. 公共秩序管理

1）安全防范管理

（1）确定工作对象。例如，人流（业主、租客、访客等）、物流（家具、建筑垃圾、日用品等）、车流（业主车辆、访客车辆等）。

（2）确定工作方法。例如，设置监视区、防护区、禁区，并通过门禁验证、来访登记、搬出放行、巡逻、闭路监控等手段加以控制。

（3）制订工作计划。例如，巡逻路线、紧急集合训练计划，保险投放计划等。

2）停车场管理

（1）确定工作内容，包括停车场标识系统设计、停车位的规划与分配、车辆进出控制、车辆停泊管理、车辆收费标准等。

（2）确定工作方法，如运用智能系统控制进出与收费、设置停车引导员指引车辆停泊、建立中央收费制度分流车流量等，以及上述方法的作业流程、频次与检验标准。

（3）制订工作计划，如停车场巡逻、交通故障处理、车辆损伤处理等。

3）消防管理

（1）确定工作内容，包括火灾预防、灭火救援。

（2）确定工作方法，包括预防（建立义务消防队、制定消防管理制度及消防检查方案、灭火救援方案等）、准备（消防器材配备、消防宣传、消防演习等）、应对、事后恢复等。

（3）制订工作计划，如消防宣传计划、消防演习计划、消防器材配备计划等。

3. 清洁管理

（1）确定工作对象及工作内容，如公共区域（包括室内、室外）清洁、垃圾收集与处理、管道疏通、外墙清洗、泳池清洁等。

（2）确定工作方法，如不同部位、不同材质的清洁作业方法、流程、作业频次、检验标准。

（3）确定关键因素，包括关键时段（重大节假日、上下班高峰等）、关键部位（出入口、大堂、客户服务中心、会所等）、关键事件（开放日、社区文化活动、上级检查等）。

（4）特殊情况下的应对预案，如暴雨、大雪、沙尘暴、台风等恶劣天气下的清洁预案。

（5）制订工作计划，如（外墙、大理石）定期清洁计划。

4. 有害生物防治

（1）确定工作对象，如老鼠、苍蝇、蟑螂、蚊子、白蚁等。

（2）确定工作部位，如天面、地下室、绿化带、沟渠池井等。

（3）确定工作方法，如用药物及灯光诱杀白蚁、设置挡鼠栅、投放灭鼠毒饵、设置紫外线灭鼠灯等，以及上述方法的作业流程、频次、检验标准。

（4）制订工作计划，如有害生物防治计划。

5. 园艺管理

（1）确定工作对象，如乔木、灌木、草坪、地被植物、水生植物、藤本植物等。

（2）确定工作内容，如灌排水、施肥、打孔、松土、修剪造型、清除枯叶、杂草防除、病虫害防治、绿化带保洁、苗木租摆、植物补种等。

（3）确定工作方法，包括上述工作的作业方法、流程、频次、检验标准。

（4）确定关键因素，包括关键苗木（珍贵植物、难以存活植物）、关键时节（清明、谷雨等）、关键事件（重大节日等）。

（5）特殊情况下的应对预案，如特殊气候下的植物防护。

（6）编制工作计划，如植物租摆计划、苗木补植计划、病虫害防治计划等。

（五）顾客服务策划

1. 顾客服务项目策划

（1）主要描述为业主提供的客户服务项目、服务标准、收费标准等。

（2）注意区分基础性服务、个性化服务、支持性服务。

（3）注意区分有偿服务和无偿服务。

2. 顾客服务流程策划

针对上述已经确定的服务项目，可以采用服务蓝图的方法对服务流程进行详细的设计。

3. 服务接触面策划

（1）确定关键接触面，包括高接触区域（大堂、电梯、客户服务中心、会所等业主进出频繁的地方）、高接触员工（大门岗、大堂岗秩序维护员、客户经理、礼宾服务员等业主频繁碰到的员工）、高接触时段（上下班高峰）、高接触场景（大型社区活动、技工上门维修）。

（2）设计关键接触面，包括高接触区域中的环境（家具、日用品、温度、气味、音乐等）布置要求，以及高接触员工群体的管理要求（制服设计、工具配置、仪容、行为、语言等）。

4. 顾客关系管理

（1）业主顾客分类。根据业主顾客的特征、需求等对其进行分类，同时识别出关键顾客。

（2）业主顾客沟通。针对不同类别的顾客，描述与其沟通的方法（如设立客户服务中心受理顾客投诉、定期公布管理报告与财务收支报表、定期上门回访、设置专人回复业主论坛、定期开展社区文化活动等）、频次与要求。

（3）业主顾客管理。对业主顾客在社区中的公共行为（如使用公共设施）加以分析并制定相应的使用规则，以确保这些行为不会造成对设施的损坏及对其他业主的影响，包括装饰装修管理、消防管理、安全管理、入住管理、电梯使用管理、垃圾处理、宠物管理、临时用水电管理等。在方案中通常只需明确需要制定的公众制度目录。

（4）公共关系维护。明确项目应建立的各类公共关系、联系方式、责任人等。

（六）财务计划及费用测算

1. 成本（或支出）测算

（1）财务计划的制订应以工作计划为前提。成本（或支出）的测算项目应与工作计划中的项目相吻合，避免"两张皮"的现象。

（2）严格遵守法律法规的要求。例如，成本（或支出）的科目，应当符合国家发展和改革委员会 2007 年颁布的《物业服务定价成本监审办法（试行）》，测算人工成本时应符合劳动法关于最低工资标准、工作时间、社会保险、劳动保护等方面的规定，测算税金时应符合国家或地方在增值税、所得税方面的规定等。

（3）对需要按年折旧或摊销的费用测算周期不应超过合同期限。

（4）企业应当不断收集和完善财务历史数据，建立本企业的成本定额库，如通信费定额、交通费定额、办公用品定额等，以简化测算的过程并使测算更加合理。

2. 收入测算

（1）严格按照招标书（或物业服务委托合同）的要求，测算收入项目；

（2）对政府主管部门明文规定不许收取或没有法律依据支持的收费项目，不要进行测算；

（3）参考项目所在区域同类同质物业的经验数据，合理地确定费用收缴率。

3. 盈亏平衡点分析

对项目整体经营情况进行科学的盈亏平衡点分析，确保项目良性运作。

复习思考题

1. 简述物业管理招标与投标的基本概念和原则。
2. 简述物业管理招投标的重要意义。
3. 物业管理招标的基本特点有哪些？如何理解？
4. 简述物业管理招标的主要方式。
5. 物业管理招标的基本程序是怎样的？
6. 物业管理招标文件通常包含哪些内容？
7. 简述物业管理投标的基本策略。
8. 简述物业管理投标的基本程序。
9. 简述物业管理投标书的构成。
10. 简述制定物业服务方案的一般程序。
11. 简述物业服务方案的编制要点。

自测题

第四章

物业管理早期介入与承接查验

第一节 物业管理早期介入

一、物业管理早期介入概述

物业管理早期介入是指物业服务企业在接管物业之前,从业主与使用人及物业管理的角度,就物业设计、开发、建设及今后的使用管理提出建议和意见,从物质上和组织上做好接管物业的准备,以更好地满足业主与使用人的需求并有利于日后的物业管理。物业管理早期介入的目的是在物业建成之前采取措施,确保建成的物业质量和功能合乎要求,有利于业主使用,方便日后的物业管理。

物业管理虽然是对物业使用过程的管理,但如果物业服务企业在物业完全建成后才介入,在展开工作后很可能会发现前期遗留下来的诸如规划、设计、配套、施工质量等很多问题,而这些问题是物业管理服务本身所不能解决的。物业服务企业如果能够早期介入,从物业建成后物业管理正常运行的角度考虑问题,及时向开发商提出有利于业主使用及日后物业管理的规划建议,与房地产开发商一起监督工程的施工,参与工程的竣工验收等工作,不仅可以完善物业的使用功能、提高物业质量,还可以为日后的物业管理打下基础。因此,对开发商、物业服务企业,以及业主和使用人而言,物业管理早期介入不仅是必要的,而且具有重要的意义。

1. 早期介入有利于减少或避免规划设计、建设阶段存在的缺憾或隐患

随着社会和经济的发展,人们对物业和环境的要求越来越高。房地产开发企业在开发过程中,除了执行国家有关技术标准外,还应考虑物业的使用功能、布局的合理性、建筑的造型、室外环境,以及生活的便利、安全和舒适等。物业服务企业在实际管理中直接与业主和使用人接触,了解他们的需要,因此可以根据经验,在项目设计、施工时,从业主或使用人及方便日后管理的角度,对物业进行审视,就房型设计、供电供水、污水处理、道路、绿化、服务配套等提出建设性意见,对于一些不适当的设计予以纠正,使物业的设计更加优化、完善。物业服务企业还应监督施工过程,确保房屋建造质量及设备安装质量,减少返工,尽可能避免日后工作中难以解决的"先天性"问题。

2. 早期介入有利于加强对物业的全面了解

对物业及其附属设施设备的养护维修是物业服务企业的主要工作。要做好这方面的工作，使业主满意，必须对物业的土建结构、管线走向、设施建设、设备安装等了如指掌，否则将无法根据设备状况制订合理的保养、维修计划。因此，物业服务企业在早期介入阶段就要充分了解物业，认真记录图纸的改动或增减，全程跟踪并掌握设备安装、管线布置，以便日后管理中能够心中有数、对症下药，更好地为业主服务。

3. 早期介入有利于维护物业服务企业的专业形象

如果没有早期介入，物业服务企业对物业的接管与业主或使用人的入住将同步进行，既要全面了解物业并逐一交接，还要为业主办理各项入住手续、解答业主或使用人的各种疑问、处理发现的各种问题，不仅容易忙中出错，而且有可能严重影响物业服务企业的专业形象和声誉。

4. 早期介入有利于后期管理工作的进行

在早期介入工作期间，物业服务企业在参与物业的规划、设计和建设的同时，可以针对物业的特点设计物业管理方案，草拟和制定各项规章制度，筹备成立业主委员会，印刷各类证件，并且可以进行机构设计、人员安排和聘用、上岗培训等工作，以便物业移交后物业服务企业的各项工作能立即有序地开展。同时，在早期介入工作中，经过一段时间的磨合，与环卫、水电、通信、治安、绿化等部门的关系也能基本理顺，便于建立顺畅的沟通与服务渠道，方便今后日常管理工作的顺利进行。

5. 早期介入有利于促进物业的销售

重视物业管理的早期介入，不仅可以提升物业的品位和价值，而且可以提高开发企业的形象，促进物业的销售。只有物业管理早期介入，才能考虑和重视人性化的需求，把方便人们生活、工作和休息的需求放在第一位，杜绝开发商的短期行为。

开发商对物业进行的是硬件建设，物业服务企业对物业进行的是软件建设与维护。前者是形成物业，后者是发挥物业的作用，虽有区别但又相互联系。对开发商和物业服务企业来说，物业管理早期介入都是非常必要的。对于开发商而言，进行投资决策、规划设计，选择适当的地段、房型及附属设施，并通过施工建设形成物业，在物业开发阶段选择适当的物业服务企业，能在很大程度上避免缺陷和漏洞，使物业更符合使用和管理的要求。

物业服务企业首先应参与市场竞争以获取物业的管理权。在与开发商签订了物业服务协议书后，即应着手配备与物业相匹配的管理人员，开展物业前期阶段的各项管理工作。将来的业主（业主大会）拥有"决定继续聘用或选聘物业服务企业"的权利，对于物业服务企业来说这是一个占领市场的机会。对物业实行全过程的参与不仅是物业管理者的需要，也是开发商的需要，更是业主维护自身权益的需要。

建立物业管理早期介入制度能够保证物业管理的一致性和连贯性，减少很多不必要的损失。物业服务企业在接受新的物业管理委托后，应尽快开始工作，针对项目实施的不同阶段，组织力量，就物业的用途、性质、规划要求及将来要面对的用户等基本情况，从物业管理的角度提供专业意见。同时，应了解和关注施工进展及营销或租赁的情况，做好相关的信息管理建设，便于物业管理工作的顺利展开。

由于我国物业管理起步较晚，物业服务企业的早期介入工作还不普遍。目前，大多数物业服务企业是在工程基本结束，准备工程验收时才介入。此外，从理论上讲，早期介入的物业服务企业并不一定就是物业日后的管理者。在此阶段进入的物业服务企业应该做的工作主要包括：进行机电设备的测试、检验；客观地指出前期工程缺陷，并就改良方案和可能的费用提出建议；准备交接和验收的各方面工作等。

我国对物业管理的早期介入还没有专门规定。但从长远发展的眼光来看，为了有利于开发效益和日后管理，无论是行业主管部门还是物业开发与管理企业都将达成共识：充分认识早期介入的必要性和必然性，并积极倡导和主动参与。有些物业服务企业提出了"物业管理应从图纸开始"的口号，表达了参与意识。需要强调的是，早期介入能否如愿、介入的时机和程度如何，从某种意义上讲都取决于物业服务企业。

二、物业管理早期介入的主要内容

物业管理早期介入主要是协助开发商把好质量关，用"以人为本"的理念考虑今后业主在物业中舒适满意地生活，并方便今后的日常管理与服务。

物业管理的早期介入与房地产开发整个过程紧密相连。房地产开发全过程分为立项决策、规划设计、施工建设、竣工验收等阶段。物业管理早期介入的大致程序（见图4-1）及主要内容随着介入时间的不同而有所区别。

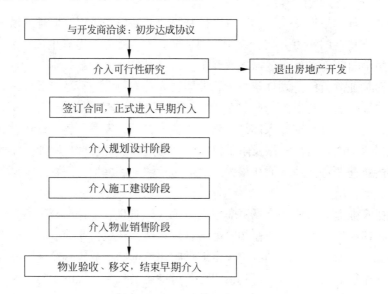

图 4-1 物业管理早期介入的步骤

（一）立项决策阶段

开发商在房地产开发项目立项以前进行市场调研和项目可行性研究评估时，物业服务企业早期介入，物业管理人员从专业及便于日后管理的角度在该项目的市场定位，潜在业主的构成及消费水平，周边物业管理概况及日后的物业管理内容、管理标准及成本、利润测算等方面为开发商提供参考建议，减少决策中的风险。

（二）规划设计阶段

物业管理工作需要一定的地方和空间来开展，需要从管理和整体效益的角度来规划。有些住宅小区在规划设计时没有考虑今后的物业管理工作，连一些基本的公共设施都没有规划，只注意在有限的土地上建造更多的房屋，以致小区建成后再考虑修建物业管理所需的公共设施时，已经没有地皮可建。有的住宅小区规划时不配套，甚至连中国老百姓最主要的交通工具——自行车车棚都未予考虑，住户入住后，自行车随意停放，既不美观也不安全。因此，物业服务企业参与规划设计非常重要，可以全面细致地反映物业管理顺利实施的各种需要，以及在以往管理实践中发现的规划设计上存在的各种问题或缺陷，并把这些情况以咨询报告的形式提交开发商和设计单位，建议设计单位在设计中予以纠正。规划设计时物业服务企业应注意配套设施的完善、水电气供应容量、安全保卫系统、垃圾处理方式、绿化布置、消防设施、建筑材料的选用等方面的问题。

在规划设计阶段，物业服务企业应选派工程技术人员参与工程规划设计，从有利于投资、综合开发、合理布局、安全使用和投入使用后长期物业管理的角度提出建议。

（三）施工建设阶段

物业服务企业参与施工阶段主要是确保建筑工程施工质量。物业服务企业在长期对各种物业进行管理的过程中，对楼宇使用中暴露的各种质量问题有所了解。诸如卫生间、厨房等处的漏水问题及其成因、水电管线如何布置才有利于安全和便于管理、什么样的墙会渗水、供暖管道哪些部分容易炙伤人等问题若有物业服务企业在现场指导和监督，则可以在施工中得到解决而不会遗留下来成为日后使用和管理中的难题。

相反，如果物业服务企业对物业的内部结构、管线布置甚至所用建材的性能知之甚少，则很难管理好甚至无法管理。因此，物业服务企业有必要选派相关专业人员参与施工质量监理，配合开发商和施工部门共同确保工程施工质量：选派有关专业人员参与工程施工质量监理；尽可能全面地收集物业的各种资料，为日后管理做好充分的准备；按国家规定的技术标准，与设计单位、施工单位、开发商一起认真进行工程设计的技术交底和图纸会审；工程施工中按国家有关法律规定、技术标准及合同不断进行检查，如是否严格按设计要求施工、隐蔽工程的施工质量如何，所使用的各种材料、备件是否符合质量要求等。

（四）竣工验收阶段

竣工验收是全面考核建设工作、检查所建工程是否符合设计要求以及工程质量好坏的重要环节。所有房地产开发项目都要按照国家建设部颁发的《建设项目（工程）竣工验收办法》进行竣工验收。城镇住宅小区竣工综合验收应按照国家建设部颁发的《城镇住宅小区竣工综合验收管理办法》进行。竣工验收是建成后物业进入市场的必需环节，其主体是房地产开发企业和城市建设行政部门。

在工程项目竣工验收前，承建单位应系统整理有关技术资料，分类立卷，在竣工验收时交开发单位归档保管，以适应生产、维修的需要。竣工验收时，应提交的资料主要包括：竣工工程项目一览表；设备清单；设备、材料证明；土建施工记录；设备安装调试记录；图纸会审记录；设计变更通知和技术核定单；工程项目竣工图；建（构）筑物的使用注意事项；其他重要技术决定和文件等。

【案例】

某建设单位通过公开招标方式取得位于城乡结合部的物业项目。该项目靠近高新技术工业区，占地面积54万平方米，建筑面积60万平方米。由于该项目为土地招标的"地王"，也是所在城市拍卖史上最大的住宅项目，因此备受当地居民和政府的关注。按规划，项目包含别墅、洋房、公寓、高层住宅以及5万平方米的商业配套。整个项目分为四期建设：一期为多层、小高层；二期为别墅和宽景洋房；三期为别墅、公寓和高层；四期为别墅、高层。

建设单位结合该项目密度低、产品类型多样化、客户群定位差异化的特点，将其规划打造为居住、商业及公共配套与高新产业区形成的里程碑式综合社区，拟聘请有丰富客户服务经验的物业服务企业担任项目的物业服务顾问，帮助解决前期的物业服务问题。

由于该地区远离城市核心商业区，周边以高新工业区为主，市场认知度低，商业和生活配套、设施配套水平较低，而周边消费者则是具有高知、高薪、高品位特征的生活群体，因此建设单位基于把该项目建设为由"郊区化"向"城市化"居住环境的思路进行分析。

可行性研究阶段早期介入的内容

在项目可行性分析阶段，物业服务企业就该物业的市场定位、业态定位、物业管理的基本思路和运作模式提出建议并得到了建设单位的采纳。

（1）锁定城市未来居住方向，定位为城市的后花园，未来客户群为周边高新技术产业区的中层管理人员和城市白领。

（2）考虑周边商业及配套水平，在业态定位方面以社区配套服务为目标，因地制宜配置临街和集中商业区域，引进品牌商家。

（3）为方便业主和确保安全，住宅分为两大组团封闭管理，组团之间开设市政道路，与外界形成开放式连接，将商业、泳池、幼儿园、会所沿开放性道路布置，社区居民到社区任何地方均可以实现五分钟距离。

（4）考虑项目的区位，一期产品主要以多层和小高层住宅组成，并设置商业风情街、广场等休闲娱乐场所，树立品牌形象，增强市场效应。

（5）确定物业管理早期介入与前期管理的时间、方式和工作内容，明确各配合方之间信息沟通的渠道，确定分阶段物业管理的目标和要求。

规划设计阶段早期介入的内容

在规划设计阶段，物业服务企业多次参加项目设计方案沟通会，结合物业管理思路及运作模式，提出具体建议并得到采纳，为后期项目管理打下了基础，得到了认同和好评。

（1）项目规划首先遵循"公共空间优先"的原则，把公共区域划分清楚，然后沿公共区域布置房屋组团，前置考虑安全管理思路，结合安全防范智能化技术方案，使项目内外部有效隔离。

（2）合理规划项目的人流、车流线路，强调街道的多功能性，采用"机动车道+非机动车道+绿化道+人行道"的模式，道路网密度高，住户选择出行方向多。

（3）考虑到项目产品类型多样化，建议组团式管理的布局相对独立，这样有利于根据服务对象提供不同的服务内容，确定不同的收费标准，满足不同层次消费者的需求。

（4）考虑规划合并消防控制中心和监控中心，优化出入口的数量，以减少后期物业管理的运营成本。

（5）考虑将小区垃圾收集站规划在小区下风向的方便运输的位置，设备机房采取隔声降噪措施，以减少对业主的影响。

（6）根据项目整体设计方案及物业服务的运作模式，明确规划物业管理办公用房、物业服务人员宿舍、食堂、休息室、仓库及清洁车的停放场地等。

该阶段还根据前期物业服务总体规划方案，制定了详细的物业服务方案，确定了实施进度表，包括人员的编制和招聘、培训计划、费用测算等，这些都得到了开发商的支持和认可。

建设阶段的早期介入内容

在建设阶段，物业服务企业跟进了整个施工过程，召集或参与了多次专题讨论会，并提出了建设性的整改意见。这些意见在建设中大部分被采纳，典型的介入内容如下。

（1）核实管理用房位置、出入口设置、监控中心的布置等是否与规划设计方案一致。

（2）对生活垃圾堆放、清运和处理方式提出具体要求，如设立足够的垃圾桶放置位置，地面采用防滑地砖，配备清洗水源和污水集排设施。

（3）注意单元门的安装方式，是否便于安装可视对讲系统，开门尺寸是否便于业主搬运物品进出，是否采用无限位地弹簧。

（4）园林绿化施工时，充分考虑浇水管道的铺设及计量要求以及小区人行道路的排水。

（5）安排机电技术人员全程跟踪机电设施、设备的安装，提出建议并跟进整改情况。

（6）为前期管理做准备。陆续招聘物业服务企业员工并进行培训，组织编写各类管理服务文件和规章制度，准备业主入住资料等。

该阶段的重点工作是跟进项目建设情况，特别是规划设计时的建议是否得到落实，参与设备安装调试，了解设备性能，熟悉设备操作流程，与机电设备安装单位建立良好的沟通，为后期设备运行管理打下基础。

销售阶段的早期介入内容

（1）在项目销售前，整理物业管理方案，将涉及业主买房须知的内容以书面文件的形式确定下来。

（2）对销售人员进行物业管理知识培训，使他们对物业管理的基本概念和基本知识有所了解，对小区的物业管理内容和模式有统一的理解。

（3）在销售现场设立专职的物业管理咨询人员，接受购房者的咨询。这种咨询和宣传沟通取得了良好的效果，避免物业建设单位对物业管理乱承诺，也使未来业主对物业管理有了信心，增加了购买的欲望。

（4）通过规范销售现场管理与服务，使业主对未来的物业管理服务有所了解，加深对物业管理服务企业的印象。

项目早期介入的效果分析

该项目在客户口碑、经济效益和社会效益方面取得了预期效果，也成为该市最具影响力的项目和物业服务范例。

1. 客户口碑

（1）推出"金钥匙"管家服务，设置亲善服务大使为业主提供贴心、便捷的服务。

（2）推出绿色物业，倡导绿色环保，实行垃圾分类，用行动改变社区的居住环境。

（3）倡导邻里守望，组建邻里互动交流圈，营造融洽、和谐、温馨的亲情化社区氛围。

根据该项目客户群的特点，在物业类型、产品定位、区域环境等方面量身定制的创新的服务模式和体系赢得了业主的高度认同，通过服务形象的展示有力地推动了项目的销售。

2. 经济效益

（1）一期11万平方米全部售罄，甚至出现了抢购现象。随之，二期房价比一期上涨30%，前期购房者享受了房屋升值带来的收益。

（2）房屋交付后基本无因质量返工问题，节省了大量的人力、物力成本，赢得了业主、开发商的双重赞誉。

（3）商业配套在业态、功能布局、交通路线方面规划完善，产品符合商业运作要求，减少商家进驻后的装修改造，不仅节省成本，还极大地降低了违章装修的风险。

3. 社会效益

（1）创新的服务模式，深受业主好评及行业赞誉，当地同行纷纷前来交流学习，该小区成为当地城市建设和物业服务的样板。

（2）项目一期销售成功，使建设单位的开发实力得到验证，促使其他物业建设单位提高了对物业管理的认识。

（3）该小区物业管理的成功对当地物业管理意识和物业管理水平的提高起到了积极的作用。

上述案例说明了物业服务企业的早期介入对建设单位、物业服务企业和业主都有很大的益处，是解决物业建设与物业服务衔接问题的有效手段。

第二节　物业竣工验收

一、物业竣工验收的含义

竣工验收是建筑产品生产的最后一个环节。当一个建筑工程项目经过建筑工程施工和设备安装后，达到该工程项目涉及文件所规定的要求，具备了使用条件，就称之为竣工。工程项目竣工后，施工单位需要与开发单位办理交付手续。在办理交付手续时，需经开发单位或专门组织的验收委员会对竣工项目的查验，在其认为工程合格后办理工程接收手续，把产品移交开发单位，这一交接过程称为竣工验收。

竣工验收是对工程项目的设计质量和施工质量的检验，是国家考核建设工程是否符合设计要求和工程质量好坏的重要环节，也是工程项目由建设投入使用的标志。凡新建、改建、扩建的工程项目，按批准的设计文件所规定的内容施工完毕，具备使用条件时，都必须经过验收并及时办理交付手续。

二、物业服务企业在竣工验收中的职责

工程竣工验收是工程建设过程的最后一道程序，是检验设计、施工质量的重要环节，也是物业由建设转入使用的标志。物业服务企业在竣工验收工作中担任重要的顾问角色，应做好下列工作。

（1）认真参与竣工验收，严把质量关，对影响业主使用和物业管理的，即使细微的问题也应及时要求整改，确保接到一个质量合格的物业，为前期物业管理打下良好的物质基础。

（2）通过参与竣工验收，进一步熟悉物业，为物业的承接查验直至将来的维修养护做好准备。

（3）细心查验竣工验收资料，保证资料齐全、准确，以便在接管物业时建立详尽的物业档案，为物业服务企业维修养护、物业保修、物业装饰等提供凭证和参考。

三、竣工验收的种类

建设项目的竣工验收可分为隐蔽工程验收、单项工程验收、分期验收和全部工程验收等。

1. 隐蔽工程验收

隐蔽工程验收是指被其他工序所隐蔽的部分工程，在该工程完成后，被下一道工序或工程隐蔽前所进行的检查验收。验收由开发企业会同施工企业按施工图的设计要求和现行技术规范进行。技术规范与施工图说明要求不符时，以施工图说明要求为准。验收

合格后要办理签证手续，双方均要在隐蔽工程检查签证上签字，并列入工程档案，作为工程竣工验收的依据。隐蔽工程验收是保证工程质量、防止留有质量隐患的重要措施，因而应严格执行。对于检查中提出的不符合质量要求的问题应认真处理，处理后应进行复核并写明处理情况，未经检查合格不能进入下一道工序。

2. 单项工程验收

工程项目的某个单项工程已按设计要求施工完毕，具备使用条件，能满足投产要求时，施工单位便可向开发单位发出交工通知。开发单位在接到施工单位的交工通知后，应先自行检查工程质量、隐蔽工程验收资料、工程关键部位施工记录及工程是否有漏项等，然后出面组织设计单位、施工单位等共同进行交工验收。

3. 分期验收

分期验收是指在一个群体工程中分期分批进行建设工程项目，或个别单位工程在具备使用条件需要提前动用时进行的验收。例如，一些住宅小区的第一期房屋建成后，即可验收，使完成的建筑产品及时投入使用，提前发挥投资效益。

4. 全部工程验收

整个建设项目按设计要求全部落成并达到竣工验收标准时，即可进行全部工程验收。大型建设项目的全部验收工作应在做好验收准备的基础上，按先预验收后正式验收的顺序进行。预验收由开发单位、设计单位、施工单位及有关部门组成的预验收工作组进行。正式验收则由验收机构进行。

物业服务企业应在物业前期管理中参与上述各种建筑工程项目的验收，代表业主和使用人，从今后管理和使用的角度，根据专业经验提供意见。这样既可避免建筑后遗症，又便于掌握第一手资料，为日后的管理打好基础。

四、竣工验收的实施

（一）竣工验收的工作程序

（1）根据建设项目的规模和复杂程度，确定是分两个阶段（初步验收和竣工验收）还是一次性竣工验收。

（2）若确定分两个阶段验收，则在竣工验收前由开发单位组织施工、设计、使用等有关部门进行验收。主要工作包括：检查、核实竣工项目所有准备移交的技术资料的完整性、准确性；检查每一项工程建设标准及施工质量，对工程隐患和遗留问题提出处理建议；排解验收中有争议的问题；督促返工和补做部分工程，以及收尾工程的完工；检查"三废"治理措施的执行情况等。

（3）建设项目全部完成，各单项工程的验收均符合设计要求，并有竣工图表、竣工决算、工程总结等必要的文件资料，由项目主管部门或开发单位向负责验收的单位提出竣工验收申请报告。

（4）竣工验收由开发单位会同设计单位、施工单位和政府工程质量监督部门组成验收委员会或验收组共同进行。验收委员会或验收组负责审查工程建设的各个环节，听取各有关单位的工作报告,审阅工程档案资料,实地查验建筑工程和设备安装情况,并对工程设计、施工和设备质量等给出全面评价。不合格的工程不予验收;对遗留问题提出具体解决意见,限期落实完成。

(5)办理工程交接手续。经验收合格后,施工单位和开发单位可签订交接验收证书,逐项办理固定资产移交和资料移交,根据合同规定办理工程结算手续。除注明承担的保修工作内容外,双方的经济关系与法律责任可予解除。

为进一步完善竣工验收,确保验收工作的质量,在验收过程中还应采取以下几个方面的必要措施。

(1)反复验收。验收程序通常为:首先由开发、承建单位介绍情况,然后由专家分专业到现场验收,之后重新聚集,分专业讲评、打分、定级,由开发、承建单位表态,最后在验收报告上会签,并对需要整改的项目提出处理意见。

讲评时应详细做好记录,对于存在的问题应列出整改一览表,并定出整改期限。期限结束后,应再次检查存在的问题,直至完全整改完毕再发合格证。否则,很有可能让工程质量不合格或配套不完善的物业流入市场,给物业服务企业和业主(或使用人)带来管理或使用上的麻烦。

(2)意见及时。在讲评之前,验收部门应与物业服务企业合议一次,因为物业服务企业通过较长时间的观察了解,或通过早期介入,比较了解建设情况和存在的问题,其意见很有参考价值。

物业服务企业在合议时应及时提出意见。验收时不把问题暴露全面,事后再提整改意见是于事无补的。

(3)验收全面。目前的验收多侧重室内的装修、水电设施,而忽视室外的公共部分。例如,管道的走向、各种管道井的位置是否与图纸一致,化粪池和排污井的规格是否规范,水电表的厂家、型号是否为推荐产品,停车场、道路是否符合要求,避雷系统是否可靠等,都应是物业服务企业关心的问题。

(4)科学验收。验收不能仅凭眼力和经验,而应增加一些测试仪器、仪表,尽量用科学的检测方法,对物业进行科学的验收。

(二)竣工验收时需移交的资料

物业竣工后,在组织竣工验收前,施工单位应将有关技术资料进行系统整理,分类立卷,在竣工验收时交开发单位归档保管。验收时移交的主要技术资料如下:

(1)竣工工程项目一览表,包括竣工工程的名称、位置、结构、层数、面积、装修标准、开工竣工日期等;

(2)设备清单,包括设备名称、规模、数量、产地、主要性能、单价以及随机工具、备品备件等;

(3)工程项目竣工图;

(4)材料、建筑构件、外协件、设备、检测仪器的出厂合格证书、说明书和验收记录,预制件的荷载试验记录,自动控制仪表的调试记录等;

（5）隐蔽工程验收记录；

（6）土建施工记录；

（7）设备安装调试记录，如管道系统的试压、试漏检查记录，暖气、卫生、空调、电气、电信、通风、供水、消防、防爆报警、电视监控等工程的检查和试验记录等；

（8）建筑物、构筑物的沉降、变形、防震、防爆、绝缘、密闭、净化、隔音、隔热等指标的测试记录，重要钢骨结构焊缝探伤检查记录；

（9）工程质量事故的发生和处理记录；

（10）图纸会审记录、设计变更通知和技术核定单；

（11）关于建筑物、构筑物的使用注意事项说明；

（12）有关工程项目的其他重要技术决定和文件等。

上述资料中，工程项目竣工图是非常重要的一份。竣工图是真实记录各种地上地下建筑物、构筑物等详细情况的技术文件，也是工程交付验收、维护、改建、扩建的依据。工程竣工验收前，开发单位应组织、督促和协助设计与施工单位进行竣工图编制工作。竣工图如果不准确、不完整，不符合归档要求，则不能办理工程项目移交手续。

大、中型建设项目和城市住宅小区建设项目的竣工图不得少于两套，一套由管理部门保存，一套交技术档案部门。特别重大项目，还应增编一套交由国家档案馆收存。小型建设项目的竣工图不得少于一套，由使用或管理部门保管。

（三）竣工验收的依据与标准

竣工验收是全面考核建设工程是否符合设计要求和工程质量好坏的重要环节。各地都不同程度地根据国务院《建设工程质量管理条例》及《房屋建筑工程和市政基础设施工程竣工验收暂行规定》（建设部建〔2000〕142号文）等的要求，结合本地区的实际情况，制定了竣工验收办法和基本程序。

1. 竣工验收的主要依据

竣工验收的依据因项目性质的不同而有所差别，一般应依据下列条件进行：

（1）初步施工图设计（及其补充文件）及说明，包括设计单位和监理工程师签发的设计变更通知单。

（2）国家颁布的施工验收规范，各专业设计规范、施工规范和现行质量检查评定标准。

（3）地方政府颁布的有关规程和标准。

（4）上级主管部门的有关建设文件。

（5）开发企业与施工单位签订的工程合同要求。

（6）批准的设计任务书及有关设备说明书等。

2. 竣工验收的标准

（1）工程项目按照工程合同规定和设计图纸要求已全部施工完毕。

（2）上下水道铺装完毕，无梗阻、滴漏、渗漏现象，供水、排水正常。照明及动力用电工作回路结构清晰，控制操作方便，有过载和短路防护装置。卫生设备安装齐全，其他公用设施均完好。

（3）所有项目的设备均已按设计规定全部落位安装完毕，设备调试、试运转达到设计要求。

（4）建筑物周围两米之内场地平整，由于本项目施工造成的障碍物已清除。

（5）整个工程经现行施工技术验收规范进行检验后，均达到合格标准以上。

（6）技术档案资料准确、齐全。

经正式验收合格后的物业应尽快办理固定资产交付手续，并移交与建设项目有关的所有技术资料。

五、竣工验收后的物业保修

我国规定房屋建筑工程实行质量保修制度。物业质量保修是指物业竣工验收并交付使用后在保修期限内出现不符合工程建设强制性标准及合同约定的质量缺陷的应予以修复。物业在保修范围和保修期限内出现质量缺陷，施工单位应按照建设部 2000 年 6 月 30 日颁布的《房屋建筑工程质量保修办法》的规定履行保修义务。

（一）保修的范围和期限

建筑工程的保修范围通常包括地基基础工程、主体结构工程、屋面防水工程及其他土建工程，以及供热与供冷系统工程、电气管线、给排水管道、设备安装工程和装修工程等项目。但因使用不当、第三方及不可抗力造成的质量缺陷不属于保修范围。

在正常使用下，房屋建筑工程的最低保修期限规定如下：

（1）地基基础和主体结构工程，为设计文件给定的该工程的合理使用年限；

（2）屋面防水工程、有防水要求的卫生间、房间和外墙面的防渗漏为 5 年；

（3）供热与供冷系统，为 2 个采暖期、供冷期；

（4）电气系统、给排水管道、设备安装工程为 2 年；

（5）装修工程为 2 年；

（6）其他项目的保修期限由建设单位和施工单位在合同中约定。

物业服务企业接受开发商委托接管物业以后，应与开发商和施工单位签订保修协议，在保修期限内如果出现保修范围内的质量缺陷，可以享受保修服务。

（二）保修责任

（1）房屋建筑工程在保修期限内出现质量缺陷，开发商或物业服务企业应当向施工单位发出保修通知。施工单位接到保修通知后，应到现场核查情况，在保修约定的时间内予以维修。发生涉及结构安全或严重影响使用功能的紧急抢修事故，施工单位接到保修通知后应立即到现场组织抢修。

（2）发生涉及结构安全的质量缺陷，开发商或物业服务企业应立即向当地建设行政主管部门报告，采取安全防范措施；由原设计单位或具有相应资质等级的设计单位提出保修方案，施工单位实施保修，原工程质量监督机构负责监督。

（3）施工单位不履行保修义务或拖延履行保修义务的，由建设主管部门责令其改正，可处以罚款并对在保修期内因屋顶、墙面渗漏、开裂等质量缺陷造成的损失，要求其承担赔偿责任。

（4）保修结束后，由开发商或物业服务企业组织验收。涉及结构安全的，应报当地建设行政主管部门备案。

（5）施工单位不按工程质量保修书约定保修的，开发商可以另行委托其他单位保修，由原施工单位承担相应责任。

（6）在保修期内，因房屋建筑工程质量缺陷造成业主、使用人或第三方人身、财产损害的，受损害的人可以向开发商提出赔偿要求。开发商向造成物业质量缺陷的责任方追偿。

因保修不及时造成新的人身、财产损害，由造成拖延的责任方承担赔偿责任。建设单位和施工单位应在工程质量保修书中约定保修范围、保修期限和保修责任等，双方的约定必须符合国家有关规定。

第三节　物业项目的承接查验

一、承接查验及其重要作用

承接查验是物业管理过程中的一个重要环节，是指物业服务企业接管开发商、建设单位或个人委托的新建房屋或原有房屋时，以物业主体结构安全和满足使用功能为主要内容的再检验。

物业服务企业从建设单位手中接管物业，开始对物业实施经营管理时，物业管理的风险责任就从建设单位转移到了物业服务企业。物业的承接查验直接关系今后的物业管理工作能否正常开展，物业服务企业应认真做好承接查验工作。

物业服务企业在承接查验时如果放宽标准，最后可能自食其果。因为一旦接管，物业服务企业就必须承担合同中规定的义务和责任。物业的耐久性决定了其质量优劣对物业本身产生影响的长远性，在使用过程中出现的问题必须由物业服务企业和业主应对。因此，物业服务企业应充分利用自己在承接查验中争取质量补偿的权利。一方面，要考虑物业质量问题对日后管理的影响；另一方面，应站在业主的立场上，充分维护业主的权益。

（一）物业承接查验的重要作用

1. 物业的承接查验，可以明确交接双方的责、权、利

在市场经济条件下，交接双方是两个独立的经济实体，通过承接查验，签署交接文件，实现权利和义务的相互转移，在法律上界定清楚交接双方的权责关系。

2. 搞好物业的承接查验，可以确保物业具备正常的使用功能，充分维护物业服务企业和业主的利益

通过承接查验，物业服务企业可以督促开发商或施工单位按标准进行设计和施工的改进，最大限度地减少日后管理中不必要的工作量和开支。同时，物业服务企业可以弥补业主专业知识的不足，从整体上把握整个物业的质量。

3. 物业的承接查验，还可以为后期管理创造有利条件

一方面，在承接查验中，物业服务企业可以利用承接查验的权利使工程达到要求，利用争取质量补偿的权利为某些工程争取更多的维修费用，以减少日常管理过程中的维修、养护工作或经费开支；另一方面，在接管过程中，根据有关物业的文件资料可以摸清物业的性能、特点，预防管理中可能出现的问题，计划安排好各项管理事项等。

（二）物业承接查验与竣工验收的区别

1. 验收的目的不同

物业承接查验是在竣工验收已经合格的基础上，以主体结构安全和满足使用功能为主要内容的再检验；而竣工验收则是为了检验房屋工程是否达到国家质量标准，是否达到设计文件所规定的要求。

2. 验收的对象不同

承接查验的对象是已经通过竣工验收的新建的物业或原有物业；而竣工验收的对象则是新建、扩建和改建的物业。

3. 交接的主体不同

承接查验是开发商或业主将通过承接查验的物业移交物业服务企业；而竣工验收则是施工单位将通过竣工验收符合相关要求的物业移交开发商。

4. 验收的条件不同

承接查验的首要条件是竣工验收合格，并且附属设备完全能正常使用，房屋的编号已得到确认等；而竣工验收的首要条件是工程按照设计要求和国家相关规定全部完工，设备均已落实到位等。

二、物业承接查验的实施

（一）物业承接查验的准备

承接查验对于物业服务企业和业主（或使用人）来说意义重大，物业服务企业应代表业主，从今后管理和使用的角度，切实做好这项工作。

1. 物业服务企业积极争取早期介入

物业服务企业如果在物业项目立项后提前介入，可以提前了解物业，特别是在竣工验收阶段与开发商共同参与验收，督促施工单位按要求交工，解决遗留问题并全面移交资料，可以为随后的物业承接查验打下良好的基础。

2. 签约前的洽商

物业服务企业一般要通过竞标，并签订前期物业管理服务协议以获取物业的经营管理权。在正式签约前，为减少经营风险，物业服务企业应就以下事项与开发商充分洽商。

（1）前期物业管理委托事项。主要包括：管理服务内容、标准、期限；保修责任的约定；遗留扫尾工程的解决；空置房的经租及费用的承担；管理服务费的构成及筹集；管理用房、经营用房的提供、使用及收益分配方法等。

（2）承接查验有关事项。初步制定承接查验办法，就承接查验条件、内容、标准、程序，以及资料移交的办法、争议解决等内容，进一步与开发商进行协商，达成共识后方可接受委托，签署合同。

3. 制订详细的承接查验计划

签约后，物业服务企业应依据建设部颁布的《房屋承接查验标准》《城市住宅小区竣工综合验收管理办法》等有关规定，制订承接查验计划，主要包括：承接查验手续的办理；接管的条件、内容、标准、应移交的资料等；各项工作的人员安排；争议的解决机制等。

4. 着手制定（临时）管理规约及一系列管理制度

物业服务企业应根据前期物业管理服务合同所赋予的管理职责，拟定物业管理规约或临时管理规约，住户手册，入住和装修、停车场、绿化、保洁等的管理办法，物业的保修与维修规定等，以建立正常的管理秩序。

5. 建立与社会协作单位的联络

物业管理正式启动运作后，需要取得社区主管部门和市政及公用事业单位的支持与配合。同时，有些业务（尤其是业主的特约服务）还需要特定的专业服务公司代理。物业服务企业应尽早构筑综合服务网络。

6. 人员培训

承接查验前，验收人员和管理人员应到位。承接查验是专业性很强的工作，需要验收人员有较高的业务素质。物业服务企业应对有关人员进行培训，提高其业务素质，满足承接查验和即将到来的业主入住需求。

7. 物业开盘后，协助开发商售楼

这是开发商与物业服务企业的共同利益所在。物业服务企业可以与业主或租户提前见面，直接听取业主的意见，特别是关于质量和使用功能方面的，承接查验时应充分注意，还可以借此向业主宣传企业，在树立企业形象的同时方便日后的物业管理。

8. 检验开发商提交的验收项目是否具备验收条件

对符合条件的，在规定时间内组织承接查验。

（二）物业承接查验应提交的资料

1. 新建房屋承接查验应提交的资料

（1）产权资料，包括项目批准文件、用地批准文件、建筑执照、拆迁安置资料等。

（2）技术资料，包括：竣工图（总平面、建筑、结构、设备、附属工程及隐蔽管线的全套图纸）；地质勘察报告；工程合同及开、竣工报告；工程预决算；图纸会审记录；工程设计变更通知及技术核定单（包括质量事故处理记录）；隐蔽工程验收签证；沉降观察记录；竣工验收证明书；钢材、水泥等主要材料的质量保证书；新材料、构配件的鉴定合格证书；水、电、采暖、卫生器具、电梯等设备的检验合格证书；砂浆、混凝土试块试压报告；供水、供暖的试压报告等。

2. 原有房屋承接查验应提交的资料

（1）产权资料，包括：房屋所有权证；土地使用权证；有关司法、公证文书和协议；房屋分户使用清册；房屋设备及定、附着物清册等。

（2）技术资料，包括房地产平面图、房屋分栋平面图、房屋及设备技术资料等。

（三）物业承接查验的主要内容和技术标准

1. 新建房屋承接查验的主要内容和技术标准

（1）主体结构。地基沉降不得超过规定要求允许的变形值，不得引起上部结构开裂或毗邻房的损坏。房屋的主体构件无论是钢筋混凝土还是砖石、木结构，变形、裂缝都不能超过国家规定，外墙不得渗水。

（2）屋面和楼地面。各类屋面必须符合国家建筑设计标准，排水畅通、无积水、不渗漏。平屋面应有隔热保温措施。地面的面层和基层粘结牢固，不空鼓，整体平整，没有裂缝、脱皮、起砂等现象。卫生间、阳台、厨房地面相对标高应符合设计要求，不允许倒泛水和渗漏。

（3）装修。钢木门窗均应安装平正牢固，开关灵活，进户门不得使用胶合板制作，门锁安装牢固；门窗玻璃应安装平整，油灰饱满、粘贴牢固；油漆色泽一致，不脱皮、漏刷。

（4）电气。线路应安装平整、牢固、顺直，过墙有导管，铝导线连接不得采用绞接或绑接。每一回路导线间和对地绝缘电阻不得小于 $1M\Omega/kV$。照明器具等支架必须牢固，部件齐全，接触良好。避雷装置必须符合国家标准，电梯应能准确、正常运转，噪声震动不得超过规定，安装及试运记录、性能检测记录、图纸资料齐全。

（5）水、卫、消防。管道应安装牢固，控制部件启闭灵活，无滴、漏、跑、冒现象，水压试验及保温、防腐措施必须符合国家标准。卫生间、厨房排水管应分设，出户管长不超过 8cm，不可使用陶管、塑料管。地漏、排污管接口、检查口不得渗漏，管道排水流畅。消防设施必须符合国家标准，并有消防部门检验合格证。

（6）采暖。采暖工程的验收须在采暖期以前两个月进行。锅炉、箱罐等压力容器应安装平正、配件齐全，没有缺陷，并有专门的检验合格证。各种仪表、仪器、辅机应齐全、安全、灵敏、精确，安装符合规定，运转准确正常。

（7）附属工程及其他。例如，室外排水系统的标高，窨井的设置，管道坡度、管位、化粪池等都必须符合规定。信报箱、挂物钩、晒衣架应按规定安装。此外，还包括场地清除、临时设施与过渡房拆除完毕，相应市政、公建配套工程和服务设施也应达到质量要求等。

2. 原有房屋承接查验的主要内容和技术标准

（1）质量与使用功能的检验。包括：以危险房屋鉴定标准和国家有关规定作检验依据；从外观检查建筑物整体的变异状态；检查房屋结构、装修和设备的完好与损坏程度；检查房屋使用情况（包括年代、用途变迁、拆改添建、装修和设备情况）；评估房屋现有价值，建立资料档案。

(2) 危险和损坏问题的处理。属于危险的房屋，应由移交人负责排险解危后，才能接管；属有损坏的房屋，由移交人和接管单位协商解决，既可约定期限由移交人负责维修，也可采用其他补偿形式；属法院判决没收并通知接管的房屋，按法院判决办理。

(四) 物业承接查验的条件与程序

1. 承接查验的条件

1) 新建房屋承接查验的条件

(1) 建设工程全部施工完毕，并经竣工验收合格。

(2) 供电、采暖、给水排水、卫生、道路等设备和设施能正常使用。

(3) 房屋幢、户编号已经有关部门确认等。

2) 原有房屋承接查验的条件

(1) 房屋所有权、使用权清楚。

(2) 土地使用范围明确等。

2. 承接查验一般程序

1) 新建房屋的承接查验程序

(1) 建设单位书面提请接管单位，即物业服务企业验收。

(2) 物业服务企业按承接查验条件及应提交的资料逐项进行审核，对具备条件的，应在15日内签发验收通知并约定验收时间。

(3) 物业服务企业会同建设单位按承接查验的主要内容及标准进行验收。

(4) 对验收中发现的问题，按质量问题处理办法处理。

(5) 经检验符合要求的房屋，物业服务企业应签署验收合格凭证，签发接管文件。

2) 原有房屋承接查验程序

(1) 移交人书面提请物业服务企业承接查验。

(2) 物业服务企业按承接查验条件和应提交的资料逐项进行审核，对具备条件的，应在15天内签发验收通知并约定验收时间。

(3) 物业服务企业会同移交人对原有房屋的质量与使用功能进行检验。

(4) 对检验中发现的危损问题，按危险和损坏问题的处理办法处理。

(5) 交接双方共同清点房屋、装修、设备以及定、附着物，核实房屋使用状况。

(6) 经检验符合要求的房屋，物业服务企业应签署验收合格凭证，签发接管文件，办理房屋所有权转移登记。

(7) 移交人配合接管单位完善后续工作等。

三、物业承接查验时的注意事项

(1) 在承接查验过程中，遇到质量问题时应坚持原则性与灵活性相结合的原则。所谓原则性，就是实事求是，铁面无私，不因个人利益而放弃原则。物业服务企业在验收中对查出的问题应做详细的记录，要求建设单位组织返工，无法返工的应索赔。返工达不到要求的，不予签字。所谓灵活性，就是要具体问题具体分析，不能把接管双方置于对立状态，而应共同协商，力争合理、圆满地解决承接查验中存在的问题。

（2）对工程质量的验收要坚持细致入微与整体把握相结合的原则。工程质量问题对物业产生的影响相当久远，给管理带来的困难和障碍也是巨大的，所以物业服务企业在进行工程验收时必须细致入微。任何一点疏忽都有可能给日后的管理带来无尽的麻烦，也会严重损害广大业主的利益。

整体把握是指从更高层次、整体的角度把握验收尺度。无论什么类型的物业，都不是孤立的和一成不变的，物业土地使用情况、市政公用设施、公共配套设施等综合性项目可以反映物业的档次和发展潜力。住宅小区因为与人们的日常生活紧密相关，这一特点决定了一个舒适、优美、安静的环境是小区建设和管理的重要目标，这正是更高层次的把握；而写字楼则重视商务、办公的快捷、方便，并重视体现使用者的地位和身份，因此内外装修和设备应是承接查验的重点。

（3）要选派素质高、业务精，对工作认真负责的管理人员及技术人员参加承接查验工作。承接查验是一个比较复杂的过程，不仅涉及建筑技术而且涉及很多法规，常常出现一些实际结果与理论要求不一致之处。由于交接双方所处的地位、代表的利益不同，考虑问题的角度也不同，不可避免地会出现一些争议事项。高素质的管理人员通常更容易把握分寸，处理好承接查验中的争议问题，防止矛盾激化。

（4）物业服务企业既要从今后物业维护保养管理的角度进行验收，也要站在业主的立场上，对物业进行严格验收，维护业主的合法利益。

（5）承接查验一定要写明接管日期，以便划清责任界限。如果由于开发商竣工验收合格后未及时移交接管，导致物业服务企业接管后保修期缩短，物业服务企业可向开发商争取补回损失。

（6）承接查验时必须接收应移交的资料。新建房屋的资料应从开发商手中接管，旧有房屋的原物业管理单位应及时将物业自觉交还给业主委员会，接管物业的物业服务企业则从业主委员会手中接管。

四、物业承接查验过程中争议的解决

（1）交接双方责任的划分。影响结构安全和设备使用安全的质量问题，必须约定期限由开发商负责翻修直至合格。影响相邻房屋安全的问题由开发商负责。其他质量问题可由双方协商解决。移交旧房时，危险房屋由移交人排危后才可接管，有损坏的由双方协商解决。

（2）建设单位按承接查验应具备的条件和提交的资料，及时书面提请物业服务企业承接查验。接管单位一般应在 15 天内签发验收通知并约定时间验收。交接双方均应严格按照标准承接查验。经检验符合要求的，接管单位应在 7 天内签署验收合格凭证，并及时签发接管文件。未及时提供资料或资料不实，以及未及时进行承接查验产生的后果由过错方承担。

（3）房屋接管交付使用后，如发生大的质量事故，接管单位应会同建设单位组织设计、施工等单位，共同分析，查明原因，由过错方负责处理。

（4）新建房屋从验收之日起，应执行建筑工程保修的有关规定，由建设单位负责保修。建设单位可以一次性拨付保修费用，由接管单位负责保修。保修期满，按时结算。

（5）在承接查验中如有争议不能解决，可申请当地县级以上人民政府房地产、物业管理机关协调或裁决，也可直接通过诉讼解决。

复习思考题

1. 什么是物业管理早期介入？
2. 简述不同阶段物业管理早期介入的主要内容。
3. 简述物业竣工验收的含义及类型。
4. 物业竣工验收过程中应移交的资料有哪些？
5. 简述物业承接查验的含义及其重要作用。
6. 物业竣工验收与物业承接查验有哪些区别？
7. 新建物业承接查验过程中应提交哪些资料？
8. 简述新建物业承接查验的一般程序。
9. 物业承接查验过程中有哪些注意事项？

自测题

第五章

前期物业管理

第一节 前期物业管理概述

一、前期物业管理的含义

前期物业管理是指在业主、业主大会选聘物业服务企业之前,由建设单位选聘物业服务企业进行的物业管理。在实际工作中,早期介入往往被误认为是前期物业管理,而事实上二者是在完全不同的两个时期进行的物业管理工作。

在大多数情况下,开发商会在新建商品住宅出售前选聘好物业服务企业,并与其签订前期物业服务合同,使业主一入住就能享受良好的物业管理服务。因此,前期物业管理是业主委员会成立前的物业管理。

由于业主大会的成立需要具备一定的条件,并要遵循一定的程序,因此从物业开始销售、部分业主开始入住,到业主正式选聘物业服务企业进行物业管理一般需要 1~2 年,甚至更长的时间。在此期间,前期入住的业主所需要的房屋维修养护、卫生、保安、绿化等物业管理服务问题由开发商前期选聘的物业服务企业负责解决。

按照前期物业管理的定义,我们可以得出以下结论。

(1)前期物业管理阶段的物业服务企业是由开发商或建设单位选聘的。这是由于业主大会尚未成立,无法由其选聘物业服务企业。此时开发商作为最大的业主,非常熟悉物业的各种情况,无论是从对前期入住的业主负责的角度,还是从促进物业后期销售的角度考虑,都应该选聘物业服务企业实施前期物业管理。

(2)物业服务企业要同开发商签订前期物业服务协议或合同。在房屋销售时,开发商要将前期物业服务合同向买房人明示,并取得买房人的书面认可。这样就可以避免诸如买房以后发现开发商售房时所承诺的水、暖、电梯等配套设施不到位,或者业主入住以后,才发现物业管理收费与当初的约定有很大出入等而引起的矛盾和纠纷。

(3)前期物业管理是阶段性的管理。前期物业管理的时间一般是从房屋销售之前到业主大会、业主委员会与其选聘的物业服务企业签订正式的物业服务合同生效时为止。《物业管理条例》明确规定,业主委员会成立以后,经专有部分占建筑物总面积过半数且占总人数过半的业主同意,即可选聘物业服务企业。此时业主与物业服务企业应签订正式的物业服务合同。

（4）前期物业管理期间所涉及的法律主体主要有房地产开发单位、物业服务企业和业主。建设单位或开发商是物业的供应者，也是前期物业管理的责任人，房屋销售以后应负责所售房屋的物业管理，并承担保修义务。物业服务企业作为独立的民事法律主体，受建设单位的委托，为业主提供协议约定的物业管理服务，并收取相应的费用。未售出部分物业的物业管理费用由建设单位承担。业主购房以后，按照协议的约定享受物业服务企业提供的服务，并承担缴费等相应义务，接受物业服务企业的管理服务。

【例】 A开发商开发的居住小区一期已经入住，当时的物业管理工作由A开发商的物业部完成。随着二期开发的继续和入住的临近，A开发商选聘了B物业服务企业并与之签订了为期10年的物业管理合同，将该居住小区的物业管理权承包给B物业服务企业。

问：A开发商与B物业服务企业签订为期10年的物业管理合同的效力如何？

二、前期物业管理的工作内容

1. 物业管理机构的设立和规章制度的建立

前期物业服务合同一经签订，物业服务企业就应着手落实该物业的管理机构及管理人员。机构的设置应根据委托物业的用途、面积、业务类型和规模等确定；人员的配备除考虑管理人员的选派外，还要考虑维修养护、保安、清洁、绿化等操作人员的招聘等工作。管理人员与操作人员确定以后，还应根据各自的职责进行培训，使他们对所管理的物业有清晰的了解，明确各自的服务对象和职责范围。

科学、健全的规章制度是实施和规范前期物业管理行为的保证。规章制度的制定应依据国家和政府有关部门的法律法规、政策和文件，并结合本物业的实际情况，这是物业管理逐步成熟并走向规范化、程序化、法制化道路的重要前提。

2. 物业的验收与接管

工程质量问题对物业本身将产生永久性的影响，与投入使用后的各类物业打交道的主要是业主和物业服务企业。物业服务企业既要考虑质量问题对日后物业管理的影响，也应站在业主的立场上，代表业主的利益，对物业的主体结构的安全性和满足使用功能等问题进行再检验。物业的验收直接关系到今后物业管理工作能否正常开展。物业服务企业应有承接查验权和争取质量补偿权，严格按规范做好承接查验工作，提前熟悉所安装的设备设施，确保物业服务企业从物业开始投入使用即能为业主提供良好的物业管理服务。验收合格后，开发商应向物业服务企业移交相关资料，以方便今后的物业管理和维修养护。在物业保修期间，物业服务企业还应与开发商签订保修实施合同，明确保修项目、内容、原则、责任和方式等。

3. 业主入住和装修管理

所谓"入住"，是指业主或使用人收到书面通知书，在规定期限内办完相应手续并实际入住,也就是将物业正式交付业主或使用人使用的过程。入住管理就是规范和引导业主办理各项入住手续。这项工作不仅是将房屋完好移交,而且涉及首期收费和相关文件的签署,具有为今后管理与服务的开展打下良好基础的重要意义。业主入住以后,必然要面临房屋装饰装修的问题。物业服务企业要加强对业主装修的管理,以避免装修污染、装修扰邻,甚至危害公共利益。

4. 物业档案资料管理

在物业服务企业接管物业及业主或使用人入住以后,物业服务企业应及时建立物业档案资料。物业档案资料包括物业资料和住户资料。物业档案资料是物业维修养护、设备更新改造的依据,是物业服务企业和业主保持联系、提供业主或使用人所需服务的必要资料,也是物业服务企业解决可能遇到的纠纷的法律凭据。业主大会决定更换物业服务企业、新的物业服务合同生效,撤管的物业服务企业应及时将物业档案资料移交业主委员会或新的物业服务企业。

5. 协助成立业主委员会

当业主入住达到一定比例,或入住已超过一定时间后,经过达到一定比例要求的业主同意,物业服务企业应会同开发商和政府主管部门组织召开业主大会,选举并产生业主委员会。当业主委员会选聘了新的物业服务企业以后,负责前期物业管理的物业服务企业应将档案资料等移交业主大会或业主,确保物业管理的顺利交接。

6. 其他前期日常工作管理

对物业管理区实施正常的管理服务;在保修期内负责解决职责范围内业主提出的房屋及公共配套设施的返修;协调业主与开发商和建设单位之间的关系,督促或协调开发商和建设单位解决业主提出的有关房屋及公共配套设施方面的问题等。

三、前期物业管理的意义

1. 搞好前期物业管理,可以使业主顺利入住

在业主入住时,房地产开发企业和物业服务企业均须向业主提交有关楼宇交付使用后的法律文书和资料,以及要求业主签字承诺的回复文件等。大量的文件审阅不可能在入住时一次完成。另外,在业主验收物业之前,物业服务企业应履行委托方(房地产开发企业)授予的钥匙监护权,因此物业服务企业应从方便业主的角度出发,事先准备有关资料交予业主,合理安排入住的程序使业主正式入住时能顺利办理有关手续。

2. 搞好前期物业管理,有利于后期日常管理工作的顺利进行

物业服务企业通过前期管理,全面了解物业质量和功能,可以保证日后使用过程的维修质量,提高工作效率和工作质量。同时,在前期管理中业主和物业服务企业建立了密切的联系,经过一段时间的磨合,物业管理的观念逐步深入人心,建立了顺畅的服务渠道。此外,经过一段时间的管理,物业服务企业初步建立了与环卫、水电、通信、治安、维修、绿化等部门的关系,外部环境逐步理顺,这些都有利于后期物业管理工作的顺利开展。

3. 规范的前期物业管理是对开发商、物业服务企业、业主三方都有利的明智选择

对开发商来说，实行前期物业管理可以促进物业的推销和招租，有助于开发商圆满完成物业开发全过程。良好的物业管理服务有助于提升物业的附加价值、增加物业的卖点、促进物业的后期租售，也有利于树立开发商良好的企业形象。

对业主来说，前期物业管理可以维护全体业主的合法权益。由于物业管理的早期介入，物业服务企业已经站在业主的立场上，采用专业的手段对物业进行了严格的承接查验，避免了入住以后由于工程质量等问题导致不愉快事情的发生。

对物业服务企业来说，这有利于其长远发展。物业服务企业要通过市场竞争，以招投标方式取得物业的管理权。对物业服务企业来说，在前期物业管理期间能否形成良好的管理秩序，满足业主或使用人不同的服务需求，通过自身努力在业主或使用人中树立有效管理者的良好形象，关系到以后能否促成业主与物业服务企业正式达成物业管理委托合同。这有利于督促物业服务企业完善自身的管理机制，促进其提升服务质量。实践证明，唯有兢兢业业地做好前期物业管理服务工作的物业服务企业才能取得业主的信任，才拥有进一步合作的可能。这也是每一个物业服务企业不断拓展业务范围、努力塑造企业形象的必由之路。

4. 前期物业管理有利于建立良好的物业管理秩序

前期物业管理形成了对有关各方的有效约束。开发商在房屋销售前应制定物业管理方案报主管部门备案，与物业服务企业达成的前期物业服务合同也须向行业主管部门备案，其目的就在于要接受主管部门的监管。购房人购买新建商品房时，应当对前期物业管理合同中的相关内容予以书面确认，明确物业管理的内容、标准、价格、期限以及物业服务企业的名称等。建设单位与物业买受人签订的买卖合同应当包含前期物业服务合同的内容。买房人如果拒绝接受拟定的前期管理合同也就意味着物业买卖无法成交，这是对开发商和物业服务企业最有效的制约。反之，业主一旦接受了这份合同规定的内容，就必须在前期物业管理阶段服从物业服务企业依法依约进行的管理。

四、 前期物业管理与早期介入的区别和联系

1. 在物业管理全过程中所处的时间段不同

前期物业管理是在物业建成并投入使用后由开发商和物业服务企业签订管理服务合同生效之日起至业主重新聘请物业服务企业并与之签订新的物业管理服务合同生效之日；早期介入则是在物业建成之前，物业服务企业从方便日后使用和便于管理的角度参与物业的开发、设计、施工、安装的过程。

2. 二者所处的地位和职能不同

前期物业管理中，物业服务企业处于主体地位，按照前期物业服务合同实施管理，有权制止不遵守管理规定的行为，依法追究违约者（包括开发商）的违约责任；早期介入过程中，物业服务企业处于辅助地位，一般是以顾问的身份，从专业的角度对房地产开发过程提出合理化建议和意见。

3. 二者所要达到的目的有所不同

前期物业管理是在业主选聘物业服务企业之前，由建设单位选聘物业服务企业进行物业管理，是为了保护业主的合法权益，保证物业管理的连续性，为后期物业管理服务奠定良好的基础；物业管理早期介入的目的是在物业建成之前采取措施，确保建成的物业质量和功能合乎要求，有利于业主使用，方便以后的物业管理。

物业管理是一项连续性很强的工作。早期介入与前期物业管理的联系在于二者都是物业全程管理中不可分割的一部分，是前后衔接的关系。认真细致的早期介入工作，能够及时发现物业开发、设计、施工、安装过程中有关质量及有碍物业使用功能的缺陷或不足，并能使其及时得到纠正或返工，为前期物业管理打下很好的物质基础。由于我国的物业管理起步较晚，物业服务企业能够早期介入的还不多，但可以预见，随着物业管理行业的发展，这将是一个必然的发展趋势。

第二节 楼宇入住与装修管理

一、楼宇入住

楼宇入住是指业主或使用人办理有关手续并对房屋验收后，领取钥匙，接收房屋入住的过程。物业服务企业验收并接管了开发商移交的物业后，物业已具备了入住条件。此时，物业管理应按程序进入物业的入住手续办理阶段。物业服务企业应及时将入住通知书、入住手续书、收楼须知、收费通知书等资料一并寄给业主，以方便业主按时有序地办理入住手续。

物业的入住阶段是物业服务企业与其服务对象即业主直接接触的第一面，这一阶段除了大量的接待工作和烦琐的手续办理外，各种服务与被服务的矛盾也会在短时间内集中地爆发出来。因此，入住阶段通常也是物业管理过程中问题最集中的阶段。对物业服务企业来说，这既是一项挑战，也是一个展示优质服务管理水平、开展物业管理"品牌"营销的大好机会。物业服务企业应充分利用这一机会，在做好物业管理的宣传、讲解工作的同时，切实为业主着想，为业主提供优质服务，给业主留下良好的"第一印象"，取得广大业主的信赖，为争取业主或使用人对今后的物业管理的支持和理解打下良好的基础。

（一）入住阶段的前期准备

1. 查阅资料，熟悉物业和业主的情况

有关管理人员应及时从开发商手中取得已售出物业的业主的详细资料，仔细对照所接收的物业资料，并把每一位业主及其所购置的物业单元联系起来进一步熟悉情况，为每一位业主提供周到的服务。

2. 制定并分项落实入住方案

（1）核实管理处人员配备情况，明确各自的管理职责。

（2）落实并装修管理处办公用房和员工宿舍。

（3）拟定入住流程。

（4）根据小区的实际情况和管理协议中对小区管理的要求，拟定入住后在治安、车辆管理、垃圾清运等方面的配套改进意见或整改措施。

（5）拟定、印刷相关的文件资料，如管理规约、住户手册、入住通知书、收楼须知、收费通知单、房产交接书、入住表格等备用。

3. 相关人员到岗、培训、动员

入住前相关人员应全部到位，并接受严格培训，充分动员，以提高其工作能力，激发其工作热情，这样才能在工作中减少差错，确保服务质量。

4. 协调与相关部门的关系

物业服务企业要与开发商一起同水、电、燃气、电信等公用事业部门协调关系，解决遗留问题，避免业主入住以后因此类问题引起纠纷，影响入住工作及今后物业管理工作的正常开展。

5. 设备设施试运行

给排水、电梯、照明、空调、燃气、通信、消防报警系统必须进行试运行，如有问题应及时整改，确保设备设施处于正常的工作状态。

6. 做好清洁卫生、保安等工作

入住前做好环境卫生清洁工作，可以让住户收到一个整洁的住宅或办公室。加强安全保卫工作，保证管理区域不发生盗抢事件，保证住户财物及时安全搬入楼内。

（二）入住工作的实施

用户入住一般包括验楼、付款、签约、装修、组织搬迁等基本步骤。

1. 向业主或租户发出收楼入住函件

入住函件包括入住通知书、入住手续书、收楼须知、收费通知单、住户登记表等。告知业主或租户在规定时间备齐相关资料，到指定地点办理入住手续。接受业主咨询，确保业主清楚如何办理入住手续，知晓相关管理规定。

2. 交验相关证件或证据

物业服务企业主动出示企业有关证件、委托合同、政府文件，以及开发商同意交楼的书面文件等。

业主出示身份证件或授权委托书、购租房合同、房屋缴款证明等资料。

3. 业主、租户验楼

验楼是业主或使用人的一项基本权利，也是其入住的必要程序。物业服务企业应派专人接待，并陪同验楼。验收的重点项目是给排水、门窗、供电、墙面、地板、公共设施等，填写收房书，确认质量问题和水、电表底数并核收归档。如有问题，应报开发商及建设单位整改，并让其签收，确定解决时间。到时不能解决的，要催其办理并解决。

4. 签订管理规约，发放各种资料

签约之前应给业主或使用人一定的时间，让其仔细阅读并认真推敲其中的各项条

款。经充分考虑，在不存在异议的情况下签约，然后发放住户手册、装修管理规定、收费项目一览表、装修申请表、临时管理规约等。

5. 进行装修管理

办理完楼房交接手续以后，各业主将对自己的房屋进行装修，物业服务企业应对业主的装修进行必要的指导和管理。

6. 组织搬迁入住

业主或使用人在办理完各项入住手续后，就可以搬迁入住了。物业服务企业可以帮助其联系搬家公司或自行组织力量协助业主及租户搬迁入住。

（三）入住管理的有关手续文件

入住手续文件是指业主办理入住手续时应知悉并签订的相关文件，如入住通知书、入住手续书、收楼须知、缴款通知书等。这些文件一般由物业服务企业负责拟定，以开发商和物业服务企业的名义在业主办理入住手续前发给业主。

1. 入住通知书

入住通知书是物业服务企业在物业验收合格后通知业主或租户准予入住，可以办理入住手续的文件。

入住通知书一般包括通知业主按照入住通知书、入住手续书、收楼须知、缴款通知书、用户登记表等办理入住手续，以及办理手续的具体时间、地点。通常在规定的时间内，房地产开发公司财务部、工程部，以及物业服务企业的有关部门和单位将到现场集中办公。

一般情况下，入住时需要办理入住手续的业主多达几百家，甚至几千家，物业服务企业不可能全部集中在同一时间办理，因此应在通知书上注明各楼宇或各层业主办理的时间，分期分批有序地办理入住。若有业主因故不能按期办理，可留有机动时间予以补办。考虑到少数业主仍不能如期在机动时间内办理手续，要在通知书上说明其对业主的影响及协调的办法等。

2. 入住手续书

入住手续书是物业服务企业为方便业主，针对已具备入住条件的楼宇在办理手续时的具体程序制定的文件。其目的是让业主知晓办理手续的顺序，使整个过程井然有序。业主每办完一项手续，通常会在入住手续书上留有有关部门确认的证明，有关部门会在上面签字、盖章。

3. 收楼须知

收楼须知是物业服务企业告知业主收楼时应注意的事项、收楼时的程序，以及办理入住手续时应该携带的各种证件、合同及费用等的文件资料。

4. 缴款通知书

缴款通知书是物业服务企业通知业主在办理入住手续时应该缴纳的款项及具体金额的文件。

5. 验房书

验房书是物业服务企业为方便业主对房屋进行验收,督促开发商及时整改问题,使问题得到及时解决而制定的文件。

6. 楼宇交接书

楼宇交接书是业主确认可以接收所购楼宇后,与开发商签订的接收楼宇的书面文件。它证明开发商及时提供了合同规定的合格房屋商品,为开发商按合同收缴欠款提供了法律依据,同时,楼宇交接书中重申了开发商按合同对房屋应付的保修义务。

7. 用户登记表

用户登记表是物业服务企业为了便于日后及时与用户保持联系,以及提高管理和服务的效率、质量而制定的文件。

8. 住户手册和临时管理规约

住户手册一般要说明物业的概况、管理机构的权利和义务、管理区域内的各项管理规定以及物业服务企业的机构及各部门职责分工、违章责任等,在用户办理入住时发给业主,使业主更好地了解物业及物业服务企业和物业管理相关规定,方便物业管理工作的顺利展开。

临时管理规约一般是由物业服务企业拟订,经过业主和物业服务企业共同签署并约束双方行为的具有合约、协议性质的文件。

二、物业的装修管理

(一)装修

装修是指业主或使用人在办理完入住手续以后,在正式入住之前,根据自己的特点和要求,对所购(所租)房屋进行重新设计、分隔、装饰、布置等。

一般情况下,物业装修大多是在房屋初装修的基础上进行的,又称二次装修,更多的是根据业主或租户个人意愿进行的。

装修工作是随业主或使用人入住而进行的,即使是新购的物业因入住时间先后等因素,也会出现已有业主或使用人入住的情况,因此在装修施工时应该顾及相邻住户的正常工作和生活,尽量避免或减小对他人的影响。

因为是在原房屋建筑的基础上进行的二次装修,所以要求装修必须符合房屋建筑的工程技术规范和技术指标,这对装修施工人员的技术及素质要求比较高。施工过程中应特别注意防火。

(二)装修管理

随着生活水平的提高和消费观念的改变,对新入住的房屋进行重新装修使之更加符合自己的需要已经成为越来越普遍的现象。可是正如前面所述,装修往往是个人意愿的一种反映,加之装修队伍的质量参差不齐,他们往往自觉或不自觉地随意改动原有房屋的建筑结构、管线的走向,以及随意倾倒垃圾、不注意作息时间、干扰他人的休息或违章操作,甚至使用有毒有害的装修材料等,因此应对业主的装修工作进行必要的引导、规范和管理，以确保原有物业的结构完整和质量安全。

所谓装修管理，主要是指物业服务企业按照国家和地方相关规定，以物业主体安全、结构完整、合理有序为目的，对业主的装修工作进行的指导、规范、监督和管理等一系列活动。

1. 装修管理的主要内容

（1）装修必须符合原建筑的各种设计技术指标（如结构荷载，水、暖、电等负荷指标），如有重大变动须由审计员重新验算。

（2）必须符合建设部《装修设计防火规范》《建筑装饰装修管理规定》及我国现行其他规范对系统、设备、劳保及装修材料的要求。

（3）审查装修设计，避免对公用设备设施、毗邻房屋、建筑外观造成影响。

（4）监督装修工程质量、加强安全管理是装修管理的核心任务，应审查装修队伍资质，监督装修施工队的施工质量与合同执行情况。对装修工作总的要求是安全适用、优化环境、经济合理，并符合城市规划、消防、供电、煤气、热力、环保等规定和标准。

（5）管理施工人员，保护环境卫生与公用设施完好，加强保安措施，避免人身财产损失。

（6）作业现场的管理。采取一定的安全防护和消防措施，保障作业人员安全；控制各种粉尘、废气、固体废弃物以及噪声和振动对环境的污染和危害；合理组织物流交通，减轻或避免对其他人员正常生活、工作的影响。

2. 装修管理一般规定

（1）履行报批审核程序。业主或使用人在装修前必须向物业服务企业相关部门提出申请，并详细如实填写装修项目、范围、时间、施工队伍名称等，业主和施工队伍负责人同时在《装修申请表》上签字盖章。经物业服务企业相关部门审核批准，并与施工队签订《装修工程责任书》方可开始施工。

（2）严格明确装修范围。任何装修不得擅自改变房屋的柱、梁、板、承重墙、屋面防水隔热层、上下水道、电路等。不准擅自凿除楼面，屋面只允许凿毛。地面装修材料不准擅自用缸砖、大理石及其他超重材料。地面装修材料厚度不得超过规定的标准。不准擅自封闭阳台或改变阳台的用途。不准擅自改变原有外门窗的规格及墙面装饰，只允许在门窗内增设纱门窗等。空调等大型电器应经过管理处同意后方可安装。全部装修只限于楼内单元内部，禁止改变建筑物的外观，禁止在单元房外做任何广告形式的装饰等。

3. 施工管理规定

（1）申请批准后，物业服务企业发放《装修改造施工许可证》，施工队伍出示此证方可施工。

（2）装修工作开始前，施工单位应缴纳一定金额的装修押金，待装修完毕后，由物业服务企业检查，如未对公共设施及他人财产造成损害，则将押金全部退还。

（3）所有装修工程均须由装修单位向物业服务企业交付施工管理费及垃圾外运费。

（4）装修时间不得安排在居民休息时间，不得延长施工时间，以免影响他人休息。否则，物业服务企业有权给予停水、停电等处罚。

（5）装修改造的垃圾必须放到物业服务企业指定的位置，不准在公共部位乱堆乱放，严禁投入下水道或随意倾倒。

（6）施工人员应到物业服务企业办理个人登记临时出入证件，并只能在指定区域内活动。

（7）施工人员不准在施工现场留宿，确需留宿者，需将留宿人名单报物业服务企业，经批准后方可留宿，并且每个人须缴纳一定金额的保证金，待施工结束后，如无违章行为，该保证金如数退还，否则依据《关于施工人员的内部治安管理规定及处罚办法》的有关条款从保证金中扣除。

4. 装修验收

装修工程完工后，由业主或使用人通知物业服务企业有关部门对装修工程进行验收。隐蔽工程必须在隐蔽前进行验收。验收合格后，向业主或使用人出示竣工验收单，并办理必要手续。

5. 加强对施工人员的管理

为了使业主有一个舒适、安宁的生活环境，维护业主权益，必须加强对施工人员的管理，在业主申请装修并经审批同意后，施工单位进入施工现场前，必须签订责任书。一般包括：

（1）装修施工人员每人须交两张一寸照片，一张办理临时出入证、一张办理个人档案。

（2）装修人员入户装修时，须向物业服务企业缴纳一定金额的管理费。

（3）装修人员或工程队入户装修前，必须向物业服务企业预缴装修押金。

（4）装修人员必须保持公共场所，包括楼梯、过道及墙壁的清洁，不允许将污水、废物倒在楼道里，不得在公共部位堆放杂物。装修垃圾要及时处理。

（5）装修人员不得侵扰其他业主，不准在楼道内闲逛或在其他楼层停留。

（6）施工负责人要保证各楼层公共设施完好。

（7）装修材料超重超长时，禁止使用电梯。

（8）注意用电及消防安全。用电时，要注意使用合格的插头，严禁用电源线直接接到漏电开关上；严禁用电炉做饭、烧水；进行电焊施工必须事先申请配备消防用具；禁止在易燃易爆物品附近吸烟等。

（9）装修人员不准在施工场所留宿，确需过夜留宿的应与管理处联系，经同意后方可留宿。

（10）施工队伍应严格遵守有关装修规定，如业户要求违章装修时，应解释说明，不予装修；否则，除业主承担责任外，施工队伍也应承担一定的责任。

（11）出现问题时，施工负责人应及时向管理处汇报，双方协商解决，不得擅自做主。

（12）如违反上述规定，管理处将视情节严重给予罚款，并有权责令停工整顿。

（三）物业服务企业在装修过程中的职责

（1）大力宣传装修规定。物业服务企业应该让业主或使用人以及施工人员知晓有关装修的专门规定，了解房屋装饰装修的申报程序、装修范围、各自职责及应承担的法律责任等。

（2）加强对装修过程、装修现场的监督检查和管理。物业服务企业应该加强对装修的监督管理，这不仅包括要详细审查装修的设计图纸，而且在装修过程中要加强巡视制度，对违规行为要及时制止，对拒不执行者，报有关部门处理。

（3）积极参与室内装修。物业服务企业从有利于物业长期管理及物业服务企业自身经营发展的战略需要出发，积极参与住户或租户的室内装修，一方面可以解除住户或租户的后顾之忧；另一方面物业服务企业承揽装修业务越多，对装修的直接管理也就越有效，同时，还可以获得一定的装修收入。

第三节　档案资料的管理

一、物业管理档案

档案是指国家机关、社会组织和个人从事政治、经济、科学、文化等社会实践活动直接形成的文字、图表、声像等形态的历史记录。

物业管理档案是指人们在物业的开发和管理活动中形成的，作为原始记录保存下来以备查考的文字、图像、声音以及其他各种方式和载体的文件资料的总称。物业管理档案资料的形成贯穿物业寿命的整个过程，而不是局限于某个特定的阶段。因此，物业服务企业必须收集、整理、管理在物业形成以前以及投入使用后的所有有关物业及管理的资料文件。

物业管理的档案资料不是事后编写的，也不是任意收集的，更不是虚假造作的，它是物业管理活动的真迹，具有法律凭证的作用。

物业管理档案资料不仅记录了物业管理活动的状况，而且记录了物业管理活动的改进和发展，以及探索物业管理发展的成果，对于人们查考既往情况、总结经验教训、摸清管理规律，具有重要的参考作用。

二、物业管理档案资料的收集

（一）收集档案资料的一般要求

1. 资料收集要及时，并需要不断更新

在物业服务企业接管物业及业主或使用人入住以后，物业服务企业应积极收集并建立物业管理档案资料，并在随后的使用和管理过程中不断更新，以保持档案资料的时效性，满足有关方面的需要。

2. 资料收集的关键是力求完整

完整齐全的档案资料从时间上讲，要包括从规划设计到竣工的全部工程技术资料，以及验收和日后管理过程中形成的各种资料文件；从空间上讲，包括物业从地下到楼顶、从主体到配套、从建筑到环境，以及相关主体各方面的资料。

3. 资料档案的收集工作要制度化、规范化

根据物业管理的相关要求，通过例行的接管制度和专门的收集办法，将分散在各个单位、部门、个人及其他地方的有保存利用价值的文件资料，有组织、有计划地集中到物业档案管理部门，实现档案的统一管理。

（二）档案资料的收集渠道

物业服务企业可以从各物业管理参与者处收集资料，主要包括：

（1）物业接管移交时，与开发商及设计单位、施工单位积极合作，全面、准确地收集工程建设、工程技术及物业产权等原始技术资料。

（2）业主入住、装修阶段，从业主或使用人及物业管理的具体工作部门收集住户资料。

（3）日常管理，从物业服务企业相关部门收集设备运行档案、房屋维修档案、业主或使用人投诉与回访记录及企业相关资料，并将档案收集工作制度化、规范化。

（4）通过政府主管部门获取的相关信息等。

物业服务企业对物业进行承接查验时开始收集与物业实体相关的各种资料。承接查验过程中，开发商应按规定向物业服务企业移交全部的物业资料，包括从物业开发立项，进行规划设计、建筑设计，到办理规划许可证、用地许可证、施工许可证以及施工管理、设备安装、竣工验收等各个环节的资料。承接查验以后，物业进行维修养护、更新改造时的资料也应及时收集归档。

承接查验时可以从开发商得到购买物业的业主资料。业主或租户入住以后，物业服务企业应及时建立他们的详细资料。例如，业主或租户的姓名、家庭成员情况、工作单位、联系电话或地址，收缴管理费情况，所属物业的装修、使用或维修养护情况等。

三、档案资料的管理

物业管理档案资料管理是指物业服务企业在物业管理活动中，对物业的原始记录和物业投入使用后，在管理过程中所形成的各类资料文件，以及物业管理区域内物业住用人的相关资料进行收集、整理与分类、鉴定、保管、利用，为更好地进行物业管理提供客观依据和参考资料。

目前，物业管理过程中对相关档案资料的收集与管理还存在领导重视不够，资料、文件、图纸等原始资料收集不完整，分档、归类不科学，保存方式不规范，更新不及时等问题，给物业管理工作及追溯历史遗漏问题造成了一定的困难。

（一）档案资料的鉴定

档案资料的鉴定是指对保存的物业档案去粗取精，确定档案保存价值的工作。鉴定包括鉴定档案资料的价值和真伪，具体的工作包括：

（1）制定档案价值的统一标准及各种档案的保管期限表。档案的保管期限可以参考国家档案行政管理部门会同有关主管部门制定的档案管理期限表，结合自己企业的实际情况确定。

（2）具体分析档案的价值，确定其价值和保管期限。

（3）按规定处理无价值和保管期限届满的档案。根据文档的保管期限和性质，定期对过期与作废的文档进行剔除和销毁。对于已过存档期的档案，经主管领导批准可销毁，同时应建立已销毁文档清单备查。

（二）档案资料的保管

档案资料的保管工作主要包括档案管理用房的建设与管理、保护档案专门技术措施等内容。

（1）按照有关规定，结合自身特点，建立健全档案资料的管理规章制度。

（2）尽量设置专门的库房保管档案资料，也可以由各个工作部门分别保管。分库保管的，总处要有统一编号。

（3）档案资料的存放处要通风良好，卫生环境良好，保持适当的温度和湿度。

（4）要有防晒、防盗、防火、防虫、防有害微生物、防潮、防污染等措施。

（5）要定期进行库存档案的清理核对工作，做到账物相符。

（6）档案架的摆放要整齐，便于取放、搬运和利用等。

（三）档案资料的统计

档案资料的统计是以表册、指示数字等形式揭示档案有关情况的一种档案资料管理的业务工作。例如，统计档案资料保管的用房面积、档案资料管理的人员总数及岗位分布、案卷数、利用档案人次增长率、档案利用率等。

档案资料的统计工作主要包括档案资料的统计调查、统计整理及统计分析等。

（四）档案资料的利用

1. 编制档案资料检索工具

按照信息处理的手段，档案资料的检索工具分为手工检索工具和机械检索工具。手工检索工具是指人工直接查找档案资料线索使用的目录或索引，有卡片式和书本式。机械检索工具是指借助计算机查找档案资料所使用的检索工具，如季度目录、微缩目录等。

按照收录的分类内容，档案资料的检索工具有案卷目录、案卷文件目录等。

2. 档案资料的利用方式

（1）档案资料原件利用。利用者可以在档案室内阅览，但一般不得带到室外，并要有借阅记录。

（2）档案资料外借。物业管理档案资料一般是孤本，原则上不得外借，特殊情况必须外借时，须履行一定的审批手续，并按期收回。当借出档案归还时，必须认真清点，发现有损坏等情况时，要进行处理，必要时向领导报告。

（3）制发档案资料副本。档案资料管理人员有义务按照规定，为申请利用人提供所需资料的复印件。物业服务企业进行物业的维修养护、设备改造时，这种利用方式更是必不可少。

（4）制发档案资料证明。根据物业服务企业有关部门、业主或使用人以及其他单位和个人的询问与申请，为证明某些事实在物业档案管理部门有无记载和如何记载，档案管理人员根据档案摘抄书面证明材料。证明材料的文字要确切明了，并限定其内容范围，认真核对后，加盖公章发出。

复习思考题

1. 简述前期物业管理的基本概念及意义。
2. 简述前期物业管理与早期介入的区别和联系。
3. 通常情况下，物业装修管理的主要内容有哪些？
4. 简述物业装修管理的一般规定。
5. 简述物业管理档案资料收集的主要渠道。
6. 物业管理档案资料收集的一般要求有哪些？
7. 简述物业管理档案资料管理的基本环节。

自测题

第六章

房屋维修管理

第一节 房屋维修

一、房屋维修概述

房屋维修是物业管理中的一项基础性工作,房屋维修管理在整个物业管理工作中具有重要的地位和作用。狭义的房屋维修仅指物业服务企业对房屋的养护和维修;广义的房屋维修还包括对房屋的改建。

房屋在使用过程中产生的自然损毁和人为损坏必然导致房屋使用功能的降低或丧失,为恢复或部分恢复其原有的功能,要及时地、有针对性地进行房屋维修。一般情况下,房屋维修主要是为了恢复、保持和提高房屋的安全性与耐久性。有时,为了改善或改变房屋的居住条件,甚至是为了改善或提高房屋的艺术性要求,需要进行特殊的房屋维修和保养工作。

由于房屋建设周期长、环节多,涉及的设备设施等也比较复杂,在不同的情况下、不同的时期,相关房屋损坏而引起的维修责任主体也会有所区别。因此,有必要对房屋维修责任进行界定,确定物业服务企业、业主或使用人等主体分别承担的维修责任和相关费用。

(1)新建房屋在保修期内的维修责任界定。新建房屋,自每幢房屋竣工验收通过之日起,在规定的保修期内,由施工单位负责房屋质量保修。竣工验收与业主收房入住的时间差,其间的维修责任由开发建设单位负责。

(2)房屋保修期满后的维修责任界定。保修期满后,由业主承担房屋维修责任并负担相应的费用。对于业主委托物业服务企业进行管理维护的项目,物业服务企业承担房屋建筑的公共部位、共用设备设施,以及物业项目规划红线内的市政公用设施和附属建筑、构筑物及附属配套服务设施的维修责任。房屋建筑共用部位包括楼盖、屋顶、梁、柱、内外墙体和基础等承重结构,以及外墙面、楼梯间、走廊通道、门厅、电梯厅、楼内车库等。物业规划红线内的市政公用设施和附属建筑、构筑物包括道路、上下水管道、化粪池、沟渠、池、井、绿化、室外泵房、车棚、停车场等,附属配套服务设施包括球场、游泳池、商业网点等。

(3)业主承担物业内自用部位和自用设备的维修责任。自用部位和自用设备是指户门以内的部位和设备，包括水、电、气户表以内的管线和自用阳台。业主可以自行维修，也可以委托他人维修，物业服务企业负有监督责任，还可以委托物业服务企业进行维修，费用由业主承担。

凡属使用不当或其他人为造成房屋损坏的，由行为人负责修复或给予赔偿。

二、房屋损坏的主要原因

房屋建成交付使用后，由于多种原因，随着使用时间的推移，房屋将发生不同程度的损坏。房屋的损坏包括外部损坏和内部损坏。外部损坏是指房屋的外露部位，如屋面、外墙、勒脚、外门窗和防水层等部位的污损、起壳、锈蚀及破坏等现象。内部损坏是指房屋的内部结构、装修、内门窗、各类室内设备的磨损、污损、起壳、蛀蚀及破坏等现象。

导致房屋损坏的原因是多方面的，基本上可分为自然损坏和人为损坏两大类。

1. 自然损坏

自然损坏的速度通常是缓慢的，但有时是突发性的，其损坏因素主要包括以下几个方面。

（1）气候因素。房屋因长期经受自然界的风、霜、雨、雪和冰冻的袭击以及空气中有害物质的侵蚀与氧化作用，会对其外部构件产生老化和风化的作用，使构件发生风化剥落，引起质量变化，从而发生损坏。

（2）生物因素。主要是指由于虫害（如白蚁等）、菌类（如霉菌）的作用，使建筑物构件的断面减少、强度降低。

（3）地理因素。主要是指由于地基土质的差异引起房屋的不均匀沉降，以及地基盐碱化作用引起房屋的损坏。

（4）灾害因素。主要是突发性的天灾人祸，如洪水、火灾、地震、滑坡、龙卷风、战争等造成的损坏。

2. 人为损坏

人为损坏是相对于自然损坏而言的，主要有以下几种情况。

（1）使用不当。由于人们在房屋内生活或生产，人们的生活或生产以及生产设备、生活日用品的大小、摩擦、撞击的频率、使用的合理程度等都会影响房屋的寿命，而由于不合理的改装、搭建，不合理地改变房屋用途、周围设施等影响，使房屋遭受破坏。

（2）设计和施工质量的低劣。这是先天不足，房屋在建造或施工时，由于设计不当、施工质量差，或者用料不符合要求等，影响了房屋的正常使用，加速了房屋的损坏。

（3）预防保养不善。有的房屋和设备，由于没有适时地采取预防保养措施或者修理不够及时，造成不应产生的损坏或提前损坏，以致发生房屋破损、倒塌事故。

在物业住用期间，往往是以上几种因素交互、综合发生作用，从而加剧了房屋的损坏程度和损坏速度。及时修理，恢复物业正常的质量要求和使用功能是非常必要的。

三、房屋维修的基本特点

房屋维修与新建的对象都是房屋建筑，在设计和施工理论上是相通的，因为它们有共性的一面，但是由于房屋维修与新建房屋所应用的理论不同，所以房屋维修又有其独有的特点。

（1）房屋维修是在已有房屋的基础上进行的，是对房屋的构建、部分项目进行养护维修，局部或全部的更新、修复，因此受到原有条件的限制，设计和施工都只能在一定的范围内进行。

（2）房屋使用期限长，在使用中由于自然或人为因素的影响，会导致房屋的损坏或使用功能的减弱，而且由于房屋所处的地理位置、环境和用途的差异，同一结构的房屋，其使用功能减弱的速度和损坏的程度也是不均衡的，因此房屋的维修是大量的、经常性的、不确定的，有时还有可能是突发性的工作。

（3）房屋维修项目多、涉及面广、零星分散，各类房屋装修材料的品种、规格，备用材料的规格和种类也应尽可能多。

（4）房屋维修是要保持原有的建筑风格和设计意图，并与周围环境相协调，因此技术要求较高。由于房屋维修的这种特殊性，决定了它有独特的设计、施工技术和操作技能的要求，而且对不同建筑结构、不同等级标准的房屋，采用的装修标准也不同。

（5）房屋维修具有生产和服务双重性。生产性是指房屋维修过程中必然结合增添设备、改进装饰装潢、改善结构等工作，通过维修可使房屋增值。服务性是指房屋维修的基本目的是为住户提供服务，保证房屋的正常和安全使用。

第二节 房屋维修管理综述

一、房屋维修管理的概念和特点

房屋维修管理主要是指物业服务企业根据国家对房屋维修管理的标准和要求，对企业所经营管理的房屋进行维修保养的技术管理。

房屋维修管理主要是为了保证房屋的正常使用和延长房屋的使用年限，防止和消除房屋及其附属设备发生损坏，保障使用者的安全和正常使用，根据需要和可能适当改善住用条件等。

房屋维修管理是物业服务企业的一项基础性、日常性和技术性很强的管理工作，具有如下特点和要求。

1. 复杂性

房屋维修管理的复杂性是由房屋的多样性、个体性以及房屋维修的广泛性和分散性等特点决定的。由于每一幢房屋本身的独特形式和结构，房屋维修应根据不同房屋的结构、形式等特点，制定不同的维修方案，组织不同的维修施工。这给房屋维修管理工作带来了复杂性，要求房屋维修管理也必须分具体情况，分别实施不同的管理方法。此外，房屋维修的广泛性和分散性，即对零星、分散而又广泛的房屋维修进行管理，使房屋维修管理呈现复杂性。

2. 计划性

房屋维修过程本身存在各阶段、各步骤之间一定的不可违反的工作程序。例如，房屋维修一般都经过房屋现状情况调查，对其质量和安全进行检查、研究、规划后才能确定维修方案，因此房屋维修管理工作也必须按照一定的程序，有计划地组织实施。

3. 技术性

由于房屋维修具有技术性，决定了房屋维修管理也具有一定的技术性要求。例如，无论是房屋安全质量检查管理，还是组织维修施工管理，都要求管理人员具有一定的房屋建筑工程专业技术知识和相关专业技术知识，从而能够对房屋维修方案作出正确合理的决策，以便对房屋维修工程质量、工程的成本与进度进行有效的控制和管理。

二、房屋维修管理的一般原则

对房屋的维修可延长物业使用年限，减少自然淘汰率，同时也可以提高物业服务企业的声誉，因此每一个物业服务企业都应充分重视这项工作。房屋维修管理总的方针是实行管养合一、综合治理，调动各方面的资源对房屋进行养护、维修。房屋维修工作必须为业主或使用人的工作、居住、生活和学习服务，为城市建设和管理服务。

1. 用户第一、服务第一的原则

坚持为用户服务是房屋维修管理的一项基本原则。房屋是物业的主体，房屋的维修管理是物业管理与服务过程的一项重点内容。搞好房屋的维修管理，必须围绕为业主、使用人创造优良的生活环境与工作环境和提高物业的综合效益这一总体目标，把业主、使用人的需要和利益放在首位，树立为用户服务的指导思想，健全房屋维修服务制度，建立良好的服务规范，提高服务技能和服务质量。

2. 预防为主，管、修相结合的原则

房屋的使用、管理、维修和保养是一个统一的过程。强调这一原则，就要贯彻预防为主的方针，使房屋的合理使用、日常保养、维修改造等工作有机结合起来。这样做，一方面可以在房屋的长期使用过程中做好维护、监督、管理工作，防止由于人为因素造成房屋毁损，保证房屋的合理使用，使房屋的安全质量检查与日常小修养护工作结合起来，及时发现隐患，排除故障与险情，防止发生事故及故障扩大。同时，还可以使房屋维修、改造与更新工作做到有计划性，通过各类维修工程，使房屋达到完好房屋标准的要求。

3. 经济、合理、安全、实用的原则

在房屋的日常养护和计划维修的过程中，必须坚持经济、合理、安全、实用的原则。经济，就是要加强维修工程的成本管理、维修资金和维修定额管理，合理安排开支，合理使用人力、物力和财力，尽量做到少花钱多修房。合理，就是维修计划与方案要定得合理，要按照国家的规定与标准修房，不扩大维修范围，不无端提高标准，不偷工减料。同时，要做到"能修则修，应修尽修，以修为主，全面保养，综合考虑"。安全，就是要坚持质量第一和房屋完好标准要求，通过维修使房屋不倒、不塌、不漏，主体结构牢固,功能运转正常,保证业主或使用人的住用安全。实用,就是要从实际出发,因地制宜、因房制宜地进行维修,满足业主或使用人在房屋质量与使用功能方面的需求,充分发挥房屋的效用。

4. 因房制宜,采取不同维修方案的原则

房屋维修管理的对象大体可以分为新建房与旧房两类。旧房又可分为有保存价值的建筑、尚可利用的建筑和无维修价值的建筑。在房屋的保养、修缮与改造过程中,必须因房制宜,针对不同情况采取不同的维修方案。对于新建房,重点是搞好房屋的日常养护工作,使房屋保持完好状态。对于城市中占较大比例的老房、旧房,要在充分、有效、合理利用的前提下,做好区别、分类和合理安排。对于有保存价值,需要长期保护的房屋建筑,如历史文化古迹、优秀传统建筑,应加强维护管理,合理使用和制订维修计划,并在维修过程中保持房屋原有的建筑风格、风貌,不能随意对建筑物部件进行变更。对可充分利用的旧房,要通过有计划的维修与适当的改建,尽可能改善居住条件,保证安全与正常使用,提高房屋的功能与建筑标准,使之满足或接近现行住用标准的基本要求。对于结构简陋的旧房、危房,由于已失去再修缮的价值,要全部或大部分进行有计划的拆建,即进行旧房的更新与再开发。

三、房屋维修管理的基本内容

(一)房屋维修计划的管理

搞好房屋维修管理,需要建立健全计划工作制度,保证维修工作在预先拟定的内容、步骤和资金标准内进行,合理安排人力、物力和财力,并在执行计划中给予调节和综合平衡。

1. 房屋维修计划的编制

房屋维修计划分为年度计划、季度计划和月度计划,这些计划的内容及相应的指标应根据对房屋普查了解的结果和国家有关的房屋维修标准制定。在确定具体计划时,要注意与其他计划的相互联系,使计划内容、形式、数量、质量指标相互适应、相互协调及相互统一。同时,还必须根据维修工作的特点,不断调整、完善维修计划的内容、指标,促进维修工作的顺利开展,确保总体计划的全面贯彻实施。

1)房屋年度维修计划的编制

房屋年度维修计划的编制与工程量、工期、成本、安全、质量、服务、施工管理等有密切关系。例如,编制年度维修竣工面积计划的依据为:工程项目和地点;房屋损坏等级;根据往年统计资料拟定每工完成多少平方米;根据职工出勤率、工时利用率和不可预见因素等,计算出所需实际工作日,再乘以每工完成的平方米,即可得出全年可以完成的竣工面积,也就是全年竣工面积计划。全年竣工面积计划编制后,再编制工作量年度计划。工作量的计算方法同上,先按往年统计资料拟定每工产值,计算出的所需实际施工人数,乘以全年实际工作日,再乘以每工产值,即可得出全年可以完成的工作量,也就是工作量的年度计划。

制订年度维修计划还要注意对房屋损坏等级统计资料和耗工等资料的积累和分析。计划应切实可行，并要留有余地，实事求是。

2）季度维修计划的编制

季度维修计划是在年度维修计划的基础上，按照均衡生产的原则，结合季节特点编制的。

编制季度维修计划应对修缮项目进行分析研究。对在建阶段，应参照施工设计中总进度的调整计划表编制；对新开工阶段，在未编制进度的情况下，首先要摸清在建的剩余工程量和耗工数，在此基础上，对新开工程进行研究，初步排出施工进度。对工种要进行平衡分析，考虑工程衔接，做到按计划施工。

编制季度维修计划还应考虑季节、气候等条件，适当安排修缮任务并采取施工措施。根据不同季节安排不同的修缮项目，如修缮屋面工程应尽量安排在雨季之前进行；在不同季节应安排不同住户修缮，有孩子读书的住户可安排在寒暑假施工等。

3）月度维修计划的编制

在充分保证完成季度维修计划的前提下，根据季度维修计划中各项工程的准备情况及房屋完损情况，按轻重缓急的原则编制月度维修计划。

月度维修计划的编制方法与季度维修计划基本相同。因为是月度计划，编制的依据是施工分段作用计划，如情况有变化，在月度维修计划中要进行调整。月度维修计划应保证季度维修计划的完成。

2. 房屋维修计划的执行和控制

编制房屋维修计划，是计划管理的开始，重要的是在计划确定以后，如何贯彻执行，保证计划的实现。

房屋维修计划是修缮工作要达到的总的进度和要求，因此必须将维修计划按内部组织机构层层分解，落实到基层，实行责任制，并让从事修缮的有关人员了解，使计划成为全体相关人员共同的奋斗目标。

在计划贯彻执行的过程中，要按相关规定与标准加强监督检查和考核，发现问题及时研究解决，搞好综合平衡。房屋维修计划执行情况的检查主要涉及计划指标分解和措施落实情况；计划指标的完成情况；原计划的正确程度；执行计划过程中出现的问题及解决办法和经验教训等。

房屋维修计划控制的主要内容包括修缮项目的进展、工作量、质量、成本和安全等。

（二）房屋维修技术管理

房屋维修技术管理是指物业服务企业对物业的查勘、鉴定、维修、使用等环节的技术活动和技术工作的各种要素，按照一定的技术标准和技术经济指标进行的科学管理，以保证房屋维修施工工程符合技术规定。

房屋维修技术管理是物业管理的一项重要内容，在整个物业管理过程中占据十分重要的地位。房屋维修技术管理的结果将直接影响物业管理的效率和效益，并为物业管理与经营工作的顺利开展打下坚实的基础。

1. 房屋维修技术管理的主要作用

（1）监督和保证房屋维修在施工过程中符合技术规程的要求；

（2）监督和保证房屋维修工程的施工质量与安全操作；

（3）运用技术经济分析的手段，对房屋维修的不同方案进行经济效益、环境效益的对比，选出最佳方案；

（4）掌握和落实不同结构的各类物业的维修保养措施等。

2. 房屋维修技术管理的主要内容

房屋维修技术管理的主要内容包括维修方案设计、工程质量管理、技术档案管理及技术责任制度的建立等。

（1）对各类房屋维修工程的范围、项目、设计、工预决算、施工方案等进行设计和审查；

（2）检查维修施工的技术装备条件与设计要求是否达到标准，在施工过程中如果需要修改或变更设计，必须办理相应的手续等；

（3）对维修工程要按照有关质量标准，检查施工组织设计、施工方案、施工说明是否完整明确，是否符合有关技术规范或规定，检查产品质量是否合格；

（4）健全有关房屋结构、房屋竣工、房屋状况、房屋维修等方面的原始资料，建立物业管理技术档案，并进行科学管理；

（5）提出维修工程应达到的质量标准和提高工程质量的技术措施；

（6）提出拆除原有房屋和减轻对毗邻房屋的影响而应采取的安全技术措施；

（7）提出利用旧料和提高旧料利用质量的技术措施；

（8）提出冬雨季及夜间施工技术措施、维修工程中可能的质量通病及应采取的预防性技术措施；

（9）对维修设计提出合理化建议或修改设计等。

（三）房屋维修质量管理

房屋维修质量管理在房屋维修管理中是最重要的一环，是为保证和提高修缮工程质量，贯彻"预防为主"、对下道工序负责、为住户负责的原则而进行的一系列工作的总和。房屋维修质量管理，主要是定期或不定期地对房屋的完损情况进行检查，评定房屋的完损等级，随时掌握相关房屋的质量状况和分布，组织对危险房的鉴定，并确定解危方法等的管理活动（参见本章第三节的相关内容）。

房屋维修质量管理一般要注意做好以下几个方面的工作：

（1）建立健全质量监督检查机构，配备专职或兼职质检人员，分级管理，层层负责，并相互协调配合；

（2）质量机构和质检人员必须坚持标准，参与编制工程质量的技术措施，并监督实施，指导执行操作规程；

（3）坚持贯彻班组自检、互检和交接检查制度，对地下工程、隐蔽工程，特别是基础与结构关键部位，一定要在检查合格、办理签证手续后，才能进入下一道施工工序；

（4）在施工准备阶段，熟悉施工条件和施工图纸，了解工程技术要求，为提高施工组织设计质量、制订质量管理计划与质量保证措施，提供控制质量的可靠依据；

（5）在施工过程中，加强中间检查与技术复核工作，特别是关键部位的检查复核工程质量的评定工作；

（6）搞好施工质量的检查验收，坚持开展分项工程检查工作，做好隐蔽工程的验收及工程质量的评定工作，不合格的工程不予验收签证；

（7）加强对建筑构配件、成品与半成品的现场检查验收，检查出厂合格证书或测验报告；

（8）对建筑材料的品种、规格和质量进行严格检查验收，主要材料应有产品合格证或测验报告；

（9）发生工程质量事故，按有关规定及时上报主管技术部门，并查清事故原因，进行处理；

（10）已交付使用的修缮工程，要进行质量跟踪，实行质量回访，在保修期间内因施工造成质量问题时，按合同规定负责保修。

同时，必须加强对安全生产工作的领导，建立健全安全生产管理制度，严格执行安全操作规程，确保安全施工。

（四）房屋维修施工管理

房屋维修施工管理是指按照一定的施工程序、施工质量标准和技术经济要求，对房屋维修施工过程中的各项工作进行有效、科学的管理。房屋的维修可以由物业服务企业自己完成，也可以委托给专业的施工队，对两种方式的管理是不同的。对专业维修施工单位的管理主要包括维修工程的招标、维修工程的设计和技术交底、承包合同的签订、施工质量监管、工程竣工验收及价款的结算、维修技术资料的管理、建档等。自行组织的房屋维修工程管理比专业承包维修复杂得多。

下面以自行组织形式为例简要说明房屋维修施工管理的基本内容、方法和具体做法。

1. 维修施工管理的基本内容

（1）落实房屋维修任务，编制房屋维修计划、维修设计方案和施工组织设计；

（2）做好维修工程开工前的准备工作，包括做好临时迁移工作，施工水电的安排，材料的采购、放置以及施工方案确定等；

（3）制定合理的材料消耗定额和严密的施工措施，在施工中经常性地进行材料和技术管理工作；

（4）大、中修和更新改造工程要编制施工组织设计，并对施工过程进行严格的质量控制和全面协调；

（5）加强房屋维修现场的管理等。

2. 维修施工管理的一般程序和方法

1）制定房屋维修设计方案

以房屋勘察鉴定结论为依据，充分听取业主和使用人的意见，使维修方案尽可能合理可行。对于规模较小的维修工程，物业服务企业可自行组织设计，较大的维修工程必须由具有设计资质证书的单位承担。

2）落实房屋维修施工任务

根据年、季、月度维修计划，逐一落实施工任务。

3）施工组织与准备

施工组织与准备是开工前，在组织、技术、经济、劳动力和物资等方面，为保证顺利开工而必须事先做好的一项综合性组织工作。根据工程量大小和工程难易等具体情况，分别编制施工组织设计（大型工程）、施工方案（一般工程）或施工说明（小型工程）等。

维修施工组织准备工作的主要内容包括：

（1）对维修工程应摸清施工现场情况，包括电缆、电机以及燃气、供暖、给排水等地下管网及其走向，并平整好现场；

（2）维修工程设计图纸齐全；

（3）编制施工组织设计或施工方案，并获得批准；

（4）材料、成品和半成品等构件能陆续进入现场，确保连续施工；

（5）领取建筑施工执照；

（6）安置好需要搬迁的住户，切断或接通水、电源；

（7）落实资金和劳动力计划等。

一般工程施工方案主要包括工程概况，主要施工方法及保证工程质量、安全、节约、冬季和雨期施工方面的技术措施，单位工程进度计划和施工现场平面图等。

小型工程施工说明包括工程概况、维修的性质和内容、安全质量技术措施、旧料利用和料具配置以及维修预算等。

4）技术交底（图纸会审）和材料、构件的检验

在施工准备阶段，物业服务企业维修施工部门应首先熟悉维修设计或方案，在此基础上，参与技术交底和图纸会审，并将会审中就有关问题提出的解决措施等作为施工的依据之一。

维修设计施工图会审的主要内容包括：设计、方案和说明是否符合有关技术规范或规定；修缮设计及其说明是否完整清楚，图纸尺寸、标高、坐标轴线交叉点是否明确，土建与设备是否配套；新旧建筑与毗邻建筑、地上建筑与地下构筑物有无矛盾；修缮施工技术装备条件能否达到设计要求，以及采用预制构件与施工场地间有无矛盾；对修缮设计提出合理化建议或修改设计等。

在施工及有关人员学习修缮设计与图纸会审的基础上，由施工负责人向负责该工程的技术员、工长、班长等进行施工技术交底。一般大、中、翻修工程的技术交底包括维修方案及其修缮范围、内容与要求；毗连房屋的使用和产权情况及房屋内部产权情况，避免错修；根据修缮方案，提出修缮工程应达到的质量标准及房屋修好后的完好等级；按修缮方案要求，提高修缮质量、确保安全生产的技术措施；提出原有房屋结构部、构件拆除的方法与要求，以及拆除的安全技术措施；保证住户人身和财产安全的安全

措施与防护措施；旧料利用的施工要求及技术要点；施工办法、施工秩序和工序穿插、衔接；所用主要材料的品种、规格、质量及混凝土工程、砌筑砂浆的配合比、标号、骨料要求等。

对材料、成品、半成品的检验工作，包括：凡有出厂证明或检查报告单的，原则上不需要检验，但对性能容易变化或由于运输影响、储藏过期可能变质的，仍需经过检验，在确定合格后才能使用；凡现浇混凝土结构、预制构件的混凝土及砌筑砂浆必须按规定作试块检验；对成品、半成品要检验其出厂合格证明、品种与规格，凡不合格的，严禁使用；对新材料、代用材料等，应有权威部门的技术鉴定书方能使用；对所有的旧料，须经过技术部门鉴定或经抽样验试合格后才能使用等。

5）维修施工调度与现场管理

维修施工调度就是以工程施工进度计划为依据，在整个维修施工过程中不断求得劳动力、材料、机械与施工任务和进度等要求之间的平衡，并解决好工种与专业之间衔接的综合性协调工作。

施工调度主要是定期检查督促施工计划和工程合同的执行情况，进行人力、物力的平衡调度，促进施工生产活动的进行，以及组织好材料运输，确保施工的连续性，监督检查工程质量、安全生产、劳动保护等情况，发现问题，找出原因，提出措施，限期改正等。

施工现场管理是指以施工组织设计、一般工程施工方案或小型工程施工说明为依据，在施工现场进行的各种管理活动。施工现场管理的重要任务是修建或利用各项临时设施，安排好施工衔接及料具进退场，节约施工用地；把场内建筑垃圾、多余土方、余料和废料及时清运出场，创建文明施工现场；确保住户人身和财产安全，做好施工防护工作，处理好与毗邻建筑物的关系，以及做好施工现场的材料和机具设备管理等。

6）维修工程竣工交验

维修工程竣工交验必须符合房屋交验的条件和质量评定标准，才能通知有关部门进行验收，验收合格签证后才能交付使用。

维修工程竣工交验的具体条件包括：

（1）符合修缮设计或方案的全部要求，并全部完成合同中规定的各项工程内容；

（2）做到水通、电通、路通和建筑物周围场地平整，供暖通风恢复正常运转并具有使用功能；

（3）竣工图和施工技术资料准备齐全等。

物业服务企业应根据各地城市建设的档案管理的有关规定，对施工技术资料进行分类整理，装订成册后存档。凡按图施工的工程可以原有施工图作为竣工图，工程变更不大的利用原有施工图修正即可，对于变更较大的工程，必须重新绘制竣工图。竣工图必须加盖竣工图签，经复核无误，施工负责人签字后方能归档。

维修工程质量交验的标准主要包括：

（1）修缮工程的分项、分部工程必须达到建设部颁发的《房屋修缮工程质量检验评定标准》中规定的合格标准和合同规定的质量要求；

（2）修缮工程中的主要项目，如钢筋强度、水泥强度等级、混凝土工程和砌筑砂

浆,均应符合《房屋修缮工程质量检验评定标准》中规定的全部要求;

(3)观感质量评分合格率不低于95%等。

维修工程质量交验的有关资料包括项目批准文件,工程合同,修缮设计图纸或修缮方案说明,工程变更通知书,技术交底记录或纪要,隐蔽工程验签记录,材料、构件检验及设备调试等资料。

(五)房屋维修资金管理

房屋维修资金管理是指维修资金的筹措与使用安排。物业服务企业用于房屋维修的资金,其来源除业主交纳的维修基金以及物业管理服务费中的一部分外,还包括物业服务企业开展多种经营收入的部分盈余。维修基金用于大、中修,物业管理服务费中的一部分用于日常的维修养护,开展各种经营收入中的部分盈余主要用于弥补维修资金的不足等。

(六)房屋维修行政管理

要搞好物业管理,必须对物业管理的任务进行有效分解。这种对房屋维修责任的划分以及落实维修承担人、清理维修障碍的工作,就是房屋维修行政管理。房屋维修行政管理是房屋维修质量管理、技术管理、施工管理等管理工作的基础。只有搞好房屋维修行政管理,才能迅速、及时地对房屋进行维修,排除险情,防止房屋的继续毁损,保障业主和使用人的生命、财产安全,避免由于维修责任不明或由于某种因素阻碍而使房屋得不到及时维修,致使房屋发生危险的情况。

根据国家和地方政府的有关规定,维修房屋是房屋所有人的责任,无论在何种情况下,所有人都必须履行这项责任。因使用不当或人为原因造成房屋损坏时,有关责任人必须负责修复或予以赔偿。异产毗连房屋维修时,牵扯到两位或多位产权人,须明确应承担责任的人。租赁私房需要维修时,要根据租赁双方的合同确定责任的承担者。如果房屋所有者或应承担房屋维修责任的人不及时维修,或在维修时,遭到使用人或邻居的有意阻拦而可能导致房屋发生危险,物业服务企业的房屋维修管理部门可依据有关规定采取措施,进行维修,维修费由当事人承担。

(七)房屋维修档案资料管理

物业服务企业在制订房屋维修计划,确定房屋维修、改建等方案,实施房屋维修时,必须以房屋建筑的档案资料为依据。因此,为了更好地完成房屋维修任务,加强房屋维修管理,必须设置专职部门和专职人员对房屋维修档案资料进行有效的管理。

房屋维修所需要的档案资料主要包括房屋新建工程、维修工程竣工验收时的竣工图及有关房屋的原始资料、有关房屋及附属设备的技术资料、房屋维修的技术档案等。

四、房屋维修管理的意义

在物业管理中,房屋维修与管理是物业服务企业的主体工作和基础性工作,直接反映物业服务企业的专业管理水平及为业主和使用人服务的意识。因此,房屋维修管理在物业管理全过程中地位极其重要。

（1）搞好房屋维修管理，有利于延长房屋的使用寿命，增强房屋住用安全性能，改善住用条件和生活、工作质量。

（2）搞好房屋维修管理，有利于保证房屋的质量和房屋价值，实现房屋保值增值的目的，为业主、物业服务企业和国家带来直接的经济效益和社会效益。

（3）搞好房屋维修管理，有利于城市建设和管理，保持城市房屋的建筑形象，起到美化城市环境和生活的作用，提高环境效益。

（4）搞好房屋维修管理，可以使物业服务企业在广大业主和住户中建立良好的信誉、塑造良好的企业形象，从而为占领更大份额的物业管理市场打下扎实的基础。良好的信誉和高质量的维修管理服务技术是激烈的市场竞争中的一种无形资本。

第三节 房屋维修工程

一、房屋维修工程的类型

房屋维修工程是对房屋的维修活动和过程的简称。房屋维修工程具有项目多、范围广，有严格的技术标准及较强的技术和规范要求等特点。

（一）按房屋工程的性质及房屋的完损情况不同

1. 小修工程（零星工程或养护工程）

凡需要及时修复使用过程中的构件、配件和设备正常的小损小坏，少量用工，综合平均费用为所管房屋现时总造价的 1%以下，保持房屋原来完损等级为目的的预防性养护工程为小修工程，有时也称零星工程或养护工程。其特点是项目简单、零星分散、量大面广，且突发性强、时间紧迫、服务性强、项目技术简单、用工量少、费用低等。

经常性地进行房屋的养护，可以维护房屋和设备的功能，保证用户的正常使用，使发生的损失及时得到修复，不致扩大，造成较大的损失；对一些由于天气突变和隐蔽的物理、化学损坏导致的猝发性损失，不必等大修周期到来即可及时处理。同时，经常检查房屋完好状况，从养护入手，可以防止事故发生，延长大修周期，并为大中修提供查勘、施工的可靠资料。

1）小修工程的项目范围

（1）屋面补漏，修补面层、泛水、屋脊等；

（2）钢、木门窗的整修，拆换五金，配玻璃，换窗纱，刷油漆等；

（3）修补楼地面、屋面，抽换个别楞木等；

（4）修补内外墙、抹灰以及粉刷天棚、窗台腰线等；

（5）拆砌挖补局部墙体、个别拱圈，拆换个别过梁等；

（6）抽换个别檩条，接换个别木梁、屋架、木柱，修补木楼梯等；

（7）水卫、电气、暖气等设备的故障排除及零部件的修换等；

（8）下水管道、窨井的修补疏通，修补阴沟、散水、落水管等；

（9）房屋检查，危险构件的临时加固、维修等。

2）小修工程的组织管理

（1）收集小修工程项目。物业服务企业日常服务的房屋小修养护工程项目，主要是通过房屋维修管理人员的走访查房和业主（住户）的随时报修这两个渠道收集取得的。走访查房是指物业管理人员定期对辖区内住（用）户进行走访，并在走访中查看房屋，主动收集住（用）户对房屋维修的具体要求，发现住（用）户尚未提出或忽略的房屋险情及公用部位的损坏。物业服务企业可以通过建立查房手册来提高走访查房的实际作用。物业服务企业还可以通过住（用）户的报修情况进行收集。为方便住（用）户随时报修，物业服务企业可以采取以下措施：①设置便民报修信箱。在辖区内的繁华地段和房屋集中的地方，设置信箱，供住（用）户随时投放有关的报修单和预约上门维修的信函。物业服务企业要及时开启信箱。②建立接待值班制度。物业服务企业可配置专职或兼职报修接待员，负责全天接待记录住（用）户的电话、信函、来访。接待员要认真填写报修单位以及由两联组成的处理回报单的接待登记表。③组织业务咨询。物业服务企业可以利用节假日，在公共场所或房屋集中地点摆摊设点，征求住（用）户提出的意见并收集报修内容。

（2）编制小修工程计划。通过走访查房和接待报修等方式收集到小修工程服务项目后，物业服务企业应根据轻重缓急和人力情况，作出维修安排。对室内照明、给水排污等部位发生的故障及房屋险情等影响正常使用的维修，应及时安排、组织人力抢修。对暂不影响正常使用的小修项目，由管理人员统一收集，编制养护计划表，尽早逐一落实。

（3）落实小修工程任务。管理人员根据急修项目和小修养护计划，开列小修养护单。房屋小修养护人员凭单领取材料，并根据小修养护单的工程地点、项目内容进行小修工程施工。对施工中发现的房屋险情可先行处理，然后再由开列小修养护单的管理人员变更或追加工程项目手续。

（4）监督检查小修养护工程。在小修养护工程施工中，管理人员应到小修工程现场解决工程中出现的问题，监督检查当天小修工程质量及完成情况。

2. 中修工程

凡需牵动或拆换少量主体构件，保持原房的规模和结构，一次费用在该建筑物同类结构新建造价的20%以下的工程为中修工程。

中修工程工地比较集中，项目较小，工程量较大，工程的计划性、周期性较强。中修后的房屋70%以上必须符合基本完好或完好标准的要求。

中修工程项目主要包括：少量结构构件已形成危险点的房屋；一般损坏而需要进行局部修复的房屋，如整幢房屋的门窗整修、楼地面及楼梯维修、抹灰修补、油漆保养、设备管线的维修和零配件的更换等；整幢房屋的公用生活设备，如上下水管道、通风采暖设备管道、电气照明线路等需局部进行更换改善或改装、新装工程的房屋以及单项目维修的房屋等。

3. 大修工程

大修工程是指需牵动或拆换部分主体结构和房屋设备，但不需全部拆除，一次费用在该建筑物同类结构新建造价的 25%以上的维修工程。

大修工程具有工程地点集中、项目齐全、工程量大、一次费用较高、整体性强等特点。大修后的房屋必须符合基本完好的要求。在进行大修工程时，可考虑适当增添新的设施，改善居住条件。

大修工程项目主要包括：主体结构大部分严重损坏，有倒塌或有局部倒塌的房屋；整幢房屋的公用生活设施（包括上水、下水、照明、通风、采暖等）必须进行管线更换，需要改装、新装的房屋；因改善居住条件，需局部改建、添装的房屋；需对主体结构进行专项抗震加固的房屋。

4. 翻修工程（更新改造工程）

翻修工程是指原有房屋需全部拆除、另行设计、重新建造或利用少数主体构件进行改造的工程，包括原地翻修改建、移地翻修改建、小区复建房等工程。

翻修工程具有投资规模大、工期长等特点，应尽量利用旧料，其费用应低于该建筑物同类结构的新建造价。翻修后的房屋必须达到完好房屋标准。新建住宅小区基本上不存在翻修工程。

翻修工程主要包括：主体结构全部或大部严重损坏，丧失正常使用功能，有倒塌危险的房屋；因自然灾害破坏严重，不能再继续使用的房屋；主体结构、围护结构简陋，无修理价值的房屋；地处陡峭易滑坡地区的房屋或地势低洼长期积水又无法排出的房屋；国家基本建设规划范围内需要拆迁恢复的房屋。

5. 综合维修工程（成片轮修工程）

凡成片多幢（大楼可分为单幢）大、中、小修一次性应修尽修，其费用控制在该片（幢）建筑物同类结构新建造价的 20%以上的工程为综合维修工程。

综合维修工程具有规模大、项目全、工期长、费用高等特点。经过综合维修后的房屋，必须符合基本完好或完好房的标准要求。综合维修工程在统计时计入大修工程项目内，可以不单独列出。

这类维修工程应根据各地情况、条件的不同，考虑到一些特殊要求，如抗震、防灾、防风、防火等，在维修中一并予以解决。综合维修工程主要适用于该片（幢）大部分严重损坏，或一般性损坏需进行有计划成片维修的房屋，以及需改变整片（幢）面貌而进行有计划维修的工程。

（二）按经营管理性质不同

1. 恢复性维修

恢复性维修又称基本维修，不含重建。按性质其费用应在经营性维修费项目下列支。例如，物业服务企业工程部的日常维护工作，包括损坏路灯的更换，室外水沟的清通，路面、楼梯的维护等工程。

2. 赔偿性维修

赔偿性维修是由人为损坏或使用不当造成的，按有关法律的规定，其费用应由引起损坏的一方即当事者负担。

3. 返工性维修

返工性维修是由房屋设计或施工方法不当造成的，其费用应由设计或施工部门负担，或拨专款解决。

4. 救灾性维修

救灾性维修是由自然灾害或意外灾害造成的，其费用应由专款解决或在保险费中开支。

5. 改善性维修

改善性维修是超越原房屋的修缮标准或原房屋规模的维修。它不属于简单再生产的范畴，其费用应另有专款开支或由住户负责。

二、房屋维修工程的相关指标

1. 房屋维修标准

（1）主体工程维修标准。主体维修工程是指屋架、梁、柱、墙、楼面、屋面、基础等主要承重构件。当主体结构损坏严重时，无论维修哪一类房屋，都要求牢固、安全，不留隐患。

（2）木门窗及木装修工程维修标准。木门窗应开关灵活，不松动、不透风。木装修工程应牢固、平整、美观，接缝严密。

（3）楼地面工程维修标准。楼地面工程维修应牢固、安全、平整、美观，拼接严密，不空鼓开裂，卫生间、厨房、阳台地面无倒泛水现象。若厨房、卫生间长期处于潮湿环境，可增设防潮层；木基层或夹砂楼面破损严重时，应改做钢筋混凝土楼面。

（4）屋面工程维修标准。屋面工程必须确保安全，要求平整不渗漏、排水畅通。

（5）抹灰工程维修标准。抹灰工程应接缝平整，不开裂、不起壳、不起泡、不松动、不剥落。

（6）涂料粉饰工程维修标准。各种内外墙涂料及地面涂料均属保养范围。应制定养护周期，以延长房屋使用年限。对木构件及各类铁构件应进行周期性涂料养护。涂料粉饰要求不起壳、不脱落，色泽均匀，尽可能与原色一致。

（7）属于物业服务企业管理的庭院院墙、院墙大门、院墙内道路、沟渠下水道、窨井损坏或堵塞的，应修复或疏通；庭院绿化不应降低标准，并注意对庭院树木进行检查、修剪，防止大风、暴雨等恶劣天气对房屋造成损坏。

此外，对坐落偏远、分散，不便管理且修建质量较差的房屋，维修时应保证满足不倒不漏的基本住用要求。房屋维修应综合考虑抗震设防、白蚁防治、改善居住条件等。

2. 房屋维修的考核指标

1）房屋完好率

房屋完好率是指房屋主体结构良好，设备完整，上下水道畅通，室内地面平整，能

保证住户安全、正常使用的完好房屋和基本完好房屋数量（建筑面积）与总的房屋数量（建筑面积）之比，其计算公式为

$$房屋完好率 = \frac{完好的房屋数量(建筑面积) + 基本完好的房屋数量(建筑面积)}{总房屋数量(建筑面积)} \times 100\%$$

房屋完好率一般应为 50%~60%（新房屋除外）。

2）房屋维修工程量

房屋维修工程量是指全年完成综合维修的大、中修工程数量（建筑面积）与年全部维修人员平均数之比。一般房屋的翻修工程不计入房屋维修工程量内。其计算公式为

$$房屋维修工程量 = \frac{年综合维修工程数量(建筑面积) + 年大、中修工程数量(建筑面积)}{年全部维修人员平均数}$$

其中，全部维修人员包括维修单位的维修工人和管理人员，不包括从事新建工程的工程队人数。

一般房屋维修工程量应为 100~150m²/人×年。

3）房屋维修工程质量合格（优良）率

房屋维修工程质量合格（优良）率是指大、中修工程质量经评定达到合格（优良）标准的单位工程数量（建筑面积）之和与报告期验收鉴定的单位工程数量（建筑面积）之和之比。其计算公式为

$$房屋维修工程质量合格(优良)率 = \frac{合格(优良)的单位工程数量(建筑面积)之和}{报告期验收鉴定的单位工程数量(建筑面积)之和} \times 100\%$$

大、中修工程质量合格品率为 100%，其中优良品率为 30%~50%。

4）小修养护及时率

小修养护及时率是指月（季）度全部管区实际小修养护的户次数与月（季）度全部管区实际检修报修户次数之比。其计算公式为

$$小修养护及时率 = \frac{月(季)度全部管区实际小修养护的户次数}{全部管区实际检修报修户次数} \times 100\%$$

一般小修养护及时率应达到 99%。

5）房屋维修工程考核的其他指标

房屋维修工程考核的其他指标还有年房屋完好增长率（2%~5%）、年房屋完好下降率（不超过 2%）、年职工负伤事故率（小于 3‰）、维修人员劳动生产率、维修工程的成本降低率以及机械设备完好率等。

三、房屋完损等级

房屋完损等级是指将房屋的完好或损坏程度按相关标准划分为不同的等级，又称房屋的质量等级或房屋完好等级。房屋完好等级的评定是指按照统一标准、统一项目、统一评定方法，对房屋进行综合性的完好或损坏的等级评定。

根据各类房屋的结构、装修、设备等组成部分的完好、损坏程度，房屋完损状况可分为完好房、基本完好房、一般损坏房、严重损坏房和危险房。

1. 完好房

完好房是指结构构件完好，屋面或板缝不漏水，装修和设备完好、齐全，管线通畅，现状良好，使用正常的房屋，或虽有个别分项有允许值之内的轻微损毁，但不影响居住安全和正常使用，不需要修理或经过一般小修即可恢复的房屋。

2. 基本完好房

基本完好房是指房屋结构基本完好、牢固，少量构部件有稍微超出允许值的轻微损坏，但已稳定；装修基本完好，油漆缺乏保养，设备、管道现状基本良好，能正常使用的房屋；或屋面、板缝局部渗漏，装修和设备有个别零部件有影响使用的破损，但通过一般性的维修可恢复使用功能的房屋。

3. 一般损坏房

一般损坏房是指房屋局部结构构件有变形、损坏、裂缝、腐蚀或者老化，强度不足，屋面或板缝局部漏水，装修局部有破损，油漆老化，设备管道不够畅通，水、卫、电、照明、管线等器具和零件有部分老化、损坏或残缺，不能正常使用，需要进行中修或局部大修更换部件的房屋。

4. 严重损坏房

严重损坏房是指严重失修的房屋，部分结构构件有明显或严重倾斜、开裂、变形或强度不足情况，个别构件已处于危险状态，屋面或板缝严重漏水，装修严重变形、破损、油漆老化见底，设备陈旧不齐全，管道严重堵塞，水、卫、电、照明、管线等器具和零件残缺及严重损毁，需要进行大修或翻修、改建的房屋。

5. 危险房

危险房是指承重的主要结构构件严重损坏，已属危险构件，主体构件强度严重不足，稳定性很差，丧失承载能力，随时有倒塌可能的房屋，或采用局部加固修理仍不能保证安全的房屋，以及已丧失维修价值和因结构严重损坏需要拆除、翻修的整幢楼宇等。

房屋完损等级的评定基本可分为定期和不定期评定两类。定期评定一般是每隔1~3年（或按各地规定）对所管房屋逐幢进行一次全面的完损等级评定。这种评定的特点是量大面广，通过评定可以全面、详细地了解房屋的现状，可以结合房屋的普查进行。定期对房屋完损情况进行评定时，首先进行组织准备，包括制订评定工作计划、建立评定组织、培训评定人员等，其次是实施检查，最后是统计汇总等。

不定期评定是指随机在某个时间内对房屋状况进行抽查。一般会安排在以下一些特殊情况下对房屋的完损情况进行不定期的抽查评定：根据气候特征，如台风、暴雨、山洪过后，着重对危房、严重损坏房和一般损坏房等进行抽查，评定完损等级；房屋经过中修、大修、翻修和综合维修并通过竣工验收后，重新评定完损等级；接管新建房屋后，要进行完损等级评定等。

四、房屋完损等级的评定

房屋完损等级是根据房屋各个组成部分的完损程度来综合评定的。具体做法是将房屋结构分为四类：钢筋混凝土结构——承重的主要结构是用钢筋混凝土建造的；混合结构——承重的主要结构是用钢筋混凝土和砖木建造的；砖木结构——承重的主要结构是用砖木建造的；其他结构——承重的主要结构是用竹木、砖石、土建造的简易房屋建筑。各种房屋分结构、装修、设备三个组成部分进行综合评定。

1. 钢筋混凝土结构、混合结构、砖木结构房屋完损等级评定标准

1）凡符合下列条件之一者可评定为完好房

（1）结构、装修、设备部分各项完损程度均符合完好标准；

（2）在装修、设备部分中有一两项完损程度符合基本完好的标准，其余符合完好标准。

2）凡符合下列条件之一者可评定为基本完好房

（1）结构、装修、设备部分各项完损程度符合基本完好标准；

（2）在装修、设备部分中有一两项完损程度符合一般损坏的标准，其余符合基本完好以上的标准；

（3）结构部分除基础、承重构件、屋面外，可有一项与装修或设备部分中的一项符合一般损坏标准，其余符合基本完好以上标准。

3）凡符合下列条件之一者可评为一般损坏房

（1）结构、装修、设备部分各项完损程度符合一般损坏标准；

（2）在装修、设备部分有一两项完损程度符合严重损坏标准，其余符合一般损坏以上标准；

（3）结构部分除基础、承重构件、屋面外，在装修或设备部分可有一项完损程度符合严重损坏的标准，其余符合一般损坏以上的标准。

4）凡符合下列条件之一者可评定为严重损坏房

（1）结构、装修、设备部分各项完损程度符合严重损坏标准；

（2）在结构、装修、设备部分中有少数项目完损程度符合一般损坏标准，其余符合严重损坏标准。

2. 其他结构房屋完损等级评定标准

（1）结构、装修、设备部分各项完损程度符合完好标准的，可评为完好房。

（2）结构、装修、设备部分各项完损程度符合基本完好标准的，或者有少量项目完损程度符合完好标准的，可评为基本完好房。

（3）结构、装修、设备部分各项完损程度符合一般损坏标准，或者有少量项目完损程度符合基本完好标准的，可评为一般损坏房。

（4）结构、装修、设备部分各项完损程度符合严重损坏标准，或者有少量项目完损程度符合一般损坏标准的，可评为严重损坏房。

五、危险房的管理

危险房是指承重的主要结构严重损坏,影响正常使用,不能确保使用安全的房屋。我国各城市中都存在相当数量的危险房,而且每年还有相当数量的旧房变成危险房。这些危险房严重威胁住户的生命和财产安全,随时可能造成损失。因此,加强对危险房的检查管理,组织好危险房的鉴定,并确定解危办法是非常必要的。

房屋危险程度的划分,需要根据物业构件变形、损坏程度,损坏范围及对周围环境和整个房屋的危险程度确定。根据危险房的损坏范围和规模,可将危险房分为整幢危房、局部危房和危险点三种。

整幢危房是指大部分房屋构件存在不同程度的损坏,已危及整幢房屋的安全,从技术上看,整幢房屋随时有倒塌的可能,已经没有维修的价值。

局部危房是指大部分房屋构件结构尚好,只有局部结构损坏,一旦发生事故,对整幢房屋影响不大。只要能采取措施,排除局部危险,就可以继续使用该房屋,并保证安全。

危险点是指房屋某个承重构件或某项设施已经损坏,但对整幢房屋尚未构成直接威胁。

当发现房屋有危险时,业主或使用人要及时向物业服务企业或相关部门汇报。物业服务企业应根据具体情况,按照有关规定,设立房屋安全鉴定机构,依据有关鉴定标准,进行初始调查、现场勘查、检测验算、论证定性和签发鉴定文书等,经过数据测算和科学分析,对房屋建筑质量及安全可靠程度给出一个较为科学准确的结论。

根据危险房出现危险情况的不同,物业服务企业应采取不同的解决办法加以处理:

(1)对于整幢危险又无维修价值,随时可能倒塌并危及业主或使用人生命、财产安全的房屋,应当整体拆除。

(2)对于已经没有维修必要,又暂无条件拆除,而且并不危及相邻建筑和影响他人安全的房屋,应该采取停止使用的方法。

(3)对于采取适当技术和解危措施后,可以消除危险的房屋,在经过处理后,可以继续使用。

(4)对于采取了一定的技术和解危措施,进行维修后,可以短期使用的房屋,要随时观察危险程度,谨慎地使用。

第四节 房屋日常维修养护

一、房屋日常维修养护及其作用

房屋日常维修养护是指物业管理相关部门为确保房屋的正常使用所进行的经常性、持续性的小修养护和综合维修工作。它是物业服务企业为业主、使用人提供的最直接、最经常的服务。房屋养护与房屋修缮一样,都是为了房屋能正常使用,但二者又有区别。

修缮工程是在相隔一定时期后，按需开工进行的一次性的大、中修；房屋养护服务则是经常性的零星修理，是及时为广大住用户提供服务，以及采取各项必要的预防保养措施，维护保养房屋。

房屋日常维修养护工作是物业管理服务合同所约定的一项基本内容。搞好房屋日常维修养护工作不仅可以很好地保证房屋的正常使用，促进房屋的保值和增值，也是使物业满足人们生产、生活和学习需要的内在要求。科学、合理的日常维修养护工作，可以为业主和使用者提供方便，延长房屋维修的周期，推迟综合维修的时间，节约维修资金。房屋日常维修养护还有利于防止房屋结构缺陷的产生和扩大，延长物业的使用寿命等。

二、房屋日常维修养护的类型及主要内容

房屋日常维修养护可分为小修养护、计划养护和季节性养护三种类型。

1. 房屋小修养护

（1）木门窗维修及少量新做；支顶加固；装配五金；接换柱脚；木桁条加固及少量拆换；木隔断、木楼梯地楞、木天棚、木楼梯、木栏杆的维修及局部新做；细木装修的加固及局部拆换等。

（2）给水管道的少量拆换；水管的防冻保暖；废水、排污管道的保养、维修、疏通及少量拆换；阀门、水嘴、抽水马桶及其零配件的整修、拆换；脸盆、便器、浴缸、菜池的修补拆换；屋顶压力水箱的清污、修理等。

（3）瓦屋面清扫补漏及局部换瓦；墙体局部挖补；墙面局部粉刷；平屋面装修补缝；油毡顶斜沟的修补及局部翻做；屋脊、泛水、躺立沟的整修；拆换及新做少量天窗；天棚、椽档、雨棚、踢脚线的修补、刷漆；室外排水管道的疏通及少量更换；窨井、雨水井的清理；井盖、井圈的修配；化粪池的清理；阴沟、散水坡的养护和清理等。

（4）灯口、电线、开关的修换；线路故障的排除、维修及少量拆换；配电箱、盘、板的安装、修理；电表的新装及拆换。

（5）修缮后的门窗补刷油漆及少量新刷油漆；楼地板、隔断、天棚、墙面维修后的补刷油漆及少量新刷油漆；楼地面、墙面刷涂料等。

（6）钢门窗整修，白铁、玻璃钢屋面的检修及局部拆换；白铁、玻璃钢躺立沟等的整修、加固及少量拆换等。

2. 房屋计划养护

房屋的各种部件、结构均有其合理的使用年限，超过了这个年限，一般就会开始不断出现问题。因此，要管好房屋，就不能等到问题出现后再采取补救措施，而应制定科学的修缮制度，以保证房屋的正常使用，延长其整体的使用寿命。这就是房屋的计划养护。

房屋计划养护属于房屋保养性质，定期对房屋进行检修保养，是物业服务企业通过在日常运营维护过程中掌握的相关资料或房屋完损等级情况，从物业管理的角度提出的房屋养护类型。房屋计划养护应安排在报修任务不多的淡季。如果报修任务多，应先安排报修任务，再做计划养护工作。

3. 房屋季节性养护

房屋季节性养护是指由于季节性气候原因对房屋进行的预防保养工作，包括防汛、防台、防冻、防梅雨、防治白蚁等。季节和气候的变化会给房屋的使用带来影响，房屋的季节性预防养护关系着业主或使用人的居住和使用安全以及房屋设备的完好程度，所以这种预防养护也是房屋养护中的一个重要方面。房屋养护应注意与房屋建筑的结构种类及其外界条件相适应，砖石结构的防潮、木结构的防腐、防潮、防蚁，钢结构的防锈等养护，各有各的要求、各有各的方法，必须结合具体情况进行。

三、房屋日常养护的一般程序

1. 日常养护工程项目的收集

物业服务企业日常的房屋维修养护工程项目，主要是通过房屋维修管理人员的走访巡查和业主（住户）的随时报修这两个渠道收集的。

（1）走访巡查收集。物业管理人员定期或不定期地对辖区内住（用）户进行走访巡查，并在走访中查看房屋，主动收集住（用）户对房屋维修的具体要求，发现住（用）户尚未提出或忽略的房屋险情及公用部位的损坏。物业服务企业可通过建立查房手册提高走访查房的实际作用。

（2）住（用）户随时报修收集。为方便住（用）户的随时报修，物业服务企业可在辖区内的繁华地段和房屋集中的地方，设置便民报修信箱，供住（用）户随时投放报修单和预约上门维修的信函，还应建立接待值班制度，配备一名专职或兼职报修接待员，负责全天接待住（用）户的来访、接听电话和接收信函，并予以记录。接待员应认真填写报修单位以及由两联组成的处理回报单的接待登记表。

2. 编制小修工程计划

通过走访巡查和接待报修等方式收到小修工程服务项目后，物业服务企业应根据轻重缓急和劳动力情况，作出维修安排：对室内照明、给水排污等部位发生的故障及房屋险情等影响正常使用的，应及时安排、组织人力抢修；对暂不影响正常使用的小修项目，由管理人员统一收集，编制养护计划表，尽早逐一落实实施。

在小修工程的收集过程中，若发现超出小修养护范围的项目，管理人员应及时填报中修以上工程申报表。

3. 落实小修工程任务

管理人员根据急修项目和小修养护计划，开列小修养护单。房屋小修养护工凭单领取材料，并根据小修养护单的工程地点、项目内容进行小修工程施工。对施工中发现的房屋险情可先行处理，然后再由开列小修养护单的管理人员变更或追加工程项目手续。

4. 监督检查小修养护工程

在小修养护工程施工中，管理人员应每天到小修工程现场解决工程中出现的问题，监督检查小修工程当天的完成情况。

四、房屋日常维修养护考核指标

房屋日常维修养护工作质量和水平主要由日常维修养护工作中发生的各类定额、经费、服务和安全等方面的指标来衡量和考核。

1. 定额指标

小修养护工人的劳动效率要百分之百达到或超过人工定额；材料消耗不超过或低于材料消耗定额。达到小修养护工程定额的指标，是完成小修养护工作量、搞好日常服务的必要保证。

在小修养护过程中，要通过合理组织生产，发挥劳动潜能和充分回收利用旧料，努力降低工程成本。

工程定额指标的完成情况，是用来考核小修养护人员的业绩，进行相关考核奖惩的依据之一。

2. 经费指标

小修养护经费主要通过收取物业管理服务费筹集，不足部分从物业服务企业开展多种经营的收入中弥补，也可以通过其他方式筹集。

3. 服务指标

1）走访查房率

一般要求管理人员每月对辖区内住户要走访查房 50% 以上；每季对辖区内住户要逐户走访查房一遍。其计算公式为

$$月走访查房率 = \frac{当月走访查房户数}{辖区内住户总户数} \times 100\%$$

$$季走访查房率 = \frac{当季走访查房户数}{辖区内住户总户数} \times 100\%$$

其中，计算走访查房户数时，对月（季）走访同一户超过一次的均按一次计算。

2）养护计划完成率

小修养护应按管理人员每月编制的小修养护计划表依次组织施工。考虑到小修中对急修项目须及时处理，因此在一般情况下，养护计划率要求达到 80% 以上。遇特殊情况或特殊季节，可统一调整养护计划率，其计算公式为

$$月养护计划完成率 = \frac{当月完成属计划内项目户次数}{当月养护计划安排的户次数} \times 100\%$$

3）养护及时率

$$养护及时率 = \frac{当月完成的小修养护户次数}{当月全部报修中应修的户次数} \times 100\%$$

其中，当月全部报修中应修的户次数，是指剔除了经专业人员实地查勘后，认定不属小修养护范围，并已做其他维修工程类别安排的和因故不能安排维修的报修户次数。

4. 安全指标

安全指标即确保住用、生产安全，是维修服务的首要指标，也是考核工作实绩的重要依据。

（1）严格遵守操作规程，不违章上岗和操作；

（2）注意工具、用具的安全检查，及时修复或更换带有不安全因素的工具、用具；

（3）按施工规定选用结构部件的材料，如果利用旧料，要特别注意安全性能检查，增强施工期间和完工后交付使用的安全因素排查。

附表　物业巡检、维护的内容、要求与方法

序号	项目	周期	内容及要求	方法
1. 结构				
1.1	地基基础	半年	有足够承载能力，无超过允许范围的不均匀沉降（肉眼观察无明显裂缝）	人工观察、记录，发现沉降和异常现象，及时报告有关部门查勘鉴定、修缮
1.2	承重构件：梁、柱、墙、板、屋架	半年	肉眼观察承重构件，平直牢固，无倾斜变形、裂缝、松动、腐朽、蛀蚀	
1.3	非承重墙	半年	砖墙平直完好，无风化破损	
1.4	屋面	半年	不渗漏，防水层、隔热层、保温层完好，积尘甚少，排水通畅，预计加强检查	人工观察、记录，清洁、维修，必要时安排维修
1.5	楼地面	半年	砼块料面层平整、无碎裂	
1.6	地下室顶板	半年	不渗漏，雨季加强检查	
2. 装修				
2.1	室内外饰材地面	每月	地面平整，无破损，定期清洗、结晶、打蜡	人工观察、记录，清洁、维护，必要时维修
2.2	室外墙面装饰	3个月	完整牢固，无大量积尘、空鼓、剥落、破损和裂缝	
2.3	室内墙面装饰	3个月	完整牢固，无明显积尘、破损、空鼓和裂缝	
2.4	门窗（含防火门、窗）	3个月	完整无损，无积尘，开关灵活、严密，玻璃、五金齐全，油漆完好	
2.5	天花	3个月	完整、牢固，无破损、变形、下垂脱落	
2.6	细木装修	3个月	完整、牢固，油漆完好	
3. 场地与景观				
3.1	广场地面	每月	地面完整，无破损，排水通畅，设施、标识完善	人工观察、记录，清洁、维护，必要时维修
3.2	道路	每月	路面平整，无破损，排水通畅，设施、标识完善	
3.3	停车场	每月	路面平整，无破损，排水通畅，设施、标识完善	
3.4	景观	每月	完整、美观、清洁，设施、标识完善	
3.5	绿化	每周	长势良好，无病虫害，清洁，标识完善	

续表

序号	项目	周期	内容及要求	方法
4. 公用设施				
4.1	大门、围栏（墙）	每月	完整，无锈蚀、破损，标识完善	人工观察、记录，清洁、维护，必要时维修
4.2	健身器材	每周	完整，无锈蚀、破损、安全隐患，标识完善	
4.3	公示、宣传栏	每周	完整，无锈蚀、破损，标识完善，内容达标	
4.4	信报箱	每周	完整，无锈蚀、破损，标识完善	
4.5	垃圾箱	每周	清洁、完整、无锈蚀，标识完善	

复习思考题

1. 简述房屋损坏的主要原因。
2. 简述房屋维修的含义及特点。
3. 房屋维修管理应遵循的一般原则有哪些？
4. 简述房屋维修管理的基本内容。
5. 房屋维修工程的类型有哪些？
6. 简述房屋完损等级及其评定。
7. 简述房屋日常维修养护的类型及主要内容。
8. 房屋日常维修养护的考核指标主要有哪些？

自测题

自测自练　　　扫码答题

第七章

物业设备管理

第一节 物业设备概述

一、物业设备的含义

物业设备是指物业建筑内附属的及相关市政、公用设备、设施的总称,是构成物业建筑实体、发挥物业既定使用功能的有机组成部分。没有附属设备、设施配套的建筑,也就丧失了其必要的功能与价值。附属设备、设施不配套,或配套的设备、设施相对落后,或经常处于损坏待修状态,也会降低建筑物的效用与价值。供水、排水、供暖、煤气等是最基本的附属设备。现代物业建筑的配套设备与设施的完善程度、合理程度及先进程度,往往是决定其未来效用与商业价值的一个极为重要的因素和先决条件。

随着社会经济的发展和现代科技的进步,物业设备的种类日益增多,使用领域不断拓宽,新型产品纷纷涌现,从普通的卫生洁具、装饰用品、厨房设备、运输设备的更新到闭路电视、音响设备、自动报警、空调等系统的建立,直至智能化大楼、综合式太阳能建筑的出现,使物业建筑及附属设备、设施更为合理、完善和先进,并向多样化、综合化的设备系统发展,从而使之为人类住用提供更加优越的环境和条件成为可能。从这个意义上讲,在现代城市中,物业建筑附属设备、设施的重要性已远远超过以往任何一个时期,并成为反映城市在经济、科技、文化、生活等方面发展水平的一个重要特征和人类物质文明进步的重要标志。

物业设备的不断推陈出新,不但使人们对物业建筑设备的功能与装修要求逐步提高,也对物业设备的维修与管理提出了更高的要求。从管理的角度看,物业设备配套的完备性、合理性与先进性为人们改善物业建筑、住用环境提供了物质基础和条件。为了确保相关设备时刻保持良好的状态,使物业设备发挥最大的效用,运行过程中的管理与服务更为关键。

二、物业设备的类型

物业设备通常是根据业主或用户的要求以及不同物业的用途而设置的,不同用途的物业配备不同的设备。房屋设备种类繁多,功能各异,而且具有更新、更完善功能的新型设备不断出现。一般物业中的设备系统通常包括水、电、煤气、卫生、电梯等设备,而现代化综合性办公大楼还要求有计算机、电话、空调、自动报警等一些智能化、高技术含量的设备。

(一)给排水设备系统

给排水设备系统是物业建筑内部附属设备中的各种冷水、热水、纯净水供应,污水排放和中水系统的工程设备设施的总称。

1. 供水设备

供水设备是指物业设备中用人工方法提供水源,以创造适当的工作或生活条件的部分设备。通常平房和多层楼房均由城市供水管网供水,高层楼宇则需要进行二次供水。

整个供水环节可以划分为引入管、水表节点(水表、闸门等)、管道系统、给水附件(闸阀、止回阀及水龙头等)、升压和贮水设备(水箱、水泵、气压装置、水池等)若干部分。

其中,引入管是将室外给水管的水引入室内的管段,也称进户管。水表是计量水量的仪表,在引入管和每户支管上均应设置。另外,为节约用水并及时发现用水异常情况和漏水现象,在有些高层建筑的给水立管上也安装水表。水表节点是引入管上水表及其前后设置的阀门和泄水装置的总称,一般设置在水表井内。给水附件是指给水系统中调节水量、水压,关断水流,控制水流方向以及为了检修而设置的各类阀门,如闸阀、止回阀、截止阀、龙头等。水泵、水池、水箱和气压给水设备等升压和贮水设备,是为防止室外给水管的水量、水压不能满足建筑用水要求而设置的。

从用途看,物业供水设备基本上可以分为生活用水设备、生产用水设备和消防用水设备三种。生活用水和消防用水对水量、水压方面的要求较高。有些生产用水和生活用水对水质要求较高,而消防用水的水质要求不高。生产用水要求随生产工艺的不同而有很大的差异。

2. 排水设备

排水设备是指物业设备中用来排除生活污水和房面雨、雪水的设备部分,包括卫生器具、室内排水管道、通气管、清通设备、抽升设备、室外排水管道等。根据接纳污(废)水性质,建筑物中的排水管道可分为工业废水管道、生活污水管道、室内雨水管道三类。

卫生器具或生产设备的受水器是建筑排水系统的起点,污、废水经器具内的存水管或与器具排水管连接的存水管(存水管经常保持一定高度的水封)排入横支管。室内排水管道包括器具排水管、横支管、立管等,横支管是连接器具排水管与立管之间的横向管道。设置通气管的目的是使建筑排水管道与大气相通,尽可能使管内压力接近大气压力,防止管道内压力波动过大,以保护水封不受破坏,同时还可以避免管中因不畅产生负压而更加不畅。同时,通气管的设置还有利于管道中废水散发出的有害气体排放到大气中去,使管道内常有新空气流通,减缓管道腐蚀,延长管道使用寿命。为疏通建筑内部排水管道,须设清通设备,主要有检查口、清扫口和检查口井。抽升设备是为室内污废水不能自流排入室外检查井时而设置的。室外排水管是自排出管连接的第一个室外检查井至城镇排水管道或工业企业排水平管道的排水管段。

3. 卫生设备

物业卫生设备是指物业建筑内部附属的卫生器具部分，包括水盆、浴缸、冲洗盆、镜箱、抽水马桶、面盆等。卫生器具的材质应具有一定的强度、耐腐蚀、耐冷热、不渗水，表面易于清洗。常用的材料有陶瓷、塑料、玻璃钢、水磨石、复合材料等。

4. 热水供应设备

物业建筑内部附属设备中的热水供应设备包括加热设备、储存设备（主要是热水箱）、供热水管道、热水表、循环管、淋浴器、冷水箱、自动温度调节器、减压阀、疏水器、伸缩器及自然补偿管道等一系列器材和附件。

加热设备是将冷水制备成热水的装置，主要有热水锅炉、直接加热水箱、表面式水加热器。在热水供应中，加热器的产水量和用水量往往不一致，当用水量变化很大时，应设置热水贮存设备，以调节二者之间的差值。热水贮存设备有热水箱和热水罐两种。热水箱是一种开式容器，设置在建筑物顶部，其安装高度应能满足最不利配水点的水压要求。热水罐是一种密闭容器，可设置在建筑物下部。设置自动温度调节器是为了控制加热器的出水温度。加热器生产的热水有一定的温度标准，超过或未达到规定温度，除给使用者带来不便外，温度过高时，可能会造成烫伤。若加热器以蒸汽为热媒，还应设置减压阀，其原理是水流通过阀瓣产生压力损失而减压。疏水器应设在系统第一循环的凝结水管上，其作用是保证蒸汽凝缩水及时排放，同时防止蒸汽漏失。设置伸缩器及自然补偿管道，是由于热水管道在受热后膨胀变长，容易导致管道弯曲甚至破裂，造成不必要的损失。

5. 消防设备

物业建筑内部附属设备中的消防设备包括供水箱、消防箱、喷淋系统、灭火器、消防龙头、消防泵以及配套的消防设备，如温感器、烟感器、防火卷帘、防火门、消防报警系统、防火阀、消防电梯、抽烟送风系统、消防走道及事故照明、应急照明设备等。

6. 中水系统

中水系统是将民用建筑或建筑小区排放的生活废水、污水及冷却水、雨水等经过适当处理后，回用于建筑或建筑小区作为生活杂用水的压力供水系统。设置中水系统可以减少生活供水量，节约宝贵的淡水资源，还可以减少生活排水量，减轻城市排水系统的负担和水环境的污染，具有明显的社会效益、环境效益和一定的经济效益。

中水原水是指可作为中水水源的未经处理的污、废水。按照排水水质和污染程度轻重，中水原水可分为：冷却水，主要是空调机房冷却循环水中排放的部分废水，特点是水温高；沐浴、盥洗和洗衣排水，特点是有机物和悬浮物浓度相对较低，但皂液和洗涤剂含量较高；厨房排水，包括厨房、食堂、餐厅在制作食物过程中排放的污水，特点是油脂、悬浮物和有机物含量高；厕所排水，主要指大便器和小便器排放的污水，特点是悬浮物、有机物和细菌含量高；雨水，除初期雨水外，水质相对较好。

常用的中水处理设施有：截留粗大漂浮物的格栅；毛发去除器、油水分离器；用于调节中水原水水量并均化水质的调节池；去除较大悬浮物和胶体的沉淀池；利用微生物分解污水中有机物的生物处理构筑物；去除细小悬浮物的滤池；加氯消毒装置以及活性炭吸附池等深度处理构筑物。

（二）燃气设备系统

物业的燃气设备包括燃气灶、煤气表、煤气管道、天然气管网等。燃气是易燃、易爆，有一定毒性的气体，其燃烧后的烟气中含有二氧化碳、氮气、一氧化碳及碳氧化物等。燃气泄漏或不安全燃烧以及烟气聚集都可能引起中毒、火灾或爆炸事故。因此，室内燃气设备的维护需达到安全运行、正常供气，以及操作熟练和使用寿命长的要求。

（三）供暖、制冷、通风设备系统

1. 供暖设备

物业供暖设备是指冬季向室内供热，保持室内所需温度的设备，一般由热源设备、输热设备和散热设备组成。

热源设备是供热系统的中心。热源包括锅炉房、热电厂、工业余热、核能、太阳能和地热。目前大多数供热系统的热源是锅炉房，它能经济有效地把燃料的化学能或电能转化为热能，以生产供热系统中的传热媒体——蒸汽或热水。输热设备主要包括室内外管网、管道保温层、钢管、阀门、补偿器、支座、放气排气设备等。此外，在输热设备中还有两种较特别的设备，即除污装置和稳压设备。设置除污装置是为了避免一些污物（如铁锈、水）的沉淀，这些沉淀物如不及时清除，会堵塞管道而中断热媒体的循环。除污装置有沉淀式、管网式和其他方式等，一般安装在用户引入口的供水总管上。稳压设备主要有膨胀水箱、补水泵等，其设置的目的在于保证系统的正常运行能满足稳定系统压力和体积变化的要求。散热设备是热量散发的设备，主要有散热器、暖风机、辐射板等。

物业供暖系统有各种形式，按热源的不同，可分为热水供暖系统、蒸汽供暖系统、热风供暖系统三类。热水供暖系统是以水为热媒介，通常用散热器作为散热设备，管道中的水在热源被加热，经管道流到房间的散热器中放热，然后再流回热源。该系统的特点是：传热系数较低；热水密度大，易使底层散热器被压破；较卫生，使用较安全。蒸汽供暖系统是以蒸汽为热媒体，也以散热器为散热设备，但与以水为热媒体的散热器不同，蒸汽进入散热器后，充满散热器，通过散热器将热量散发到房间内，与此同时蒸汽冷凝成水。该系统的特点是：传热系数高，散热器的片数比热水供暖系统散热器的少（约少30%），所以初始投资较少；加热和冷却过程快，适合人数不确定或不经常有人停留而要求迅速加热的会议厅、剧院等场所；使用年限较短；散热器表面温度高，易烫伤人，有机灰尘剧烈升华，对环境卫生不利。热风供暖系统是以空气作为热媒介。在热风供暖系统中，首先将空气加热，然后将高于室温的空气送入室内，热空气在室内降低温度，放出热量，从而达到供热的目的。该系统的特点是：能迅速提高室温，适合体育馆、剧院、会议室等人们短时间逗留的场所；有通风换气的作用；噪声较大。

2. 制冷设备

制冷设备是指物业建筑附属设备中可以使空气流动，给住用者带来凉爽感觉的设备，包括冷气机、空调机、深井泵、冷却塔、电扇、回笼泵等。一般来说，大型楼宇大多采用中央空调设备，小型楼宇或居住小区室内则采用窗式或分体式空调机。这里简单介绍一下中央空调设备。

中央空调设备主要包括风机盘管和空气处理机，用来将空气过滤后制冷（或加热）。进入风机盘管或空气处理机的空气有两种：一种是来自楼宇外的空气；另一种是来自室内的空气。下面分别介绍中央空调设备的三个主要组成部分。

（1）冷水机组。这是用来产生循环冷冻水的热交换装置，常用的是采用氟利昂或溴化锂作为制冷剂的机组。机组一般由压缩机、蒸发器、冷凝器、膨胀阀四个部分组成，此外还附有水冷却或风冷却系统。常用的水冷却系统包括水泵、冷却塔及管网。

（2）风管。这是处理循环空气的送风或回风管道。风管的尺寸、风管内风速的大小与风管的敷设情况对建筑空间的使用以及空调系统空气输配的动力消耗有重要的影响。在风管上一般还设置散流器、调节阀、防火阀等装置。

（3）空调水管。使用空调水管可以将制冷（热）水装置产生的冷（热）水输送到各处的风机盘管和空气处理机里。它是一个循环水系统，包括水泵、排气阀、阀门、膨胀水箱等。此外，一般还设有冷凝水排水管道。空调水管与供热水管一样，冷、热水的供、回水管均要保温。

（四）电气工程设备系统

1. 供电及照明设备

它是指物业建筑内附属设备中的供电照明部分。组成供电系统的主要器件可以分成高压器件和低压器件两大类，一般包括铁盒子、高压开关（户外型为负荷开关，户内型为漏电保护自动开关）、变压器、各种温控仪表、计量仪表、供电线路、低压配电柜（由空气开关、计量、指示仪表、保护装置、电力电容器、接触器等组成）、配电干线、楼层配电箱、联络柜、出线柜、电容柜、备用电源、电表、总开关、照明器、开关、插座、熔断器、接触器等。

2. 弱电设备

这是指物业建筑附属设备中的弱电设备部分，包括广播设备、电信设备、电视系统设备、计算机设备、通信设备及监控设备等。

3. 电梯设备

这是指物业建筑内部设备中载运人或物品的一种升降机，是高层建筑中不可缺少的垂直运输设备，主要有轿厢式电梯和自动扶梯两种。

轿厢式电梯设备一般包括传动设备、升降设备、安全设备、控制设备等。传动设备包括曳引机（包括减速机、电动机和制动机）、导绳轮（也称抗绳轮）、钢丝绳（钢索）、混凝土或钢制机座；升降设备包括轿厢、对重及使用运行的轨道（也叫导轨）、厅门、平衡链（由钢丝绳或铁链组成）；安全设备包括限速器、缓冲器等机械类设备，限位开关、换速开关、超载开关、防止夹人的光电开关、安全窗开关、各部位的检修开关、消防开关、运行急停开关，以及各电器回路的防止过载与短路的保护装置等电器类设备，防止轿厢墩底和冒顶的极限开关、门锁、限速安全钳动作开关、断线断带开关等机电联合类设备；控制设备包括电源开关、控制柜（又包括主电路控制柜和选层器控制柜或微机控制柜）、选层器、楼层显示灯、呼梯按钮、轿内操作盘、开关门设备（含门电机、减速机构等）、平层装置（包括感应器、衔铁或双稳态开关）、轿内照明、检修照明、停电应急灯、轿内空调、警铃。

轿厢式电梯一般有以下几种类型。

（1）按电梯用途分：有客梯、货梯、客货两用梯、消防梯及各种专用电梯。

（2）按运行速度分：速度在 2m/s 以上（甲类）为高速梯；速度在 1.5m/s 以上（乙类）为快速梯；速度等于 1.0m/s（丙类）为低速梯，目前大部分住宅客梯选用的速度为 1.0m/s，少数高层住宅选用的速度为 1.5~1.6m/s。

（3）按拖动方式分：交流双速电动机拖动的为交流双速电梯；直流电动机拖动的为直流快速电梯。还有一种交流调速电梯，它又可以分为涡流制动或能耗制动式与调压调速（ACVV）式。最先进的交流调速方式是调频调压式（VVVF），均为交流机拖动。

（4）按控制方式分：有信号控制电梯、集选控制电梯和微机程序控制电梯。有些客货两用梯常采用简单的手柄控制。

自动扶梯一般由驱动装置、运动装置和支撑装置三部分组成。自动扶梯主要用于相邻楼层的人流输送，可以在很小的空间内运送大量人员，常用于大型商场、酒店和娱乐场所及机场、火车站等。自动扶梯在构造上与电梯有些相似，但在许多方面比电梯简单。

（五）物业的防雷装置

不同用途的物业有不同的防雷等级要求。一般物业的防雷设施要求装有避雷针、避雷网、避雷带、引下线和接地极。避雷针又可分为单支、双支、多支保护等形式。避雷针、避雷带、引下线和接地极等防雷部分都要按照规范的具体要求设置，才能防止雷击的危害。

（六）智能化楼宇的技术设备系统

现代物业管理的一个明显特征是技术含量越来越高，信息处理技术显得越来越重要。这在智能化楼宇的物业管理中表现最为明显。

1. 计算机监控技术设备

楼宇自动化系统包括安全管理系统、消防及火警系统、能源监控系统、给排水管理系统、交通管理系统等。这些控制系统通过传感器对被控对象进行检测，然后将检测到的信号输入计算机。例如，楼宇内的光线和温度的变化情况会被相应的传感器检测之后输入计算机，计算机将这些数据与外界的日光和气温进行比较，并根据程序设定的要求，按指令将相关数据输送到照明系统中的调光装置及空调系统中的加热或冷冻装置中，然后进行调控。

2. 综合布线技术设备

楼宇自动化系统、办公自动化系统等许多子系统是连接一个整体来运行的，要完成这个连接需要借助一个物理实体来实现，这个物理实体就是智能化楼宇的综合布线系统。

3. 计算机信息管理技术设备

这主要是指楼宇的办公自动化系统，其中包括资料档案管理、多媒体信息查询、电视会议、财务计划、人事管理及电子数据库系统等。

4. 计算机网络与现代通信技术设备

在智能化楼宇中，通信自动化系统是一个中枢神经系统，包括以数字式程控交换机为中心的通信系统，以及通过楼宇的结构化综合布线系统来实现计算机网络、卫星通信、闭路电视、可视电话、电视会议等系统的综合，从而达到楼宇内、市内、国内以及国际间的信息沟通与共享。由于通信与计算机的结合越来越密切，而且传输的媒体也从语音、数据发展到图像及动画，因此计算机网络及结构化综合布线的作用和优点更为突出。

所谓计算机网络，是指将有关计算机及其子系统通过联网集成起来。无论是楼宇自动化系统，还是办公自动化系统，它们都是由许多计算机子系统组成的。一个子系统往往就是一个局域网，要将这些局域网连接起来，就需要有一个高速主干通信网。因此，智能化楼宇的计算机不仅是一个高速主干网，能覆盖楼宇的各个楼层，连接各个楼层内的局域网及其他联网的办公设备，还应该能与外界的网络实现联网。

通常，物业设备除了上述各类设备外，还有厨房设备、清洁设备、装饰性设备、库房设备等多种新型设备。

第二节 物业设备管理综述

一、物业设备管理及其意义

物业设备管理是根据一定的科学管理程序和制度，按照一定的技术管理要求，对各种物业设备的日常运行和维修进行管理。物业设备管理的根本目的在于确保设备的完好率和正常使用，方便物业住用人的工作和生活。

物业设备管理是在充分了解各类物业设备的基本技术原理和管理养护要求，并结合物业及物业住用人的相关特点和要求的基础上开展的有计划、有组织的技术管理活动。如果相关物业设备不能正常运行、经常损坏或处于瘫痪状态，则不仅影响物业正常使用功能的发挥，影响业主及使用人的工作和生活，也会直接反映该物业管理单位的管理水平低下。因此，科学有效地对物业设备进行系统管理是保障物业功能正常发挥的有力保证，也是物业管理工作的重要内容及提升物业管理能力和水平的重要环节。尤其是写字楼、商场等商用物业，对相关设备进行科学有效的维护和管理更是其发挥应有功能的核心和关键。

（一）物业设备管理是人们生产、生活、学习等活动得以正常进行的有力保障

必要的设施、设备是一个完整的物业不可或缺的组成部分。一幢楼宇如果没有必要的设备，则无法发挥其应有的使用价值。例如，如果没有供电设备，室内照明就会成问题，其他许多现代化电器设备的使用价值也会荡然无存。如果没有给排水系统，从工作

用水到生活用水都难以保障，人类的生存就会出现问题。如果没有电梯设备，人们就只能爬楼梯，东西只好往上扛，效率极其低下。物业使用过程中进行的养护与管理，在很大程度上主要是对相关的设备、设施进行有效的养护和管理。相关的设备、设施能否保持良好的运行状态，对于物业使用功能的发挥具有非常关键的作用。

对相关设备、设施进行科学有效的管理，不仅是发挥物业使用功能的必然要求，也是人们正常工作、生活、学习等活动的物质基础和有力保障。

（二）物业设备管理是提高设备乃至整个物业投资效益，使设备安全运行的技术保障

努力实现物业的保值增值是物业服务企业的重要目标之一。要提高物业价值，增加业主和相关主体的效益，就要想方设法对物业设备进行有效的维护和保养，延长设备乃至整个物业的使用寿命，提高其利用效率。在整个物业的利用过程中，设备的利用极其重要，有人甚至将设备比喻成整个物业的心脏。

良好、科学、高效的设备管理，不仅能保证设备在使用过程中的安全性、稳定性，保证设备技术性能的正常发挥，提高设备的利用效率，还能在保证设备正常使用的前提下减少设备的磨损程度，延长设备的使用寿命。每一种设备都有自己的正常使用寿命，物业设备在使用过程中，会因为自然原因或使用不当而发生磨损、毁坏，而加强设备的日常运行管理可以避免或减缓因设备使用不当或其他原因而引起的损坏。如果损坏了及时维修，就能使设备尽快恢复运行，避免事故的发生，从而提高设备的利用效率和投资收益，为业主和使用人节约开支。

（三）物业设备管理是城市经济与社会综合管理的需要

现代化的城市要求物业建筑达到经济、适用、卫生、节能的基本要求，达到经济发展与环境生态保护的协调统一，避免环境污染，而这一切都要求较高的物业管理水平。物业管理离不开附设在物业建筑物内的设备管理，对这些不同种类、不同功能的物业设备的运行和维修进行管理，不仅是城市经济与社会管理的需要，也标志着城市文明的水平。因此，搞好物业设备管理对提高城市建设和管理水平，以及城市文明程度是非常必要的。

（四）物业设备管理能提高物业服务企业的服务质量，促进物业管理行业的发展

随着城市发展和社会的进步，人们对物业设备功能的要求越来越高。物业建筑及其附属设备不只反映时代的经济、文化和科学技术的特征，成为人类物质文明的重要标志，还是为人们提供良好的工作、生活和学习条件的基本要素之一。在这种情况下，设备管理的好坏就显得非常重要，直接影响物业的使用状况。物业设备管理是关系人们生活的大事，是物业管理工作的重要组成部分，要求较高，管理的效果和质量直接反映物业服务企业管理服务质量的好坏和技术水平的高低，从而反映物业服务企业的形象。因此，要搞好物业设备管理，树立良好的社会形象，就必须搞好企业内部制度建设，不断提高管理服务质量和技术水平，这将促进物业管理行业的发展。

二、物业设备管理的作用

（一）物业设备管理是充分发挥物业住用功能的保障

物业设备运行正常是物业住用功能得以发挥的物质基础，也是影响人们工作和居住环境的制约因素。没有良好的设备运行和维修管理，就不能提供安全、舒适、便利的工作环境和居住环境。因此，良好的物业设备管理是人们生产、生活、学习正常进行的有力保障。

（二）良好的物业设备管理有助于推动物业建筑设备的现代化

随着经济的发展和科技水平的提高，人们对物业建筑设备的装修要求也在逐步提高，向着先进、合理、完备的多样性、综合性设备系统的方向过渡，为人们的生活提供更加优越的条件。尤其是通信系统、卫星接收系统、消防报警自动灭火系统、安全防盗报警系统、视频监控系统等的建立强化了物业设备维修管理和技术更新；同时，良好的设备维修管理也促进了物业设备的现代化。

（三）科学合理地开展物业设备管理有利于方便业主（使用人）和节约成本

良好的物业设备管理可以保证设备在运行中的安全和技术性能的正常发挥。物业设备因长期使用、自然作用或使用不当等，会发生磨损、毁坏，加强设备的管理可以提高设备性能，排除运行故障，避免事故发生，从而延长物业设备使用寿命。物业设备使用寿命的延长、设备使用效益的提高，为业主节约了资金，提高了物业的住用条件，也为实现物业保值增值打下了基础。

（四）良好的设备管理效果有利于树立物业服务企业具有较强实力的形象

物业设备管理不仅能延长物业寿命，健全物业功能，为生产、生活、城市文明服务，而且由于其实行的是一种开放性的管理，从它的好与坏可以看出物业管理行业的行风和管理质量，反映企业形象。因此，抓好设备管理和维修，有助于强化物业服务企业的基础建设。

三、物业设备管理的主要内容

从物业设备管理的全过程看，物业设备管理的范围非常广泛。不同的房屋设备有不同的特点，因此房屋设备管理的内容也各不相同，一般包括设备的选型购置、安装调试、承接查验、运行管理、更新改造、安全管理、经济管理等，也可以分为物业设备的基础管理、运行管理、安全管理、维修管理、更新改造及设备购置等环节。

（一）物业设备的基础管理

物业设备的基础管理是指为实现物业设备的管理目标及职能服务，提供有关资料、信息依据、共同管理准则和基本管理手段的必不可少的管理工作。

1. 资料档案管理

物业设备的资料档案管理主要包括设备原始资料档案管理和设备维修资料档案管理两大类。

（1）设备原始资料档案管理。设备在接管后均应建立原始资料档案，这类档案主要包括：验收文件，包括验收记录、测试记录、产品与配套件的合格证、订货合同、安装合同、设备安装图与建筑结构图、使用维护说明、遗留问题处理协议与会议纪要等验收文件；建立设备卡片，记录有关设备的各项明细资料等。

（2）设备维修资料档案管理。包括：报修单，每次维修填写的报修单，每月统计一次，每季装订一次，物业维修管理部门负责保管以备存查；运行记录，值班人员填写的设备运行记录每月一册，每月统计一次，每年装订一次，由物业服务企业设备运行管理部门保管以备存查；考评材料，定期检查记录奖罚情况、先进班组、个人事迹材料，每年归纳汇总一次并装订保存；技术革新资料，设备运行的改进、设备革新、技术改进措施等资料，由设备管理部门汇总存查。

总的来说，物业设备的基础资料管理工作是做好设备技术档案的保管，并为设备运行、维护、管理等提供资料信息依据。

2. 标准管理

（1）技术标准，如各类设备的验收标准、完好标准、维修等级标准等；

（2）管理标准，如报修程序、信息处理标准、服务规程及标准、考核与奖惩标准等。

设备的标准管理工作是为设备管理职能的实施提供共同行为准则和标准，并为设备的技术经济活动提供基本依据与手段。

3. 规章制度建设

（1）生产技术规程，主要包括设备的安全操作规程与保养维修规程；

（2）管理工作制度，包括运行管理制度、巡视工作、安全管理制度、预防检修制度、值班工作制度等；

（3）责任制度，包括岗位责任制度、记录与报告制度、安全制度、交接班制度等。

4. 加强教育培训

基础教育与培训工作一是对本企业员工的培训与教育，其基本内容包括技术业务岗位培训、思想教育、职业规范的教育等；二是对业主、使用人的宣传与教育，其重点是有关合理与安全使用设备的宣传教育等。

（二）物业设备的运行管理

物业设备的运行管理是设备在日常运行与使用过程中的各项组织管理工作，具有日常性、规范性、安全性、广泛性等要求和特点。设备运行管理主要有以下几个方面的内容。

1. 设备运行的组织安排

组织安排的具体任务一是要在合理分工与协作的基础上，合理配置人力；二是根据设备操作的技术要求与岗位设置的要求，采取合理的劳动组织形式以提高劳动效率。

（1）定员工作，也就是要根据劳动分工特点、设备运行要求和管理的需要，合理确定工作岗位的人数，主要有按设备定员、按岗位定员和按比例定员等方式。

（2）作业组的安排，如电梯设备运行组、水电设备组等。

（3）工作轮班安排，也就是劳动的时间组织问题，如电梯设备运行的轮班组织。工作轮班的基本形式有单班制和多班制等，在多班制的条件下就存在工作轮班的组织问题。一般来说，在设备连续运行的条件下，必须妥善解决轮班组织问题，即便是实行单班制，夜间也要设值班岗。

2. 设备运行的管理制度

运行管理制度是全体员工的工作依据与准则，主要包括设备的安全操作规程、设备的巡视工作制度、岗位责任制度、值班与交接班制度、记录与报表制度，以及报告制度和服务规范等。

（三）物业设备的安全管理

物业设备种类繁多，涉及面广，具有一定的危险性，特别是电气工程设备，在使用、操作和维修过程中，稍有疏忽，往往会造成机毁人亡的重大事故。同时，合理使用和安全操作也是减少维修损失、延长设备寿命的一个重要环节。设备的安全管理主要涉及四个方面的工作。

1. 维修操作人员安全作业的培训与教育

维修操作人员是安全管理的重点对象，其培训的内容包括安全作业训练、安全意识教育和安全作业管理等。

2. 业主和使用人的安全教育与宣传

对业主和使用人的安全教育与宣传的主要目的在于通过宣传教育，使他们了解设备安全使用知识，提高自我保护的安全意识，从而为安全管理建立广泛的群众基础。一般可以针对不同设备、不同环境、不同对象，采取有针对性和灵活多样的形式，如电梯使用过程中张贴在车厢内的"乘梯须知"，定期或不定期召开业主和使用人座谈会，利用过道、公共场所设置的报栏开展合理使用设备的宣传教育等。

3. 健全设备的安全管理措施

为了保证设备安全、正常运行，还必须做好一系列安全防范措施，主要包括：对一些特殊的或具有危险性的设备应设计和安装必要的安全保护装置；定期进行设备的安全检查和性能测试；制定设备的安全管理制度等。

4. 安全责任制度

物业管理部门应有主管领导负责安全管理工作，在岗位责任制度中，安全必须作为一项责任内容明确下来，做到安全管理人人有责，形成一整套完善的安全责任体系。

（四）物业设备的维修管理

物业设备的维修管理是指对设备维修活动进行的计划、组织与控制，包括日常保养、运行检查和计划修理等。

1. 日常保养

设备的日常保养是一种养护性质的工作，其目的是及时处理在运转使用过程中由于技术状态的发展变化而引起的大量常见的问题，随时改善设备的使用条件与状况，保证设备正常运行，延长设备使用寿命。设备日常维护保养的主要内容是设备的清洁、润滑、紧固、调整、防腐、安全等工作。对于不同类型的物业设备，应视其技术特点、使用条件等的不同，分类、分片采取有重点的保养措施。例如，对供暖设备必须加强冬季之前的检查、维护；对水箱之类的设备一般要在规定期限内清洗，以防出现水质腐臭、堵塞等现象。

2. 运行检查

运行检查是对设备的运行情况、工作精确度、磨损程度进行检查和校验，是设备维修管理中的一个重要环节。通过检查，及时查明和消除设备的隐患，针对发现的问题，拟定改进的工作措施，有目的地做好修理前的准备工作，以提高维修质量和缩短维修时间。按照时间间隔，设备的检查也可分为日常检查和定期检查。日常检查即每日检查和交接班检查，并与设备的维护保养相结合，主要由操作人员实施；定期检查是与设备修理相结合，按计划日程表由专业检修人员实施的检查。

3. 计划修理

设备的计划修理是以设备的磨损规律（见图 7-1）和故障规律（见图 7-2）为依据的。

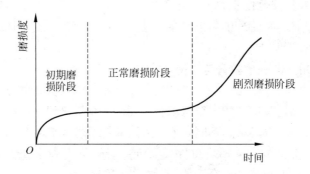

图 7-1　设备磨损规律

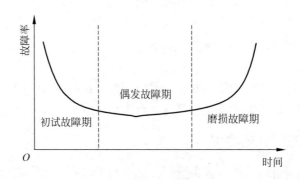

图 7-2　设备故障规律

设备物质磨损的产生大体上有两类原因，即在设备运转过程中的使用损耗和自然力作用的腐蚀、老化。设备的磨损大致可分为三个阶段。

（1）初期磨损阶段。初期磨损主要是由于设备内部相对运动的零件表面的微观几何形状（如粗糙度）在受力的情况下迅速磨损，以及不同形状零件的抱合作用所发生的磨损。这一阶段的磨损速度较快，但时间较短。

（2）正常磨损阶段。这一阶段磨损速度较平稳，磨损量的增加缓慢。这是设备的最佳技术状态时期，其功能与效用的发挥最正常。

（3）剧烈磨损阶段。进入这一阶段，零件的正常磨损被破坏，磨损量急剧增加，设备的性能、精确度迅速降低。若不及时修理，就会发生事故。

设备的磨损是客观必然，而针对不同阶段的磨损分别采取有效措施，就有可能延长其使用寿命，保证其经常处于良好的技术状态。一般来说，在设备的正常磨损阶段，必须注意设备的合理使用、安全操作，以及做好设备的维修保养，尽可能延长设备的最佳技术状态的延续时间；加强对设备的日常检查，掌握设备磨损的发展状况，在进入剧烈磨损之前，及时进行修理，防止出现停机故障和严重事故；了解各类零件的磨损规律，准确掌握其使用期限，进行预防性的计划修理，保证整个设备的正常运行。

同时，设备故障的发生也有一定的规律。设备故障的发展变化过程，形状很像一个澡盆的断面（见图7-2），故又称为"澡盆理论"。

（1）初始故障期。这一时期故障发生的原因主要包括：设备的设计制造缺陷；零件抱合不好；搬运、安装时马虎；操作者不适应等。因此，必须做好运输、安装、调试、验收等工作，重点是细致地研究与掌握设备合理使用、操作的方法。

（2）偶发故障期。这一时期处于设备正常运转阶段，故障率最低。故障的发生经常是由于操作者的失误或疏忽。因此，工作的重点是加强安全操作管理，做好日常的维修保养。

（3）磨损故障期。这一时期故障率高，主要是由于磨损、腐蚀老化，要降低故障率，必须在零件使用期限届满之前进行更换与修理。因此，这一时期的重点是进行预防维修与改善性维修。

（五）物业设备的更新改造

1. 设备的寿命

设备的寿命原理也是设备更新改造的重要理论依据之一。设备的寿命通常可分为设备的物质寿命、技术寿命和经济寿命等。

（1）设备的物质寿命是指设备从开始使用到报废为止所经历的时间。设备物质寿命的长短主要取决于设备的质量以及运行过程中的使用、保养、更换与修复等情况。

（2）设备的技术寿命是指设备从开始使用到因技术落后而被淘汰为止所经历的时间。设备的技术寿命在很大程度上取决于社会技术进步及技术更新的速度和周期。一般来说，设备的技术寿命短于物质寿命，而延长设备的技术寿命的主要手段是进行设备的技术改造。

（3）设备的经济寿命是指设备从开始使用到因经济上不合算而停止使用所经历的时间。所谓经济上不合算，是指设备继续使用所需的维修费用大于其继续使用所能产生的效应。设备的经济寿命终结往往发生在物质寿命的后期阶段，并与设备的物理性能、技术进步速度及设备使用的外部环境变化等有直接联系。

一般来说，设备的经济寿命年限是设备更新的主要依据。

2. 设备更新改造应注意的主要问题

（1）确定设备合理的使用年限，应注意把设备的物质寿命、技术寿命和经济寿命结合起来综合考虑，从社会的、经济的和环境的效益角度，选择更新改造的合理时机。

（2）在做好设备的维护保养、修理工作的同时，注意适时进行设备的技术改造，延长物业设备的使用寿命。

（3）设备的最佳更新时间，应首先考虑设备的经济寿命年限，这也是国际上普遍认同的做法。因为设备的经济寿命周期实质上与物质寿命、技术寿命密切相关。从理论上讲，设备的经济寿命的确定，通常以设备的物质寿命周期为基础，基于设备维修费用的经济界限来确定。

3. 设备更新改造的类型

（1）设备的改造。为满足使用功能或改进技术的要求，对设备装置所进行的更新或改造，如对设备的容量、功率、形状、体积所进行的改进工作，或应用最新科技成果改进现有设备的技术状况和技术水平所进行的工作，如对大楼的电气系统，运用数字程控交换机为核心的电话语音通信、传真机等手段建立通信网络。

（2）设备的原型更新。同型设备的以新换旧。原型更新往往操作方便，便于维修，而且管理人员掌握其性能及运行管理。

（3）设备的技术更新。以技术上更先进、经济上更合理的新设备，替换物质上无法继续使用、经济上不宜继续使用的陈旧设备。设备的技术更新是实现物业设备现代化、合理化的物质技术基础。

（六）物业设备的购置及评价

物业设备的购置既是物业设备管理中的一项技术性工作，又是一种物业投资的经济性活动。因此，购置物业设备必须对购置目的进行反复研究，避免盲目采购，以便充分发挥设备投资的效益，特别是对于大型设备系统的购置要进行技术经济论证，保证设备选型达到技术上先进、经济上合理、功效上适用等目的，还要同业主、用户充分协商与沟通，征得他们的支持，保证设备投资所需资金的筹集等。

物业设备的购置目的主要有全新房屋建筑的装修型购置、替换陈旧落后设备的更新型购置，以及为完善和改进环境与条件的添装型购置等。不同的购置目的对选择设备时的考虑因素及资金来源的影响也不同，但无论何种目的都必须进行技术经济的论证分析，全面权衡利弊，作出合理的选择。一般来说，选择设备时应考虑的因素主要有以下几个方面。

（1）技术性的要求。从技术角度，必须考虑设备的功能、可靠性、安全性、耐用性、节能性、环保性和可操作性等因素。

（2）适用性的要求。从使用角度考虑，设备的适用性具体体现在设备的用途和功能要与物业的总体功能要求，以及建筑物的装修等级、使用环境等方面的要求协调一致。设备的用途与功能要能满足业主、用户的需要和要求。

（3）经济性的要求。从经济角度考虑，要讲求设备的寿命周期的总费用最低，即在选择设备时，要测算设备的寿命周期费用，包括初期投资费（购价、设置费等）和使用过程中的维修费。同时，要进行多方案的比较与经济性评价，由此作出合理的选择。

第三节 物业设备管理的基本制度

一、岗位职责

岗位职责的制定与物业设备管理组织形式的设置有关，不同的组织形式会有不同的岗位，也就有不同的岗位职责。

（一）部门经理

部门经理是进行管理、操作、保养、维修，保证设备、设施正常运行的部门负责人，其主要职责包括以下几个方面。

（1）在公司经理的领导下，贯彻执行有关本部门负责的设备和能源管理方面的工作方针、政策、规章和制度等；

（2）负责组织设备的使用、维护、革新改造直至报废的整个使用过程的管理工作，确保设备始终处于良好的技术状态；

（3）在"安全、可靠、经济、合理"的前提下，及时供给各设备所需的能源（水、电、油、气等），并做好节约能源的工作；

（4）组织人力、物力，及时完成住户提出的请修要求，为住户提供良好的工作、生活条件；

（5）组织编制各种设备的保养、检修计划，原材料采购计划，并组织实施；

（6）组织收集、编制各种设备的技术资料、图纸，做好设备技术管理工作；

（7）组织拟定设备管理、操作、维护等各种规章制度和技术标准，并监督执行；

（8）组织员工开展技术业务学习，不断提高员工的业务和技术水平等。

（二）各专业技术主管

各专业技术主管在部门经理的领导下，负责所管班次的组织、管理工作，并负责编制所管专业的保养和维修计划、操作规程及有关技术资料和图纸，协助部门经理完成上级安排的其他工作。

（1）负责编制所管设备的年、季、月检修计划及相应的材料、工具准备计划，经工程部经理审批后负责组织计划的实施，并检查计划的完成情况；

（2）负责检查所管设备的使用、维护和保养情况，并解决有关技术问题，以保证设备经常处于良好的技术状态；

（3）负责制定所管系统的运行方案并审阅运行记录，督导下属员工严格遵守岗位责任，严格执行操作规程，保证设备的正常运行；

（4）组织调查、分析设备事故，提出处理意见及措施，并组织实施，以防止同类事故的再次发生；

（5）负责制订所管设施的更新、改造计划，以完善原设计和修正施工以来的缺陷，并负责工程监督，以实现"安全、可靠、经济、合理"的目标；

（6）负责组织培训，不断提高下属员工的技术、思想素质及服务水平；

（7）完成上级交代的其他工作等。

（三）领班

（1）负责本班所管设备的运行、维护、保养工作，严格做到三干净（设备干净、机房干净、工作场地干净）、四不漏（不漏电、不漏油、不漏水、不漏气）、五良好（使用性能良好、密封良好、润滑良好、紧固良好、调整良好）等；

（2）以身作则，带领并督促全班员工严格遵守岗位责任制、操作规程、员工守则及公司各项规章制度，及时完成上级下达的各项工作任务；

（3）负责本班的日常工作安排和调整，做好各项记录并汇总，定期交上级主管审阅；

（4）负责制订本班设备的检修计划和备件计划，报主管审核后组织实施。

（四）技术工人

（1）服从上级的调度和工作安排，及时、保质、保量地完成工作任务；

（2）自觉遵守公司的各项规章制度和操作规程，认真操作，保证安全，文明生产；

（3）努力工作、学习，不断提高思想素质和技术水平，保证优质服务等。

（五）资料员

（1）负责收集、整理、保管相关技术资料，并建立设备资料档案；

（2）负责本部门各下属单位的各项工作报表的汇总、存档，并定期送经理审阅；

（3）负责能源、材料、人力等各项资源消耗的统计；

（4）完成上级交办的其他工作等。

二、管理制度

（一）设备验收接管制度

设备验收工作是设备安装或检修停用后转入使用的一个重要过程，把住这一关，对日后的管理和使用有着很重要的意义，在进行房屋设备的运行管理和维修管理之前，必须做好房屋设备的承接查验工作。承接查验不仅包括对新建房屋附属设备的验收，而且包括对维修后房屋设备的验收以及委托加工后所购置的更新设备的开箱验收和相关资料的完整性、准确性验收等。

房屋设备的第一次验收为初验,对发现的问题应商定解决,并确定复检时间。对经复检仍不合格的应限定解决期限。对不影响正常使用的设备的缺陷或问题可根据实际情况作为遗留问题签订协议保修或采取赔偿补偿等方式解决。这类协议在设备能够使用且不致出现重大问题时方可签订。验收后的验收单与协议等文件应妥善保存。

(二)预防性计划维修保养制度

为了延长设备的使用寿命,防止意外损坏而按照预定计划进行一系列预防性设备修理、维护、管理的组织措施和技术措施称为设备的计划维修保养。实行科学合理的计划维修保养制度可以保证房屋设备经常保持正常的工作能力,防止设备在使用过程中发生不应有的磨损、老化、腐蚀等状况,充分发挥设备的潜力和使用效益。正确掌握设备状况,提高设备运转效率,实行预防性维修保养制度,既可以延长设备的修理间隔期,降低修理成本,提高维修质量,又可以保证房屋设备的安全运行,对延长设备使用寿命、树立物业服务企业的良好形象等都将起到很重要的作用。

(三)值班制度

建立值班制度并严格执行,可以及时发现事故隐患并予以排除,保证设备安全、正常地运行。具体内容包括以下几个方面。

(1)房屋设备值班人员必须坚守岗位,不得擅自离岗,如因工作需要离岗,必须有符合条件的人替岗,并向其交代离岗时间、去向;

(2)按时巡查,做好记录,及时发现事故隐患,及时解决、及时报告;

(3)接到请修通知后,及时通知、安排有关人员抢修、急修;

(4)不得随意调换值班岗位,就餐实行轮换制等。

(四)交接班制度

搞好交接班工作,可以保证值班的连续性和稳定性,具体内容包括以下几个方面。

(1)值班人员做好交接班前的相关工作,包括按巡查表认真仔细巡查,发现问题及时解决,当班问题尽量不留给下一班,并做好记录和环境卫生工作;

(2)接班人员提前一定时间(如15分钟)上岗接班,清查了解交接的班次,办理相关手续;

(3)值班人员办完交接班手续后方可下班,若接班人员因故未到,值班人员应坚守岗位,待接班人员到达并办完手续后方可离开;

(4)除值班人员外,无关人员不得进入值班室等。

(五)报告记录制度

建立报告记录制度可以让物业经理、技术主管和班组长及时了解设备的运行情况及设备维修管理情况，及时发现设备管理中存在的问题，以便及时解决。具体内容包括以下几个方面。

（1）向班组长报告。发现下列情况时，应向班组长报告：主要设备非正常操作的开、停、调整及其他异常情况；设备出现故障或停机检修；零部件更换或修理；维修人员工作去向；维修材料的领用；运作人员暂时离岗等。

（2）向技术主管报告。发现下列情况时，应向技术主管报告：重点设备非正常操作的启动、调整及异常情况；采用新的运行方式；重点设备发生故障或停机抢修；系统故障及检修；重要零件更换、修理、加工及改造；成批和大件工具、备件和材料领用；员工加班、调班、补休、请假等。

（3）向物业经理报告。发现下列情况时，应向物业经理报告：重点设备发生故障或停机修理；影响楼宇或小区的设备故障或施工；系统运行方式的重大改变，主要设备的技术改造；重点设备主要零部件更换、修理或委托加工，设备的增改或委托加工；班组长、技术骨干以上人员及班组结构调整。

除了上述设备管理制度外，还有设备请修制度，设备技术档案资料保存、管理制度，房屋设备更新、改造、报废规划及审批制度，承租户和保管房屋设备责任制度及房屋设备清点、盘点制度等一系列房屋设备管理制度体系。

第四节　主要的物业设备管理方法

一、给排水设备管理

给排水设备的状况直接影响给排水系统的正常运行，直接影响业主及使用人正常的工作和生活，也直接关系着物业服务企业工作的难度、好坏和成败。因此，给排水设备管理是物业管理日常管理服务的一项基本工作。

（一）给水系统管理

1. 给水系统管理范围界定

给水系统涉及供水等专业管理部门和物业服务企业等单位，要搞好给水系统的管理，物业服务企业必须与这些部门划清职责范围，合理分工，通力合作。

一般情况下，高层楼宇以楼内供水泵房总计费水表为界，多层楼以楼外自来水表井为界。界限以外（含计费水表）的供水管线及设备，由供水部门负责维修与管理；界限以内（含水表井）至用户的供水管线及设备由物业服务企业负责维修与管理。

2. 给水系统的管理

（1）做好物业给水系统设备的基础资料管理，特别是供水管网布线的基础资料要准确、齐全，以便为以后的保养和维修提供便利。

（2）防止二次供水的污染，对水池、水箱、管路要定期进行清洗、保洁、消毒，保持其清洁卫生和饮用安全。

（3）节约用水，防止跑、冒、滴、漏和大面积积水事故的发生。

（4）对供水管道、阀门、水表、水泵、水箱进行经常性维护和定期检查，确保供水安全。定期对供水管道进行养护、清通，防止堵塞。

（5）制定事故处理预案，发生断水故障应及时抢修，防止事故范围的扩大。

（6）消防水泵要定期试泵，至少每年进行一次。要保持电气系统正常工作，水泵正常上水，相关配套要完整，检查报告应送交当地消防部门备案。

（7）建立责任制，由专人负责日常供水、用水的监督检查，做好巡视工作，保证供水工作的安全进行。

（8）定期查表读数，定期督促交费、收费，定期进行数据的统计分析，发现异常情况要及时查清处理。

（9）限水、停水要提前通知，以便业主和使用人事先做好安排。

（二）排水系统管理

1. 排水系统管理范围界定

（1）室内排水系统一般由物业服务企业负责维护管理。室外排水设施的管理职责是：凡道路宽在 3.5m 以上的，其道路及道路下埋设的市政排水设施，由市政工程管理部门负责维护管理；道路宽在 3.5m 以下的，由物业服务企业负责维护管理。

（2）供水管网及管网上设置的地下消防井、消防栓等消防设施，由供水管理部门负责维护管理，公安消防部门负责监督检查；高、低层消防供水系统，包括泵房、管道、室内消防栓等，由物业服务企业负责维护管理，并接受公安消防部门的监督检查。

2. 排水系统的管理

1）重视巡视检查与维护工作

物业服务企业要配备具有一定经验和技术能力的工人，对排水管线、排水设备进行巡视检查和维护。外巡人员以巡为中心，以预防为主，及时发现、解决和上报各种问题。内巡人员以查为中心，要求及时准确地为养护工作提供原始资料依据。

具体来说，巡视检查和维护工作的主要任务包括：

（1）定期对排水管进行养护、清通及清除污垢。

（2）定期检查排污管道的工作状态，并进行维护，防止排污管由于氧化生锈而产生渗、漏水等现象。

（3）对各排水口及沉沙井、化粪池要定期派人清理，防止堵塞。

（4）对使用期已到的设备或陈旧设备应及时更换，防止重大事故的发生。

（5）应定期检查和清扫室外排水沟渠，清除淤泥和杂物。

2）建立健全排水设备设施的资料档案

物业服务企业要配备排水设施档案资料管理员，建立档案资料袋，做到有设施就有档案，对各项设施的使用情况都要记录在案，以备各项工作使用。

另外，管理维修人员也应该用图表的形式记录维护、保养、检修的情况，如设立记录卡，对每次检查维修的项目登记在册，包括检查时间、检查出的问题、负责人、维修

人、维修时间等，不但可以对设备的完好率做到心中有数，还可以作为每年管道设备普查的重要依据。

3）加强教育宣传工作

通过合理方便的途径和手段，向业主和使用人宣传教育有关爱惜各项排水设备设施，不把剩菜、剩饭及其他杂物等倒入下水管道，不随意改动排水线路等要求和规定。同时，在卫生间、盥洗室等处放置污物桶等，也是防堵的有效措施。

二、供电设备管理

（一）供电系统管理的基本内容

（1）建立健全严格的配送电运行制度和电器维修制度，责任到人。

（2）负责供电的运行，加强有关人员的培训，按规定要求实行操作和维修人员持证上岗。

（3）采取多种方式做好安全用电、合理用电的宣传教育工作。

（4）配备主管电气的工程技术人员，健全供电网络资料，熟悉楼宇的进线、房屋内的电表、电力匹配、电压、线路等。

（5）建立24小时值班制度，发现故障及时排除，并支持用户的事故投诉。

（6）加强日常维护检修，保证公用照明、指示、显示灯完好无损，管辖范围内的电气线路符合设计、施工的相关技术要求，线路负荷要满足和保证住用户用电需要和安全规程，确保配电设备安全有效运行。

（7）对电表安装、抄表、用电进行计量，对公用电进行合理分配。

（8）对临时施工工程及住（用）户装修应有临时用电管理措施，对公用照明及其他电器设备的开关要加强管理。

（9）遇火灾、地震、水灾等灾害时，要有及时切断电源的预防措施，并协助供电部门做好安全用电的有关工作。

（10）检查沿墙、脊沿、顶棚架设的明线是否松脱、垂落、损坏，有无其他物品触碰导线，室外架空线的瓷瓶是否破裂，产生垂度是否过大，有风时导线摇摆线间有无相碰现象，电杆是否歪斜，木杆有无腐朽缺土等问题。

（11）检查导线绝缘是否良好，各类绝缘导线的绝缘是否老化，特别是各接头处有无变焦、变脆，绝缘包布有无失效，接头间有无腐蚀等现象。

（12）检查金属管连接的地线是否良好，有无虚脱或腐蚀问题，各种管固定是否牢固，管子接头有无脱扣、拔节现象等。

（13）检查开关、灯头、插座等各用电器具是否牢固，灯头吊线距地是否太低，有无自行拉扯的临时线路等。

（14）检查各种地板的接地电阻是否符合规定（防雷接地10欧姆以下，保护接地4欧姆以下），接地导线有无伤痕和腐蚀。

（15）特殊房间应有特殊要求，如潮湿、高温、易燃、防爆等场所应按照有关规定进行重点检查维护。

（16）做好安全用电、合理用电的宣传工作。

（17）限电、停电要提前通知，以便住（用）户合理安排生活，避免造成经济损失和人员伤亡等。

（二）避雷设施的管理

避雷设施、防雷装置的检查是一项非常重要的工作，包括外观巡视检查和测量两个方面。一般可以接地摇表来测量各类建筑物的防雷接地电阻是否符合要求。接地电阻的检测按规定每三年必须进行一次。

外观巡视检查主要是查看接闪器、引下线等各部位的连接是否可靠，有没有损坏、腐蚀、锈蚀等情况，支撑是否牢固。如果检查出问题，要根据规定分别采取措施加以维修，使其经常保持在正常状态下工作。外观检查一般规定每年进行一次。雷雨过后要对防雷保护装置进行巡视，发现问题及时处理。

三、供暖设备管理

（一）锅炉的检查及保养

1. 定期检查

为了预防锅炉发生事故，要定期对锅炉进行检查。通过检查，及时掌握烟、煤、汽、水对锅炉的侵蚀情况，掌握温度变化对锅炉造成的损害状况，确保锅炉的安全运行。定期检查有三个重点：一是检查锅炉的受侵蚀状况；二是检查附件是否严密（如各个阀门）、准确（如压力表）、灵活（如安全阀）等；三是检查受压部件有无过热变形或渗漏等情况。

2. 超水压试验

这是检查锅炉安全的另一种方式。满足下列条件的需要进行这一试验：锅炉已连续使用一定年限；锅炉经过移装或改装；锅炉的受压部件进行了更新或挖补，或经过较大的电焊修理；锅炉已停运一年以上，再次使用时；水管锅炉的冷水壁管和沸水管的更换超过一半。

此外，还需要对锅炉进行一定的保养。锅炉的保养分为湿式和干式两种。无论采用哪一种保养方式都必须在锅炉的水垢和烟灰清理干净后进行。

常见的除水垢方法有手工打碱、机械打碱、药剂清碱、拷胶除垢等。

（二）供暖管道的管理

1. 运行期间的管理

（1）教育指导用户正确使用供暖设备，注意一些关键事项，如用户不得任意调节关闭节门，不得震打、蹬踏管道和散热器，不得打开封门放水等。

（2）为了减少热能损失，避免管道上冻，装有供暖设备和管道的地方应注意保温。

（3）为了减少腐蚀和堵塞现象，水暖系统的循环水必须是经过处理合格的水。

（4）供暖系统运行期间，应密切注意炉膛火焰，并经常检查各种仪表（压力表、水位表、除氧器、软水箱、温度表、流量表等）的运行状况，发现问题及时处理，以保障供暖系统的安全运行。

（5）供暖系统运行期间，必须经常检查各种装置的运行状况，对除污器、水封管等处的排污阀要定期排放。

（6）在油泵工作期间，应密切注意日用油箱间，以防止油管溢油。

（7）运行期间不允许对带有压力、高温的设备进行维修，必须维修时应事先做好安全措施，并有旁人监护。

（8）每日清扫、擦洗所有设备及相关工作场所，否则接班人员有权拒绝接班；每班冲洗水位表一次；每班定期排水一次；每日定期手动安全阀一次；每班要做炉水、软水及离子交换器化验一次等。

2. 停用后的管理

（1）长时间停炉（5小时以上）应关闭供水阀、进油阀、回油阀、回油网，但禁止关闭快门阀。

（2）锅炉全部停止运行后，应切断油泵电源、软水泵电源、锅炉电源等。

（3）每年停炉期间对锅炉进行全面保养，对所有控件（包括管线）、转动机械及其附属设备进行检修。

（4）必须将系统中的水全部放掉，再用净水冲洗系统和清洗除污器，清除水垢及杂质，用合格的水充满系统，保持到系统再次运行。

四、空调设备的管理

（一）空调设备的维修保养计划

（1）供热期工作必须对供热器的设备进行维护性保养（如过滤网的清洗，风机盘管电机和水泵电机的加油）以确保系统畅通，无杂质堵塞及机组运行正常；

（2）供冷前期应对冷冻机组的各个部件进行检查（加油，检查干燥剂是否需要更换，检查节止阀的开关是否灵活、有无渗漏，系统检漏加氟，清洗冷凝器，清洁设备灰尘，检查膨胀水箱的浮球阀是否正常，以及各阀门的灵活性等），以保证系统处于正常状态。

（二）维修保养需要检查的项目

（1）检查机组运行记录表，分析运行数据；

（2）检查蒸发器进出水温和压力；

（3）检查压缩机吸水、排气压力和温度；

（4）制冷剂系统检漏；

（5）检查压缩机各部温度情况；

（6）检查压缩机三相电压与电流；

（7）检查机组的抽真空和干燥；

（8）检查控制系统的运行程序；

（9）检查安全保护开关整定情况；

（10）检查任何不正常噪声和震动；

（11）检查压缩机系统运行情况；

（12）紧固电路上各电线接点螺丝；

（13）对冷凝器和蒸发器壳体进行保养；

（14）检查电机绝缘及性能测定；

（15）检查计算机控制中心的设定值和运行值；

（16）检查及清洁压缩机的控制柜；

（17）试验及重新调整机组运行等。

（三）空调设备日常巡视制度

（1）工程主管在日常巡视过程中要仔细检查各项设备的运行情况；

（2）空调机房每天要有巡视记录；

（3）巡视机房，包括压力表、盘管、配电柜、各个风口、地面卫生、各个阀门、视镜器、油镜、循环泵和电气控制盘等；

（4）巡视各楼层的空调情况，包括电梯间以及楼道的跑、冒、滴、漏等现象；

（5）巡视进、出水温度是否正常等。

此外，在对空调设备的管理过程中，电工要严格按空调操作程序执行，检查总电源、电压、电流是否正常，油流、油压、水系统的压力是否正常。然后，开启风机开关、启动泵、中央空调开关、通道风机等。

五、电梯设备管理

（一）基础管理

1. 运行管理

在保证方便业主、使用人使用的前提下，物业服务企业应根据房屋的类型、客流量和节约的原则，制定科学合理的电梯运行制度。同时，为了掌握电梯运行状态和搞好经营，应执行记录和报表制度。记录和报表应当包括电梯运行记录、保修单、电梯运行月报、电梯设备年报、电梯运行维护费用报表及电梯维修工程费用报表等。

2. 经营管理

主要是电梯运营费用的筹集与使用管理。物业服务企业应在"合理负担"的原则下向业主收取电梯运行费，并在加强核算的基础上降低电梯运行费。同时，要"专款专用"，采取经济承包等多种方式管好和用好这笔费用。

（二）设备管理

1. 维修管理

（1）要制订电梯操作规定、保养维修计划，并建立保养维修档案。

（2）配备合格的维修人员，不具备此条件的，应请专业电梯保养公司负责电梯的保养维修工作，以保证电梯和自动扶梯的维修质量。

（3）定时巡查，以便及时发现故障并维修。

（4）要定人定时对导轨等进行清洁、润滑等。

（5）电梯机房等重要部位，要注意防水、防火，保证良好的通风条件，防止温度过高。

（6）要注意门钥匙的管理，防止发生人为破坏。

（7）保养时间固定，须贴公告，并尽量避开节假日和上下班高峰用梯时间。

（8）因故障或计划维修的电梯，尽量缩短操作时间，在安全可靠的情况下，只要电梯能运行，对老、弱、病、残、孕要给予优先照顾。

2. 基础资料管理

基础资料主要包括设备原始资料和维修管理资料。原始资料主要又包括电梯验收文件、设备登记表、大中修工程记录、事故记录、更新记录等。

维修资料包括保修单、运行记录、普查记录、运行月报、考评材料、技术革新材料等。

（三）安全管理

1. 对司机、维修人员的安全管理

电梯作业属特种作业，电梯司机和维修工须经过统一考核后持证上岗。要制定科学的安全操作规程，管理人员要定期组织学习，每个季度一次。还要对司机和维修人员进行岗前培训，重点是学习安全操作规程等。经培训合格后的司机在上岗前要经过不少于一定时间（一般为两周左右）的带班操作训练。对维修工要进行经常性的技术培训。除上岗考核外，对所有的在岗司机每半年要进行一次安全规程的考核，对屡次违规操作又不听教育的司机要取消其资格。对维修工要进行技术等级考核和定期的安全操作考核。

2. 设备安全管理措施

在电梯使用过程中，为了确保运行的可靠性，须定期对电梯设备中的多种安全装置进行测试与整体性能试验。

3. 对住户的安全教育

（1）制定"乘梯须知"，并张贴或悬挂在轿厢内。

（2）向用户宣传电梯安全使用知识。

（3）对破坏电梯设备的要依法责令赔偿等。

六、消防设备管理

（一）火灾自动报警及联动控制系统的运行日志

（1）做好运行日志的记录及集中报警系统的监视；

（2）电工必须对消防控制中心显示器上所显示的故障和打印机 24 小时内所打印的全部时间作出详细记录；

（3）按季度试验和检查各防火分区火灾探测器、报警系统及联动装置；

（4）年度检查，除了按季度试验和检查外，必须更换部分探测器、报警装置及联动控制的部分元器件。

（二）消防设备巡视日志

1. 对区域控制的巡视

（1）检查系统指示灯状态；

（2）日/夜操作状态；

（3）系统锁区总指示；

（4）系统故障总指示；

（5）系统故障终端指示；

（6）紧急电源指示；

（7）探测器试验指示；

（8）部分锁区指示；

（9）总供电源指示；

（10）系统正常指示；

（11）电源故障指示；

（12）联动设备供电电压指示等。

2. 对消防控制中心的巡视

（1）显示系统；

（2）打印记录系统；

（3）自动报警计算机主机电源电压；

（4）主、备用电源；

（5）浮充电流；

（6）消防控制器环境温度（一般在20度左右为宜）；

（7）消防控制室卫生等。

对消防设备的管理还涉及对火灾自动报警及联动控制系统的定期检查、试验和清洗等，并应建立健全一套完善科学合理的消防管理制度或措施。消防系统检查应按照一定的规范进行，在一定的周期内探测系统各项性能指标，使其符合防火的规范要求。

复习思考题

1. 简述物业设备的基本类型。
2. 简述房屋设备管理的含义及其重要意义。
3. 物业设备管理的主要内容有哪些？
4. 简述设备的磨损规律。
5. 设备的故障规律是怎样的？
6. 物业设备的更新改造应注意的主要问题有哪些？

7. 简述物业设备管理的基本制度。
8. 简述给排水系统管理的主要内容。
9. 简述电梯设备的安全管理。

自测题

第八章

物业安全管理

第一节 物业安全管理概述

一、物业安全管理的含义

根据马斯洛需求层次理论，人们的生理、生活等需求得到相对满足以后，人类就会产生新的需求。安全需求就是一项基本的也很普遍的需求。随着整个社会经济的发展、科学技术水平的提高和人们生活条件的改善，安全问题越来越引起人们的重视。

我们通常所说的物业安全，是指在物业管理区域内，没有危险，不受威胁和不出事故等。一是在物业管理过程中，物业区域内的相关人员的人身和财产不受侵害，物业区域内的生活秩序、工作秩序和公共场所秩序保持良好的状态；二是在物业区域内不存在其他因素导致上述侵害的发生，即没有可能发生危险的状态；三是物业安全是物业区域内各方面安全因素的整体反映，而不是单指物业某一方面的安全。

影响物业安全的因素有很多，且具有一定的不确定性、突发性等特点，主要有人为侵害因素（如失火、偷窃、斗殴等）和自然侵害因素等。

物业安全管理是指物业服务企业采取各种措施和手段，保证业主和使用人的人身、财产安全，维持正常的工作和生活秩序的一种管理工作，具体包括物业管理区域内的公共秩序管理服务、消防管理和车辆交通及停放管理服务等内容。物业安全管理工作作为一项职业性的服务工作，是介于公安机关职责和社会防范之间的一种专业保安工作。

物业安全管理涉及"防"与"保"两个方面的工作内容："防"是指物业服务企业要采取措施预防灾害性、伤害性的事故；而"保"则是指物业服务企业努力采取一切可能的科学合理的补救和控制措施，对已经发生的安全事故进行善后处理。

预防和控制灾害性、伤害性事件的发生，首先要搞清楚伤害源（也称危害源）、伤害载体（也称危害载体）和伤害承载体（也称危害承载体），以及三者之间的关系。一般情况下，伤害源通过伤害载体的作用加害于伤害载体进而导致伤害的发生。例如，火灾的伤害源是火源，伤害载体是易燃品，伤害承载体是人身或财产；盗窃的伤害源是盗窃行为，伤害载体是入侵通道、盗窃工具、盗贼藏身之处等，伤害承载体是财产。导致物业管理区域危害的包括自然灾害（台风、暴雨、雪灾等）和人为伤害（高空抛物、盗窃、火灾、寻衅滋事或其他危害公共安全的事件等）。通过对物业管理区域环境的分析，识别关键伤害源、伤害载体和伤害承载体，对伤害源和伤害载体采取减小或消除等有效控制措施，对伤害承载体采取有效的防护措施。

二、物业安全管理与基础物业管理的区别

物业安全管理也可以理解为物业基础管理（如维修保养等）以外的一个物业专项管理工作，其基本目的是使物业的所有者和使用者有一个秩序良好的工作、生活环境，营造一种安全、和谐的氛围，提高生活质量和工作效率。与其他物业基础管理相比，物业安全管理有以下几个方面的不同。

1. 管理的对象不同

物业安全管理是管人管行为，而物业的基础管理则主要是管理物业本身。

2. 管理的目的不同

安全管理是为了保证人们生活、工作的安全、舒适，而基础管理主要是为了实现物业的保值增值。

3. 管理的方法不同

安全管理是通过服务来实施管理，而基础管理是通过管理达到服务的目的。

4. 对企业的信誉影响不同

安全管理的好坏是一个物业服务企业整体水平的反映。一般来讲，安全管理好的物业服务企业，其基础管理的质量水平也较高。

5. 影响的范围不同

由于整个社会是由许多物业管理区域组成的，所以物业的安全管理直接影响整个城市的治安，关系整个社会。物业安全管理与维护社会的安定团结、保证人民安居乐业的基本目标是一致的。

三、物业安全管理的主要措施

（1）搞好物业安全管理，必须树立明确的指导思想，建立健全科学合理的组织结构，使用尽可能先进的设备、设施，选派具有一定专业知识和责任心的人员，坚决贯彻"预防为主""防保结合"的原则，千方百计地做好物业安全的预防管理工作，维护物业管理区域的公共秩序，最大限度地杜绝或减少安全事故。同时，对于已经出现的安全事故，要根据具体情况，统一协调控制，采取各种手段和措施进行处理，力争将各种损失减少到最低程度。

（2）大力进行物业安全的宣传教育和贯彻落实，要把安全管理放在非常突出的地位，真正从思想上重视物业的安全管理工作。组织学习有关的法规和规定，学习其他相关单位的先进经验和内部的各项安全制度、岗位职责及操作规程等。通过宣传和不断学习，使广大员工和业主、使用人都能够重视物业的安全工作，懂得各项规章和要求，自觉遵守，主动配合，共同搞好物业的安全管理工作。

（3）物业服务企业一般还要由企业的主要领导亲自主管，成立专门的物业安全管理机构，负责物业安全管理工作。如果企业的安全管理工作通过委托外包的形式由专业的保安公司承担，还需要由专门的人员负责协调、监督等工作。

（4）要选派得力的管理人员负责物业安全工作的管理和协调，配备必要的安全保卫人员。安全保卫人员必须经过专业的培训，要有较高的综合素质和业务技能。要把物业安全管理具体任务落实到具体的岗位和专门的人员，由专人负责。

（5）物业服务企业要根据国家有关安全方面的法律法规、规定及要求，结合自己所管辖的物业的实际情况及业主的要求和期望，制定科学的安全管理规章制度和办法，并坚决贯彻执行。

（6）要配备必要的、专门的、先进的安全管理设备、设施，如监控设备系统、报警设备系统、消防设备系统等安全管理必要硬件，以增强物业安全系数，最大限度地保证相关人员的人身和财产安全。

四、物业安全管理的重要意义

物业作为人们生活、工作和休息的场所，基本功能之一就是为业主和使用人的人身、财产提供安全和保护。另外，从法律角度来看，物业服务企业与业主或使用人签订物业管理委托合同，安全管理应是主要内容之一。从合同双方的权利和义务来讲，业主和使用人按规定交纳保安费，物业服务企业就有义务采取各种措施来保护业主和使用人的人身、财产安全。如果在安全管理上发生了问题，物业服务企业的信誉会受到损害。因此，安全管理不仅对业主和使用人来说必不可少，也是物业服务企业业务中不可缺少的和必须搞好的部分。对整个社会而言安全管理也是非常重要的。可以说，物业安全管理是物业管理中各权力主体都必须重视的一件工作。

（1）搞好物业安全管理是保证社会稳定、维护安定团结、构建和谐社区、保障人民安居乐业的重要前提条件之一。整个国家和社会、城市都是由千千万万个物业管理区域、住宅小区组成的，只有做好各个社区的安全管理工作，才能实现社会稳定、人民安居乐业的目的。

（2）搞好物业安全管理还可以有效地为物业管理区域内的业主及相关人员的人身和财产提供安全保护。

（3）搞好物业安全管理也是物业服务企业提高自身能力、增强市场竞争力的一个有效途径。良好的安全环境也是物业服务企业整体水平的反映。

（4）物业服务企业只有把物业的安全管理工作做好了，物业的价值才有可能得到维护，实现保值增值。

第二节　物业保安管理

一、物业保安管理的含义和特点

（一）物业保安管理的含义和目的

物业保安管理主要是指物业服务企业采取各种措施和手段，保障其所管区域内的财物不受或少受损失，人身不受伤害，并维护正常的工作和生活秩序。它是指通过各种先进的科学技术措施和管理手段，依靠必备的设备与工具，防止和终止任何危及或影响物业管理区域内的业主或使用人的生命、财产安全与身心健康的一系列活动，也就是指物业服务企业为防盗、防流氓活动、防意外及人为突发事故而对所管理的物业及相关人员的行为进行的一系列管理活动。物业保安管理的内容主要涉及出入管理、公共秩序维护、灾害防治、参与社区服务，以及配合辖区政府的相关管理活动。

物业保安管理主要是根据项目的具体情况、保安工作量的大小，以及业主单位对保安工作的要求等，招聘、组织保安人员对物业管理区域内的安全防范及公共秩序进行的管理。根据保安管理的空间不同，可以将保安管理工作分为固定的岗位值班、安全巡视、监控值班等。在主要出入口、重要位置或区域要设置固定岗哨。还要设置流动岗哨。一种流动岗哨是有指定巡查路线的岗哨；另一种流动岗哨则是无指定路线的随机流动岗哨。

根据保安工作所处状态的不同，可以将保安管理工作分为正常状态（或一般状态）下的保安管理和紧急状态（或非正常状态）下的保安管理。正常状态下的保安管理，是指按原定的班次、时间、人员、岗位、工作性质等执行常规任务的管理。而紧急状态下的保安管理则是指对突发性的事件、案件的处理，以及紧急情况下的临时处置、管制等。紧急状态下的保安管理一般要打乱正常状态下的岗位、班次、人员、时间等。

物业的保安管理工作要求相关的管理单位必须阻止和预防任何危及物业管理区域内相关人员的生命财产的行为，打击各种违法犯罪活动；必须终止任何影响业主或使用人身心健康的行为，维护正常的工作和生活秩序；确保物业及相关设施设备、公共场所、建筑地块等不受人为的损坏、破坏或尽可能地减少损失，以及必须加强对物业管理区域内的精神文明建设，宣传物业保安相关知识和培训技能等。

总之，物业保安管理的目的就是保障物业服务企业所管理的物业区域内的财产不受损失，人身不受伤害，维护正常的工作和生活秩序。

（二）物业保安管理的基本特点

1. 综合性和复杂性

一些大型商住区和高层综合楼宇不但楼层高、面积大、进出口多，而且区内公司多，餐厅、歌舞厅、健身房等娱乐场所也多，从而人流量大，进出人员复杂，这些情况给制定和落实安全措施带来了一定的困难。同时，众多的单位又有各自的管理部门，物业服务企业不可能干预很多，因而保安管理的工作难度较大。

2. 服务性强

物业管理的主要任务是为用户提供优质的服务和高效的管理，营造安全、文明、整洁和舒适的环境。物业保安管理属于物业管理整体工作的一部分。从本质上讲，物业保安管理是为用户提供保卫安全服务的。因此，物业服务企业的保安人员要做好自己的本职工作，其首要任务就是坚持"服务第一，用户至上"的服务宗旨，强化服务意识，努力提高治安服务水平，认真做好治安防范工作。

3. 制约性强

物业保安管理部门在履行其相关职责的过程中，一般既要受到来自国家公安主管部门的指令信息和有关法律法规的制约，还要受到物业管理服务合同相关保安服务方式、内容及具体水平等内容和要求的制约。

4. 灵活性和能动性

物业的保安管理工作是针对特定的物业管理区域的，物业服务企业应根据所管辖的物业管理区域周边的安全形式，结合物业管理项目本身的特点，在遵守相关法规和合同的前提下，采取灵活多样的保安措施，充分调动保安人员及物业管理区域内的相关人员积极参与物业的保安管理工作，实现群防群治。

二、物业保安管理的一般原则

1. 坚持"预防为主，防治结合"的管理方针，防患于未然

做好各项预防工作是保安工作的关键，保安人员应时刻警惕，防止可疑人员进入住宅区域或综合大楼，防止各类刑事案件和治安事故的发生。

2. 坚持物业内的治安管理与社会的治安管理工作相结合的原则

物业服务企业下属的保安部应与当地公安机关保持密切的联系，及时了解社会治安情况，掌握犯罪分子动向，积极配合公安机关搞好物业周围的保安工作，打击不法分子的违法乱纪行为，确保物业的安全，为社会治安做出贡献。

3. 坚持"服务第一，用户至上"的服务宗旨

管理就是服务，保安也是一种服务。物业保安管理必须紧紧围绕努力为用户提供尽善尽美的服务这一中心任务开展工作，既要有公安人员的警惕性也要有物业管理人员的服务性；既要坚持原则，按制度办事，又要时刻为用户着想，主动帮助用户解决问题；既要与违法犯罪分子做斗争，又要为用户提供热情周到的服务。

4. 坚持保安工作硬件与软件建设一起抓的原则

一方面要抓好保安队伍建设，认真完善各项治安防范制度，落实治安防范措施；另一方面又要搞好物业治安防范的硬件设施建设，建立并完善电视监控系统、消防报警系统等，购置充足的对讲机及保安工作所需的其他设备等。

三、物业保安管理的主要内容

（1）建立健全治安保卫组织机构。在国外，物业管理一般由专业的保安机构负责。

在国内，物业保安管理工作主要由物业服务企业自行负责，因此物业服务企业应建立健全安全保卫组织机构，加强对保安部的领导和管理，配备充足的保安人员。

（2）制定和完善各项保安管理制度。物业服务企业应根据物业管理项目的实际情况，建立并完善保安人员岗位责任制和各项治安保卫制度。

（3）负责维护辖区内的治安秩序，预防和查处治安事件。

（4）打击违法犯罪活动。物业服务企业应贯彻执行公安机关有关安全保卫工作的方针、政策，积极配合公安机关打击辖区内及辖区周围的违法犯罪活动。

（5）制定巡视值班制度。根据辖区内的实际情况，物业服务企业应每天24小时安排保安人员巡视值班，具体工作可分为门卫、守护和巡视等。

（6）加强辖区内的车辆与交通管理。物业服务企业应加强辖区内的车辆安全管理，做好车辆停放和保管工作，确保车辆按规定线路行驶和停放，保证辖区内道路通畅、路面平坦、无交通事故发生、无车辆乱停乱放现象。

（7）完善辖区内的安全防范措施。物业保安管理除了靠人防力量外，还应重视保安技术设施防范，如建立防盗报警系统等。

电子保安系统一般由闭路电视监控系统、电子门禁系统等组成。闭路电视监控系统由摄像头、控制、传输和显示等部分组成。有监听功能需求时，可增设伴音部分。对于保安工作要求较高的写字楼、宾馆、酒店、银行等场所，需设保安监控中心，通过闭路电视监控系统随时观察出入口、重要通道和重点部位的保安动态。电子门禁系统由检测器件、控制器件和报警输出器件等组成。一旦发现有非法入侵、盗窃等情况，该系统将立即报警。

（8）定期对保安人员开展各项培训活动。只有常抓不懈地开展培训工作，提高保安人员的思想素质和业务能力，才能提高治安防范能力。对保安人员培训的内容包括法律、职业道德教育、礼貌服务意识、基本的物业管理知识、企业的规章制度、治安保卫知识和消防知识等。

（9）密切联系辖区内用户，做好群防群治工作。物业的保安管理是一项综合的系统性工作。通常，物业服务企业只负责所管理物业公共地方的安全工作。要保证物业的安全使用和用户的人身财产安全，仅靠物业服务企业自己的力量有时是不够的，必须把辖区内的用户发动起来，实现群防群治，强化用户的安全防范意识，建立各种内部安全防范措施。

（10）与物业周边单位建立联防联保制度，与物业所在地的公安机关建立良好的工作关系。

四、物业保安管理的主要措施

1. 时刻加强对保安人员的相关职业道德教育

保安人员是物业保安管理工作的具体执行者，保安人员素质的高低决定了物业保安管理质量的好坏。因此，物业服务企业在选聘保安人员时及在日常的保安管理工作中要特别注意这方面的问题，并对相关人员定期或不定期地进行职业道德方面的宣传教育工作。

2. 建立健全完善有效的保安制度

（1）根据物业类型、档次、规模等，以及周边治安形势和物业管理区域的封闭性情况，配齐保安固定岗位和流动岗位及其人数；

（2）确定保安巡逻的岗位和路线，做到定时定点定路线巡逻与突击检查相结合，特别要注意出入口、隐蔽处、仓库、车库、车棚等位置或区域；

（3）建立24小时固定值班、站岗和巡逻制度，以及交接班工作制度等。

3. 日常工作要求

（1）与街道、居委会、派出所建立密切联系，随时了解社会治安情况；

（2）采取发放通行证、出入证、来访登记等措施，控制人流、物流和车流等；

（3）加强物业基础资料的管理，熟悉业主或使用人的基本情况，掌握物业管理区域内的结构布局、设备性能等情况；

（4）及时、正确处理各种突发事件；

（5）填写每日工作报告和特别工作报告；

（6）严禁保安人员滥用权力、超出物业管理保安人员的权力范围，如使用武力、搜身等。

五、物业保安管理的机构设置

（一）保安管理机构

物业保安管理的工作任务比较明确，但对于不同类型、不同规模的物业保安管理工作，保安部的机构设置也是不同的。一般来说，物业管理规模越大、物业类型越复杂、档次越高、配套设施越多，其保安管理工作量就越大、越复杂，机构设置也就越复杂，分工也越细、越明确。一般情况下，按保安人员工作性质和工作任务的不同，保安部下设办公室、门卫班、安全巡逻班、电视监控班、消防班、车场保安班等（见图8-1）。

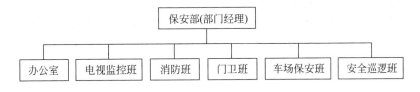

图8-1 保安部机构设置

这种分班方式的特点是，每个班的工作任务专一，便于班内的管理，也便于保安设备的管理。但是，这种分班方式也存在一些缺点：每个专业班成员不能同时上班，要分成早、中、晚班及轮休等，因而不利于保安工作的统一管理。由于保安部要24小时负责辖区的安全保卫工作，有的物业服务企业对保安部采取"四班三轮转"的方式。这种分班方式是将不同工作性质的保安人员按照每一班次的工作需要分成四个班组，每天有三个班组分别上早、中、晚班和一个轮休班，每个班都有消防、巡逻、门卫、电视监视、车场、内巡等保安岗位。这种分班方式便于统一管理，但是要求班长具有较为全面丰富的保安工作知识、技能和经历。

（二）保安人员的职责

1. 部门经理的工作职责

保安部经理在物业服务企业总经理的直接领导下负责整个物业范围内的安全保卫工作。其主要工作职责有：

（1）制订保安部工作计划，建立健全各项保安制度。

（2）主持部门工作例会，组织保安部全体成员开展各项治安保卫工作。

（3）积极组织开展以"五防"（防火、防盗、防破坏、防暴、防自然灾害）为中心的安全法纪教育，领导和组织对保安人员的培训工作。

（4）组织对较大案件的调查处理工作。

（5）监督考察本部门各岗位保安人员的工作表现，处理有关保安工作投诉。

（6）完成总经理下达的其他任务等。

2. 保安领班（经理助理）的工作职责

（1）部门经理不在时，代行经理职权，处理有关保安工作事宜。

（2）协助部门经理搞好保安日常管理工作。

（3）检查、监督各班组的工作，发现问题及时向经理报告。

（4）搞好分管区域的重点防范工作等。

3. 保安人员的工作职责

保安人员的工作分为几种，实践中每个保安人员每天上班期间都有可能轮换几个岗位，这样做是为了保证保安部每天都有24小时运转的工作安排，同时避免保安人员在某一岗位上班过分疲劳等。不同的保安岗位（如门卫、巡视、电视监控等）有不同的工作要求，其工作职责也有所不同。保安人员的一般工作职责有：

（1）认真遵守公司的规章制度，按时上下班，不迟到早退。

（2）文明礼貌，行为规范，努力为业主和使用人提供优质服务。

（3）坚守岗位，提高警惕，严防犯罪分子从事破坏活动。

（4）熟悉辖区内业主和使用人的情况，掌握辖区内的治安特点，保护辖区物业和业主、使用人的人身、财产安全。

（5）认真做好防火、防盗等工作，发现不安全因素应立即查明原因，尽力排除险情并及时向上级汇报。

（6）认真做好值班记录，严格遵守交接班制度等。

第三节 物业消防管理

一、物业消防管理概述

消防管理在物业管理中同样占有非常重要的地位，搞好物业消防工作是物业安全使用和社会安定的重要保证。火灾是物业区域内常见的灾害事故，一旦发生火灾会给业主和使用人的生命、财产造成严重的危害，因此物业服务企业必须重视消防管理工作。

所谓物业消防管理，主要是指物业服务企业采取各种措施和手段，预防物业管理区域内火灾的发生，最大限度地降低火灾的损失，为业主和使用人的工作与生活提供安全保障的一系列管理活动。

物业消防管理的基本目的是预防物业火灾的发生，控制火灾的蔓延，减少火灾损失及进行其他善后工作，为业主和使用人的生产与生活提供安全的环境，增强城市居民的安全感，保证其生命和财产安全。

物业的消防管理包括"消"和"防"，即"消灭"和"预防"两个方面的工作。防火是把消防工作做到前面，防患于未然。物业服务企业要广泛开展防火宣传教育活动，树立消防安全意识，群防群治，"防"才有基础，"消"才有力量。物业的消防管理必须贯彻执行"预防为主，防消结合"的方针。要求消防工作在指导思想上把预防火灾放在首位。要采取一切行政的、技术的和组织的措施，防止火灾的发生。因此，物业的消防管理也应立足火灾的预防，从人力、物力、技术等多方面充分做好灭火准备。

二、物业消防管理的主要内容

1. 建立高素质的消防队伍

为加强物业的消防管理，物业服务企业应在保安部内成立一个专职的消防班负责这项工作，同时做好义务消防队的建立和培训工作。一般情况下，物业管理的消防管理工作从属于企业的保安部门，但是从业务管理上看，它又是专业的、专职的。

2. 制定科学完善的消防管理工作制度

（1）消防中心值班制度。消防中心是火警预报、信息通信中心，消防值班员必须有高度的责任感，认真严肃地做好消防中心的值班监视工作。

（2）防火档案制度。消防部门要建立防火档案，对火灾隐患、消防设备状况（位置、功能、状态等）、重点消防部位、当期消防工作概括记录在案，以备随时检阅。还要根据档案记载的前期消防工作概况，定期进行研究，不断提高防火、灭火的水平和效率。

（3）消防岗位责任制度。要建立各级领导负责的逐级防火责任制，上至企业领导，下至普通的消防员，都对消防负有一定的责任，从而建立健全防火制度、安全操作制度，层层明确责任，建立全方位的监督制度体系。

（4）定期进行消防安全检查制度。要确保消防栓、水枪、水带齐全完好。报警系统运行良好，准确无误，达到应急要求。配电房、值班室等位置或区域应按规定配齐各种消防设备、设施。备用发电机、消防水泵、消防电梯等状态完好，达到应急要求。定期组织检查，做到普查与自查相结合，还要对重点部位定期进行重点抽查等，做到发现隐患立即消除。

（5）专职消防员的定期培训和演习制度。做好物业安全的消防管理工作，必须配备一定数量和质量的消防队员，建立消防义务组织，定期对消防人员进行模拟训练并开展消防演习，提高消防意识和技能，增强火灾扑救能力。

（6）有关消防的其他规定等。严禁使用交流电门铃；严禁在物业区域内堆放易燃易爆等物品；严禁在楼上燃放烟花爆竹等；未经批准，不得擅自进行管、线路（电表）的改装、增容等；严禁堵塞防火通道等。

3. 消防设备管理

通常，建筑物内部都设有基本的消防设备，以保证消防工作的需要。消防设备的管理主要是对消防设备的保养和维护，以保证其时刻处于完好的状态。消防设备的维修需要专门的技术，特别是一些关键设备，通常应聘请经相关部门认可、达到一定要求的持有合格消防牌照的专业公司来维修和养护。物业服务企业一般应注意以下几个方面：

（1）熟悉消防法规，了解各种消防设备的使用方法，制定本物业的消防制度和有关图册，并使管理人员及用户熟悉。

（2）禁止擅自更改消防设备位置，特别是用户进行二次装修时，应严格审查。

（3）定期检查消防设备的完好、规范，对使用不当应及时更改等。

（4）公共走廊和通道必须保持通畅，绝对不能放置其他物品。

（5）加强消防值班和巡逻，及时发现火警隐患并予以处理等。

4. 加强消防管理的教育培训

"预防为主，培训教育先行。"消防工作的宣传教育和培训是增强消防工作的透明度、发动用户和企业员工自觉地同火灾做斗争的一项重要措施，也是贯彻"预防为主，防消结合"方针的一个重要内容，是提高所辖区域内的全民消防意识、普及消防法规和消防知识的重要途径。

（1）对员工的培训教育。企业的员工是物业消防管理的主要力量，对员工的消防知识培训主要有以下三个方面的内容：学习消防理论知识，如政府的消防法规、防火灭火的基本原理和基本知识，熟练使用常用灭火器材，如手提灭火器的操作、防毒面具的穿戴、大楼消防设施的使用等；开展消防综合演练，在消防演练中提高员工的灭火能力及各种应急情况的处理能力。

（2）对用户开展消防宣传教育。消防工作仅靠物业服务企业的努力是不够的，还需要物业区域内全体用户的积极配合。必须加强对用户的消防宣传教育，积极促使用户学习消防知识，增强防火意识，提高自救能力。对用户来说必须了解并掌握如下三个方面的要求：大楼防火工作的各项规定；手提式灭火器的使用方法；消防应急通道的位置及出现紧急情况时的疏散方法等。

三、物业消防管理的组织

物业消防管理的组织包括物业服务企业根据所管辖的物业项目的特点，充分细致地分析物业消防管理工作的复杂程度，成立一个相对独立的专门负责物业的消防管理相关工作的部门，以及在部门内设置相应的消防工作岗位，并明确岗位职责、责任到人等一系列工作活动。

物业服务企业的消防管理部门一般从属于企业的安全保卫部门，即在保安部设有消防班，但消防班是专设和单列的。

1. 专职消防管理人员的职责

（1）对本部门和物业服务企业的经理负责，负责管理、监督、检查、指导、整改所辖区域内的消防工作。

（2）落实各项防火安全制度，严格贯彻执行消防法规。

（3）组织消防宣传教育，加强业主和使用人的消防意识。

（4）负责所辖区域内动用明火作业的签批和现场监护工作。

（5）定期巡视、试验、检查大修更新各种消防设施和器材，指定专职人员管好所辖区域内的各种消防设施和器具。对消防设施故障和不足，应专门报告给主管领导，并制订维修计划。

（6）定期检查所辖区域内的要害部位，及时发现和消除火灾隐患。

（7）负责消防监控报警中心，24小时值班，做好值班记录和定期汇报计划工作，发现火警、火灾时，应立即投入现场指挥并实施抢救等。

（8）制止任何违反消防安全管理的行为和企图。

2. 义务消防人员的职责

（1）认真学习有关的消防知识，掌握各种器材的操作技术和使用方法。

（2）积极做好宣传防范教育工作。宣传教育内容主要有防火、灭火基本方法，物业内消防设施及其功能与使用，安全疏散和人员抢救等。宣传方式可采取专人上门发通知、张贴广告、出墙报、利用广告等。

（3）定期检查本部门和所辖区域内的消防器材设备的完好状况。

（4）一旦发生火警、火灾，应立即投入现场抢救等。

四、高层楼宇的消防管理

（一）高层楼宇的特点

高层楼宇是指超过一定高度和层数的多层建筑。这里的"高"是一个相对的概念，与一个国家和地区的经济发展水平、技术环境、地质结构、资源情况等有关。

我国高层民用建筑设计规范中规定，10层以上的住宅及超过24米的其他民用建筑为高层建筑，这是从我国的经济发展状况及技术水平等实际情况出发而规定的。

1. 一般集中在经济比较发达的大中城市，人员集中，涉及范围广

通常，由于商旅等需要，高层楼宇大都集中在经济比较发达的大中城市，楼宇内出入人员较多、身份较为复杂，涉及范围广，而且人员集中度高。

2. 与其他一般建筑物相比，单体规模较大，技术含量高，设备、设施较多且比较先进，而且造价高，设计、施工、安装等工作要求严格

目前，绝大部分高层楼宇都提供多种规格的办公室，其规模较大、外观雄伟、装饰设计考究，内部一般配备大量先进的设备、设施，能够满足客户的工作、商务要求。

3. 一般具有良好的专业化管理

由于高层楼宇特定的功能用途，具有档次高，结构复杂，设备、设施多且技术含量高等特点，业主或投资人一般委托具有较高管理服务水平的专业化的物业服务企业负责管理和经营。

（二）高层楼宇消防管理工作的特点

1. 耐火极限低

高层楼宇通常较高，基地承重较大。从减轻高层楼宇自重的角度考虑，其建筑使用的材料及装饰材料技术含量较高、强度大、质量轻、着火点较低，从而使高层楼宇自身的耐火极限相对偏低。

2. 火险隐患多

由于高层楼宇内的电源多、设备多，再加上电线纵横交错，很容易引起火灾。

3. 火势蔓延速度快

高层楼宇内一般有很多通道和竖井，一旦发生火灾，这些通道和竖井将充当促进火势迅速扩散的风洞，加速火势的蔓延。

4. 扑救难度大

高层楼宇一般高达二三十米，有的甚至高达百米以上，一般的消防救护很难达到这样的高度要求。

5. 人员疏散困难

由于高层楼宇内人员较多，出口狭窄，一旦发生险情，人员疏散将非常困难。

（三）高层楼宇消防管理的主要措施

1. 建立健全高层楼宇消防管理的组织机构和相关制度

高层楼宇的消防管理是一项复杂而又非常重要的管理工作，物业服务企业必须给予足够的重视，建立健全相关的组织机构。条件允许的情况下，由物业服务企业的主要领导负责，成立独立的组织机构，落实主要领导责任制。同时，还要根据高层楼宇及其消防管理工作的特点，制定一套科学完善的规章制度。

2. 注重宣传教育工作，普及高层楼宇消防管理工作的相关知识和技能，努力实现群防群保

物业服务企业应定期和不定期地对自己的员工及高层楼宇内的住用人宣传有关高

层楼宇消防管理的知识和自救技能，并招募义务消防员，努力扩大消防人员队伍，最终实现群防群保。

3. 增加消防管理工作的硬件投入，提高消防水平

物业服务企业及相关单位应加大对消防工作的硬件设施的投入力度，可以考虑在楼宇适宜的部位张贴疏散标志，安装自动报警器和灭火装置以及必要的火灾事故照明等。

4. 做好高层楼宇建筑的防火分隔工作

消防管理单位要对楼宇进行内部分区，设置防火和防烟区域。对电梯井、管道等也要进行必要的分隔。

5. 努力做好安全疏散的准备工作

消防管理人员要经常检查楼房公共通道，宣传教育用户不要把杂物堆放在楼道内。还要检查消防供水系统的可靠性，减缓或消除相关人员因火灾而产生的恐惧心理，以便安全快速疏散。

第四节 车 辆 管 理

一、车辆管理概述

车辆已成为人们工作、生活中必不可少的交通工具。随着人们生活水平的提高，车辆，尤其是机动车在逐年增加。由于我国人多地少，加之城市规划远远跟不上房地产开发的需要，不少物业管理区域内没有停车场或停车车位严重不足，再加上有的物业服务企业管理不善等原因，造成物业区域内车辆乱停乱放现象严重，车辆被盗案件屡屡发生，区域内交通事故也时有发生。这些不仅破坏了物业周围的环境，给用户的工作、生活带来不便，而且使用户的财产和安全无法得到保证。因此，物业服务企业必须重视车辆管理工作。

车辆管理的主要目的是建立良好的车辆停放和交通秩序，营造良好的区域交通环境，确保业主和使用人的相关财产不受损失。良好的车辆停放及交通管理是人、物保持顺畅、快捷的对外联系的保障。

物业服务企业应搞好车辆管理工作，主要应搞好停车场的规划和建设，以及建立健全车辆管理制度等。对于不同类型的物业管理项目，由于业主或使用人的车辆使用习惯、使用方式等不同也会有所区别。普通住宅小区的车辆管理工作主要是车辆的停放与保管服务。住宅小区的车辆复杂，进出频繁，在管理工作中应注意扰民问题，停车场尽量设置在小区的边缘，以维护住宅小区内的安静和清洁。写字楼物业项目的车辆管理工作，主要是车辆的引导、停位、调度等。写字楼进入车辆主要集中在上班时间段，应集中力量统一进行停车位调度，尽量对租户车辆采取固定车位。商业物业车辆管理主要是停车场的建设和管理。商业物业车辆流动量较大，特别是一些特殊的时间段（如节假日、促销期间等），应尽量引导车辆快捷进出。工业物业的车辆管理主要是针对货运车辆的管理。

二、停车场建设

1. 建设停车场（库）应考虑的因素

（1）必须把人的活动放在首位。在进行停车场交通组织规划时必须将人的活动放在首位，组织好人车流的疏导，让居民可以在小区内安全、舒适地行走，充分享受小区环境。

（2）合理估计车位数量，保证小区环境质量。必须科学、合理地调查民用小汽车的发展速度，以便正确确定设置比例。

（3）正确解决地下停车场（库）、停车楼建设与综合造价高的矛盾。地下停车场及停车楼是比较彻底地解决城市居住区车辆停放难的有效办法之一，但其造价昂贵，而且管理费用较高，适合在某些规模较大、档次相对高的区域内实行。

总之，解决居住小区车辆停放问题是一个尚难精确预测而仍在逐步发展的难题。目前只能采取先地面、后地下、再上楼的综合的、逐步的办法解决。规划、设计、管理部门应及早统筹安排、统一规划、留有条件、逐步实施，对居住小区及其邻近地段进行合理的规划设计，切实解决居住小区内车辆停放问题。

2. 停车场（库）的内部要求

由于停车场（库）内停放的车辆可能有多种类型，而且各种车辆的比例也不完全一样，因此停车场就存在一个内部设计的问题。

（1）停车场（库）的光线要求。无论从方便车主还是从防盗考虑，停车场内的光线都应充足，使车主能清楚地找到停车位，清楚地识别自己的车辆，使管理人员能轻易地发现盗窃车辆的案犯，并且便于消防管理的实施等。可以利用自然光，也可以利用灯光，或将二者结合起来。

（2）停车场（库）应建在比较醒目、容易找到的地方，同时要安置足够的指示信号灯，还要有适当的指示标语或标志。此外，消防设备也是停车场（库）不可或缺的，必须配备齐全。停车场（库）应安装电话，供发生火情或盗情时报警使用。如有特殊要求，还可在车辆出入路口处设置管制性栏杆。

（3）停车场（库）的区位布置要求。车辆可分为机动车和非机动车。机动车可分为摩托车、汽车等。非机动车可分为自行车、三轮车、助动车等。各种类型、规格的车辆如果都存放在一起，显然既不利于车主的存放，也不利于管理人员进行管理。为此，物业服务企业应对停车场（库）的区位进行划分。要做好这一工作，首先应做好物业区域各种车辆的调查摸底，弄清所管区域各种车辆的总数以及不同类型车辆的比例，然后根据掌握的材料，考虑可能的情况，把停车场（库）内停车位置划分为机动车区和非机动车区两个大的区域，其各自大小、比例以及是否再细分，可根据所管物业区域车辆的情况和可能外来的车辆情况而定。

三、车辆停放管理制度

有良好的停车场是车辆停放的基础，而建立健全的管理制度能保证车辆的停放安全，防止车辆乱停乱放和丢失、被盗等。目前，一些停车场因管理不善而导致车辆被盗现象时有发生，同时也引起了不少车辆赔偿纠纷。依照惯例，物业服务企业应与车主签订车辆停放管理协议，明确双方的责任。但不管怎样，都必须加强对停放车辆的管理，制定完善的管理制度。

1. 岗位责任制

停车场管理一般需设两个岗位：一个是登记收费岗位；另一个是指挥车辆出入和停放岗位。与此相对应，各岗位的职责有所不同。

1）收费岗职责

（1）认真执行车辆管理停放收费制度，坚持原则，不得徇私舞弊，如不开票或乱收费等。

（2）礼貌待人，服务周到，做到钱票相符，日清月结。

（3）认真做好财物的保管工作，防止财物被盗。

（4）认真做好交接班工作，如清点停车场内车辆，清点现金、发票等。

（5）协助带车保安人员维护停车场秩序，保证车辆安全。

2）带车岗职责

（1）礼貌待人，热情服务，保持良好的服务形象。

（2）认真执行停车场管理规定，维护车辆良好的停放及行驶秩序。

（3）指挥车辆进出和停放在指定的位置。

（4）认真检查车型及车牌号，避免出现差错。

（5）掌握月租、时租等不同车主的车型、车牌号及车主基本情况，提高服务水平。

（6）认真检查停放车辆，发现漏水漏油等情况时尽快设法通知车主。

（7）对违章车辆，及时制止并予以纠正。

（8）提高警惕，发现可疑人员应立即上报，密切注意事态的发展等。

2. 车辆管理规定

（1）进入停车场的车辆必须服从统一管理。

（2）车辆必须按停车场的导向标志和安保人员的指引方位行驶，不得逆行，不得在人行道、绿化带上行驶，不得高速行驶（进入停车场时限速一般为5公里/小时以下）。

（3）月租车停泊固定车位，时租车不得停泊月租车位，所有车辆的停放不得超出车位画线范围，以免阻塞交通、影响相邻车位的停放或造成车辆剐蹭。

（4）用户长期停放的车辆，必须办理定位立户手续，领取停车牌，停在指定车位，并按牌出入，按月缴纳停车费用。

（5）车主须为车辆购买车辆综合保险，便于在车辆丢失时向保险公司索赔。未买车辆综合保险的车辆，不予停车保管。

（6）车主将车停放后，应关闭车窗，锁好车，勿将贵重物品放在车内。

（7）严禁在停车场内吸烟，严禁装载易燃、易爆等物品进场。

（8）保持停车场清洁卫生，不得在停车场洗车和修车，不得将车内的垃圾废物弃置在停车场内。

（9）摩托车、自行车要按时办理缴费手续，并领取车牌号；进出停车场时应出示车牌号；服从管理员的管理，并接受检查等。

四、车辆管理注意事项

（1）车辆管理的交通标识及免责告示应充足、明显，避免发生法律纠纷。完善的交通标识及提示既可以确保物业管理区域车辆交通的有序，又可以减少安全事故的发生。而车辆停放的一些票据、卡、证及收费牌上设置相关的免责提示可以提醒车主做好安全防范措施，减少安全事故的发生。

（2）车主首次申请办理车辆进出及停放手续时，应提交本人身份证、驾驶证、车辆行驶证等材料，并签署相关协议，建立服务关系。协议中的相关车损、安全等条款要细致，明确双方的责任，避免不必要的安全纠纷。

（3）车辆进出和停放期间须遵守消防要求，切忌堵塞消防通道。部分车主为了自己的方便，将车辆停放在消防通道处，不仅会遭到消防管理部门的处罚，而且会因为造成消防通道的堵塞而影响消防疏散及火灾扑救工作。

（4）对于电梯可以直接通往室内停车库的项目，必须做好电梯出入口的安全防范工作，避免不法人员通过车库进入小区。

复习思考题

1. 什么是物业安全？
2. 简述物业安全管理的主要措施。
3. 结合实际说明物业安全管理的重要意义主要体现在哪些方面。
4. 简述物业保安管理的含义及其特点。
5. 物业保安管理的主要内容有哪些？
6. 结合实际，谈谈物业保安管理的主要措施有哪些。
7. 物业消防管理的主要内容有哪些？
8. 简述高层建筑消防的主要特点。
9. 物业管理区域停车场建设应考虑的主要因素有哪些？

自测题

第九章

物业环境管理

第一节 物业环境管理概述

一、物业环境

所谓环境，是指周围的地方，或周围的情况和条件。环境一般是针对特定的主体而言的。物业环境是城市环境的一部分，是指某个物业管理区域内的环境，即与业主或使用人的工作、生活、学习等活动密切相关的直接或间接影响其活动的各种条件和因素的综合。

物业环境的好坏直接影响业主和使用人的生活与工作质量，也影响整个城市的环境。营造优美舒适的物业环境是物业服务企业的一项重要职责。

物业环境按物业种类的不同可以分为生活居住环境、办公环境、商业环境和生产环境等。

1. 生活居住环境

生活居住环境包括内部居住环境和外部居住环境。

（1）内部居住环境是指居住建筑的内部环境。影响住宅区内部居住环境的因素包括：住宅标准（面积和质量等标准）；住宅类型；隔音情况；隔热和保温情况；光照情况；日照情况；通风情况；室内小气候（室内的气温、相对湿度和空气流动以及空气流动范围等）；室内空气量和二氧化碳含量等。

（2）外部居住环境是指住宅与用户生活密切相关的各类公共建筑物、共用设施、绿化、院落和室外场地等，它与内部居住环境有机地组成完整的居住生活环境。影响外部居住环境的因素包括：公共建筑（主要是指由政府和社会力量建造的为居民生活服务的各类建造物）；市政公共设施（由政府建造的为住宅区生活服务的设施）；绿化；室外环境小品；室外庭院和各类活动场所；大气环境；小气候环境；声环境和视环境；邻里和社会环境，以及环境卫生状况等。

2. 办公环境

办公环境是指与办公物业住用人的相关活动有密切关系的直接或间接影响其活动效果的各种因素和条件的综合。影响办公环境的因素包括办公室标准、办公室类型、隔热和保温情况、隔音情况、通风状况、日照情况、室内小气候、室内空气量和二氧化碳含量情况、绿化种植情况、市政公共设施、小气候环境、声环境和视环境以及社会环境、社会卫生状况等内容的部分和全部，还包括室内景观设备、办公设备、办公区域的治安状况、办公人员的思想文化素质及相互关系等。

3．商业环境

商业环境包括商用办公室标准、商业标准、隔热和保温情况、隔音情况、通风情况、光照情况、室内小气候、室内空气量和二氧化碳含量情况、绿化种植情况、市政公共设施、小气候环境、声环境和视环境、环境卫生状况等内容的部分或全部，另外还包括室内景观设备、办公区域的治安状况、商业从业人员的服务态度和水平等。

4．生产环境

生产环境包括通风状况、日照情况、光照情况、绿化种植情况、市政公共设施、建筑密集的部分或全部，还包括各种生产设施和条件等。

二、物业环境管理

物业环境管理主要是指物业服务企业根据物业项目特点及物业服务合同的规定，运用科学的手段和先进的管理技术，对物业区域的环境进行维护和改善的一系列活动。

物业环境管理的主要任务是保护和维持、改善物业区域内的容貌，防止人为破坏和减缓自然损坏，维护正常的生产、生活和工作、学习环境，保持物业区域内整体形象，保证物业区域内业主和使用人的身心健康，提高物业的知名度和企业形象等。

1．建立环境管理机构

通常情况下，物业服务企业都设置有专门的环境管理机构，具体负责物业区域内的环境管理工作，其职责主要包括：

（1）拟定物业区域内环境保护的标准和规范；

（2）组织环境监测，掌握所管物业区域的环境状况和发展趋势；

（3）会同有关部门组织所管物业区域的环境科学研究；

（4）负责具体的环保工作，如环境的净化、美化、绿化等。

物业服务企业也可以采取发包的形式，委托社会上具有相应资质条件的专业环境管理公司承担。

2．治理环境污染

环境污染治理主要涉及空气污染、水污染、噪声污染，以及磁和辐射污染等。

3．加强市政公用设施的管理

为物业区生活、办公服务的市政公共设施是物业的一个重要组成部分，一旦遭到破坏或损坏，便会影响人们正常的生活和社会经济活动。因此，加强市政公用设施的管理是物业服务企业的一项重要工作。在管理过程中，物业服务企业要根据法律和合同规定，采取法律、经济、科学技术等各种措施，保证市政公共设施的完好，保障物业区内生活、学习和工作的顺利进行。

4．建设各类环境小品

物业服务企业要搞好环境小品的建设。首先，要搞好园灯或路灯、座椅、桌、电话亭、垃圾桶、标志牌、休息亭廊、儿童游戏设施、地面铺装等功能性环境小品的建设，完善物业区的生活职能。其次,要搞好花坛、水池、花架、人工瀑布、人工喷泉、雕塑、假山、叠石等装饰性环境小品的建设,美化环境。最后,要搞好可以起到分割空间作用的环境小品的建设,要有入口标志、围墙、路障、台阶、栏杆、挡土墙等。物业服务企业应用少量的投资和简易可行的材料,力求建筑小品美观、新颖和实用,达到美化环境的效果。环境小品的种类、造型、质地、规格可根据实际需要设计,不能强求应有尽有、样样俱全。对住宅区来说,小品的设计应从实用功能出发,在整体环境的统一要求下,与建筑群体和绿化种植密切配合;对写字楼和商业楼宇来说,小品的设计应从装饰性出发,美化环境,烘托氛围。

5. 认真清理物业区域内的违章搭建

违章搭建是未经规划审批建造的房屋或其他建筑物及构建物。违章搭建对整个物业区的环境具有明显的破坏作用,既有碍观瞻,有可能影响其他人的通行、休闲,还可能造成交通不安全的问题。因此物业服务企业一定要根据国家和地方的相关法律、规定和政策,认真做好物业区域内违章搭建的清理工作。

6. 加强教育与引导

加强环境保护的相关宣传教育是环境管理工作不可或缺的手段。物业服务企业应当教育并引导业主和居民营造良好的人文环境,使大家和睦共处、互帮互助,给人温馨文明、融洽和谐、轻松有序的感觉。这方面的工作主要由物业服务企业公共关系部负责。此外,物业服务企业还要利用期刊、书报、广播、电影、电视、报告会、展览会、专题讲座等多种形式,向公众传播环境科学知识,宣传环境保护的意义以及国家有关环境保护和防治污染的方针、政策、法律等。

第二节 物业保洁管理

一、物业保洁管理的含义

在物业环境中,整洁所带来的舒适和优美是衡量物业管理工作的一个十分重要的评价指标,具有视觉上的直观性和心理上的惬意舒适的感受。因此,保洁管理是物业环境管理中最经常、最普遍的一项基础工作,是提供优雅、舒适、清洁的生活环境和工作环境的主要组成部分。

保洁管理是指物业服务企业对所管辖的区域有计划、有条理、有程序、有目标地进行日常的清洁服务,并结合精神文明建设,依照规范服务的要求对业主(使用人)进行宣传教育、专业管理,并使其自觉养成良好的卫生习惯,遵守规章制度,保持物业区域容貌整洁,减少疾病,促进业主(使用人)的身心健康,以提高物业区域使用环境的效益。具体而言,是指物业服务企业通过宣传教育、直接监督和日常的清洁工作,保护物业环境,防治环境污染,定时、定点、定人进行日常生活垃圾的分类收集、处理和清运。通过清、扫、擦、拭、抹等专业化操作,维护公共区域的清洁卫生,营造良好的环境氛围。

保洁管理是一项服务性很强的工作,不同类型、不同档次的物业对楼宇公共部位清洁管理的质量要求也不同，物业服务企业要根据自己所管辖物业的特点和实际情况制定一套对保洁管理的具体要求，通过物业管理者和使用者共同在制度上、管理上、精神上、文化上的规范努力，营造安全、舒适、整洁、优美、和谐的生活环境和工作环境。保洁管理的重点是大力防治"脏、乱、差"等顽疾。

二、物业保洁管理的实施

1. 扫防结合，以防为主

在清扫保洁工作中，"扫"当然重要，就好像每天必须洗脸一样。但是，工作的重点应是"防"，即通过管理，纠正业主和使用人不卫生的习惯，防止"脏乱差"现象的发生。因为优良的物业环境是管理者与被管理者相互积极作用的结果，也是管理标准与业主和使用人素质不断提升的过程。业主和使用人养成了良好的卫生习惯，才能真正搞好环境整洁。物业服务企业要在居民委员会和业主委员会的支持和配合下，引导业主和使用人积极参与社会主义精神文明建设，从业主和使用人的基本素质、基本意识入手，大力纠正各种不良的卫生习惯。

2. 依照相关规定和标准进行日常监督检查

目前，与保洁管理有关的法律、法规，已经出台的主要有《中华人民共和国环境保护法》《城市环境卫生质量标准》《城市新建住宅小区的管理办法》，以及各地颁布的保洁管理实施细则等。这些法规是管理者和物业使用者必须遵循的行为准则。物业服务企业应根据法律、法规有关条文和专业化物业管理的要求，制定物业辖区（楼）本身的物业保养管理规定。物业服务企业应做到执法必严、直接监督，即必须克服以权代法、以情代法的弊端，凡是遇到有损物业环境的行为，都应不讲情面地对业主和使用人进行耐心教育和严厉处罚，绝不因人而异。一些卓有成效的物业服务企业提倡"依法管理、严格执行"的管理规定，遇到业主和使用人有不卫生习惯和违约行为时，即进行劝阻、教育等，久而久之，形成了整洁宜人的环境。这说明只有依法管理，才能收到预期的效果。

3. 界定保洁管理的职责范围

（1）楼宇前后左右的公共地方。这是一个平面的概念，是指物业辖区（楼）内的道路、空地、绿地等所有的公共地方。

（2）楼宇上下空间的公共部位。这是一个垂直的概念，是指楼宇一层到顶层层面，包括楼梯、电梯间、大厅、天台等公共部位。

（3）物业辖区（楼）范围内日常生活垃圾的收集、分类和清运，要求并督促业主和使用人按规定的时间、地点和有关的要求，将生活垃圾扔入专用容器或者指定的生活垃圾收集点，不得擅自乱倒。

三、物业保洁管理的主要内容

1. 制定保洁管理制度

科学完善的管理制度是保洁工作顺利进行的有力保证。物业服务企业应在国家和地方有关法律的基础上，制定保洁管理工作的规章制度，如清洁卫生操作标准、岗位职责、员工服务规范、保洁设备领用制度等。

2. 制订保洁工作计划

工作计划是具体实施保洁管理的主要依据。因此，保洁工作计划应明确每日、每周、每月工作的安排，以便实施和检查。

（1）每日清洁工作的内容主要包括：管辖区域内道路（含人行道）清扫两次，整日清扫；管辖区内绿化带，含草地、花木灌丛、建筑小品等清扫一次；各楼宇电梯间、地板拖扫两次，墙身清抹一次；楼宇各层楼梯及走廊清扫一次，楼梯扶手清扫一次；收集用户生活垃圾，清扫垃圾箱内的垃圾等。

（2）每周清扫工作的内容主要包括：高层楼宇的各层公共走廊拖洗一次；业主信箱清抹一次；天台、天井清扫一次等。

（3）每月清洁工作的内容主要包括：天花板灰尘和蜘蛛网清扫一次；高层楼宇各层的共用玻璃窗擦拭一次；公共走廊及住宅区内的路灯罩清擦一次等。

3. 抓好卫生设施建设

物业服务企业保洁部要搞好环境卫生管理工作，必须有相应的卫生设施。这些设施包括：

（1）环卫车辆。有清扫车、洒水车、垃圾运输车、粪便清运车等。

（2）便民设施。为便利群众而建立的卫生设施，如垃圾清运站、果皮箱等。

4. 加强环境卫生的宣传教育

良好的环境卫生，既需要物业服务企业的管理、打扫，也需要业主和使用人的保持与配合。因此，应通过宣传和教育，提高住户的文明程度，使其自觉遵守有关规定，配合物业服务企业搞好保洁卫生管理工作。

不同物业类型及不同专项保洁的清洁检查、质量管控的重点不尽相同，详见表 9-1 和表 9-2。

表 9-1　不同物业类型的清洁检查重点

物 业 类 型	检 查 重 点
多层住宅小区	（1）楼外沙井及排水明沟内的烟头等垃圾杂物、积水 （2）绿化带内垃圾杂物 （3）楼梯走道、底层楼梯下、天花板积尘及蜘蛛网、生活杂物 （4）业主信报箱上部的积尘 （5）楼梯扶手积尘 （6）楼外公共区域的垃圾杂物 （7）公共区域各类乱张贴 （8）停车棚（场）内及顶棚垃圾杂物、积尘 （9）垃圾桶及垃圾中转站等 （10）清洁工仪容仪表及工作纪律等 （11）北方地区冬天人行道路积雪、结冰情况

续表

物 业 类 型	检 查 重 点
高层小区及写字楼	（1）大堂地面光泽度，各公用区域地脚线积尘 （2）楼外沙井及排水明沟内的烟头等垃圾杂物、积水 （3）各类机房、设备房内的积尘 （4）公共区域玻璃痕印、地面垃圾杂物、乱张贴 （5）电梯天花、四壁、按钮积尘及痕印、轨槽内沙粒杂物 （6）信报箱、窗台等上平面积尘 （7）绿化带、花坛内的垃圾杂物 （8）地下停车场排水沟积水及杂物、管线积尘等 （9）垃圾桶及垃圾中转站等 （10）清洁工仪容仪表及工作纪律等
商业物业	（1）公共区域石材保养，光泽度 （2）公共区域污渍的跟踪保洁 （3）公共卫生间的保洁 （4）果皮箱、垃圾箱的跟踪清理 （5）玻璃、橱窗的保洁 （6）电梯扶手的痕印保洁 （7）后勤通道及卸货区域的保洁 （8）垃圾分类清运及垃圾站保洁 （9）门口地毯的吸尘保洁 （10）雨雪天气门口水迹清除 （11）清洁工仪容仪表及工作纪律等

表 9-2　不同专项保洁质量管控重点

保洁工作类型	质量管控重点
石材养护	（1）石面污渍、污垢、浮尘 （2）石面平整度、石材擦痕及崩角等损伤情况 （3）石材返碱、生锈等病变情况 （4）石材纹理、色泽及反光度
地毯保养	（1）地毯表面污渍、残留香口胶、浮尘 （2）地毯干燥度 （3）地毯表面色泽色彩一致度 （4）地毯绒面蓬松度、整齐度、弹性
打蜡	（1）起蜡洁净度、有无遗漏、上蜡墙地面干燥度 （2）蜡层有无脱落、漏涂、气泡 （3）蜡面覆盖均匀度、平滑度、光泽度、柔和度 （4）蜡面上面有无污垢

续表

保洁工作类型	质量管控重点
外墙清洗	（1）药剂的正确使用，在大面积使用前必须先进行局部试洗 （2）客户阳台、窗户、周围植物、车辆及人员等做好保护措施，避免造成伤害 （3）每次外墙清洗必须有专门的施工方案，确保安全及有效清洁 （4）清洁工人下吊区域须有适当重叠，避免遗漏 （5）注意凹入部位、外窗沿等的清洗 （6）清洗前后拍照对比清洗效果，严重污垢须有效清除 （7）对于涂料、玻璃、铝扣板等材料须关注清洗过程是否造成伤害
清洁拓荒	（1）关注清洁拓荒计划、工作流程 （2）成品保护措施是否到位 （3）全面清洁，不留死角，水泥渍、胶污、油漆等顽固污渍须彻底清洁干净 （4）装饰材料损害情况：玻璃、木质材料、石材、金属材料等装修材料在拓荒过程中如果操作不当极易被破坏，须予以高度关注
泳池清洁	（1）池底沉淀物、池壁粘附物 （2）水面漂浮物 （3）排水沟清洁情况 （4）池水清洁度、能见度 （5）泳池周边地面清洁情况、积水情况 （6）水吧、沙滩桌椅清洁情况 （7）水质酸碱度、余氯含量、细菌总数等 （8）更衣室、更衣柜卫生情况

四、保洁管理的工作标准

1. 做到"五定"

清洁卫生工作要做到：定人、定地点、定时间、定任务、定质量。保洁部要在小区内所有应清扫保洁的部位设专人负责清扫保洁工作，明确保洁人员的具体任务、工作时间，以及应达到的质量标准等。

2. 做到"七净""六无"

"七净"是指在物业管理区域内做到路面净、路沿净、人行道净、雨（污）水井口净、树根净、电线杆净、墙根净。"六无"是指在物业区域内做到无垃圾污物、无人畜粪便、无砖瓦石块、无碎纸皮核、无明显粪迹和浮土、无污水脏物等。

3. 垃圾清运及时，当日垃圾当日清除

要在合适的位置设置垃圾筒，实行袋装垃圾的方法集中收集垃圾。

五、保洁管理组织

物业保洁管理工作的组织,主要是指物业服务企业依照相关规定和物业管理服务合同的有关条款,对物业管理区域内的保洁工作进行部门设置、岗位安排和人员职责划定等。

1. 部门设置

保洁管理由物业服务企业管理部或保洁部执行,其班组根据所辖物业的类型、布局、面积以及清洁对象的不同而灵活设置。对于规模较大的物业服务企业来说,其清洁部一般分设楼宇清洁服务班、公共区域清洁班和高空外墙清洁班三个班组。

2. 保洁管理的岗位职责

(1)部门经理的工作职责:按照企业经理的指示精神和企业的管理目标,组织各项清洁服务的具体工作;每日检查各区域清洁任务的完成情况,发现不足之处要及时处理、返工;接洽各种清洁服务业务,为企业创收,以及经常在区域内巡查,发现卫生死角应及时调配人员,进行彻底的清扫等。

(2)技术员的工作职责:配合经理拟定清洁管理的实施方案;对一些专用清洁设备进行使用指导;随时检查和保养清洁机械,以及监督检查相关清洁区域和项目等。

(3)公共卫生区域清洁领班的工作职责:接受保洁部经理的领导;每日班前留意部门经理、技术员的提示和工作要求;检查班组员工到岗情况,查看是否全勤工作,对缺勤情况及时采取补救措施,合理安排下属员工工作;检查所辖范围的清洁卫生状况,发现问题及时处理;随时检查员工的工作状况,及时调整各种工具及人力的配置;编制公共卫生辖区内的人员安排计划、清洁用品的供应计划,努力减少损耗,以及定期做好清洁设备设施的维修报告,以便公司安排好预算,保证资金到位等。

(4)保洁员的工作职责:遵守物业服务企业制定的管理细则,统一着装,树立良好形象;服从班长指挥,严格按照清洁程序,保质保量地完成本人所负责区域的清扫任务,以及发扬团结精神,支持同事工作。

(5)仓库保管员的工作职责:严格遵守企业的各项工作制度,服从工作安排,认真做好仓库的安全、清洁工作;按时上岗,经常巡视打扫,合理堆放货物,发现问题及时上报;负责清洁工具及用品的收发工作,严格执行收发手续,对于收发手续欠妥的一律拒发;严禁私自借用工具及用品;做好月底盘点工作,及时结算出月末库存数据报部门经理;做好每月清洁物料库存采购计划,提前呈报部门经理等。

第三节 物业绿化管理

一、物业绿化及其功能

物业绿化是指在物业服务企业管理的物业区域内,种植树木花草,为业主和使用人创造一个安静、清洁、优美的生活环境。

物业绿化系统是指不同规模、不同种类的绿地，按点、线、面相结合的原则组成的相互协调的有机体系。就城市而言，是指城市范围内的绿化系统。从物业角度来说，物业管理区域内的绿化可以称为物业环境绿化系统，是城市绿化系统的重要组成部分。

（1）公共绿地。物业范围内公共使用的绿化用地，如居住区的花园、住宅群组间的小块绿地。

（2）公共建筑和公用设施绿地，如物业范围内的学校、医院、影剧院周围的绿地。

（3）住宅旁和庭院绿地。

（4）街道绿地，如居住区内干道两旁种植的树木等。

（5）竖向绿化，如屋顶、墙面、阳台等处的绿化等。

物业绿化管理是一项功能与美观相结合的工作，对改善业主和使用人的工作与生活质量以及城市环境具有重要的作用。具体来说，良好的绿化效果可以实现下列功能。

（1）防风、防尘，保护生态环境。绿化和树木能够发挥降低风速、阻挡风沙、吸附尘埃的作用，并且由于树木的生命周期较长，效果会比较持久。

（2）净化空气，降低噪声，改善环境。绿色植物能够吸收二氧化碳等有害物质，释放氧气；灌木与乔木搭配种植，可以形成绿色"声屏"，吸收和隔挡噪声。

（3）改善小气候，调节温度，缓解城市"热岛效应"。绿色植物在蒸发水分的过程中，能够增加周围空气的相对湿度，吸收热量，降低气温，对于缓解人造热源过多，人口、车辆密集，建筑物集中等造成的"热岛效应"具有一定的作用。

（4）美化物业区域和城市环境。良好的园林绿化不仅可以使城市充满生机，而且能够为业主和使用人的工作、生活、学习创造优美、清新、舒适的环境。

（5）提供休闲健身场所，陶冶人们的道德情操。在绿地中，儿童游戏，成人休闲、娱乐，老人锻炼身体，可以起到丰富生活、陶冶情操、消除疲劳、增进人们彼此的联系和交往的作用。

二、物业绿化管理的主要内容

物业绿化管理是指物业服务企业为美化和净化受托物业的环境及改进物业景观而在物业范围内进行的绿地、花圃等的养护行为，以及该类行为的计划与组织。

1. 培训绿化养护员工

配备绿化工人不是一次性的，而是随着物业服务企业业务的开展和绿化生产的需要逐步建立到位的。物业服务企业在培训绿化管理养护员时要注意招收热爱绿化工作、思想素质高的人员。在初期，由于招收的员工不多，不需要集中进行正规培训、系统学习，可采取做什么学什么的方式，联系实际具体教，结合绿化养护管理现场学。在布置安排工作时，要讲授技术，交待措施。过一段时间，物业服务企业拥有了一定数量的绿化员工后，再集中起来，系统讲授有关的绿化知识，教授园林技艺。绿化工作工种多，不同的工种技术要求不同，但在培训时要求本部门员工全面掌握有关绿化方面的知识，学会所有技艺，每人做到一专多能。这样才有利于人员调剂变动，把环境绿化管理工作做好。

2. 做好绿地的营造工作

（1）绿地营造的设计要求。进行绿地设计时，应满足"实用、经济、美观"的原则，并讲求功能与美观的结合；对物业区域内的出入口等醒目之处，实施重点美化，并满足与物业氛围及周边环境相协调的要求。

（2）进行树木的选择与配置。选择绿化树木的种类时，应遵循以下几个原则：生命周期较长，抗病虫害能力较强；道路旁的树木，应树干高大、树冠浓密，清洁无臭；绿地上的树木，不应带刺、有毒；水池边的树木，应落叶较少、不产生飞絮等。

（3）完成园林小品的建造。物业区域的绿化虽然是以植物为主，但园林小品也是其中的重要组成部分，而且能进一步提升绿化的美化功能，起到画龙点睛的作用。

（4）实施竖向绿化。竖向绿化，也称垂直绿化。屋顶、墙面、阳台等竖向绿化作为地面绿化的补充，不仅可以提高观赏性和绿化率，而且可以在一定程度上弥补建筑物自身功能的不足。

3. 搞好绿化的养护管理工作

绿地营造工作完成后，加强养护与管理、巩固建设成果是发挥绿化效用的关键。

（1）浇水。水是植物生长的三大要素之一。浇水时，应以水分浸润根系分布层，并保持土壤湿润为宜。但是不同的季节及气候，不同的植物及生长期，不同的地势，对水的需求会有所区别。必须根据具体情况，灵活掌握。

（2）施肥。肥料是花木茂盛的必要条件。施肥时，可在树冠投影范围内，开挖20厘米左右的沟、穴，将肥料投入后，履土填平，以免肥料被水冲走，挥发失效。

花草树木的种类较多，对养分的需求也不相同；肥料的种类也很多，必须根据土壤、树（花、草）种、树龄、生长期等的不同，科学施肥。

（3）整形、修剪。树木的形态与观赏效果，生长、开花、结果等，都有赖于整形、修剪。整形、修剪从时间上，通常分为两类：一是休眠期修剪；二是生长期修剪。具体采用什么方式，应根据不同的植物、不同的时期而定。例如，常绿树木没有明显的休眠期，冬季伤口不易愈合，一般在夏季修剪。

（4）除草、松土。通过除草，将杂草清除，既可以防止杂草与绿化植物争夺土壤中的水分、养分，有利于其生长，又可以减少病虫害的发生。

松土是将土壤硬化的表面打碎、松动，使之疏松透气，从而达到保水、透水、增温，促进植物生长的目的。

（5）病虫害的防治。植物在生长过程中，可能受到来自自然界的各种威胁，其中病虫害的危害尤为严重和普遍。轻者会使植物生长发育不良，降低观赏价值；重者会引起品种退化、植物死亡，导致绿化失败。

病虫害的防治，应贯彻"预防为主，综合防治"原则，根据病虫害发生、发展的规律，充分利用抑制病虫害的各种手段，从栽培技术、物理防治、植物检疫、药物防治等方面入手，消灭病虫害滋生的条件，铲除病虫害对植物的危害，提高花草树木抵抗病虫害的能力。

4. 制定绿化管理规定

要搞好环境绿化管理工作，除了物业服务企业要做好绿化设计、营造、施工、养护外，还需要广大业主和使用人的配合。因此，物业服务企业要采取各种形式向广大业主和使用人，特别是儿童进行宣传教育，使人人都关心爱护绿化，并制定相应的绿化管理规定。具体包括：

（1）人人有权、有义务管理和爱护花草树木。
（2）不攀折花木及在树木上晾晒衣物。
（3）不损坏花木，保护设施及花坛。
（4）行人或车辆不得跨越、通过绿化地带，不得破坏绿篱栅栏。
（5）不往绿地倾倒污水或投扔杂物。
（6）不在绿化范围内堆放物品、停放车辆。
（7）不在树木上及绿化带内设置广告牌。
（8）人为造成花木及保护设施损坏的，要进行赔偿。

三、物业绿化管理的组织

1. 物业绿化管理的机构设置

绿化管理机构可根据实际情况设置。若是承包给专业园林绿化部门，则只需要几个管理人员即可；若是自己完成，可以设立专门的部门即绿化部，一般至少应设有一个养护组，如需要也可以设花圃组和服务组，花圃组和服务组均可对外直接经营，为企业创收。

2. 绿化管理人员的职责划分

（1）部门经理的岗位职责：对企业经理负责，主持绿化部门全面工作，制订本部门工作规划；积极开展创收工作，增加企业的经费收入；检查、监督和考察部属工作；主持、组织管理人员的绿化养护、培植等技术培训。

（2）绿化技术人员的岗位职责：对部门经理负责，主持部门内的技术培训、管理指导工作；负责制定绿化技术管理规定和措施；负责实施绿化管理员工培训；负责绿化培植、养护、管理的技术指导和检查；负责对外有关绿化经营技术业务等工作。

（3）养护、管理人员的岗位职责：负责管辖区内绿地、花木的养护和管理；对损坏花木、践踏草坪者进行劝阻、教育，情节严重的按规定处罚；负责绿地、花木的浇水、施肥、除杂草、松土、除病虫、喷药、修剪整形、防护等工作；妥善保管、使用各种工具和肥料、药品等。

四、绿化管理的质量要求和考核指标

1. 绿化管理的质量要求

（1）树木：生长茂盛无枯枝。
（2）树形：美观完整无倾斜。

（3）绿篱：修剪整齐无缺枝。

（4）花坛：土壤疏松无垃圾。

（5）草坪：平整清洁无杂草。

（6）小品：保持完好无缺损。

2. 绿化管理的考核指标

（1）居住区绿化标准：根据国家1992年4月颁布的《全国城市文明住宅小区达标考评实施细则》规定，住宅小区人均公用绿地每个居民占有1.5平方米以上。绿化率要达到30%，绿化覆盖率要达到25%以上。

（2）树木成活率：除新种树苗为95%外，应达到100%。

（3）树木倾斜程度：新种树木高度1米处倾斜超过10厘米的树木不超过树木总数的2%。

（4）遭受各类虫害的树木不超过树木总数的2%。

（5）无枯枝败叶。

（6）绿化围护设施无缺损。

（7）绿化清洁无杂物等。

复习思考题

1. 简述物业环境的含义及基本类型。
2. 简述物业环境管理的主要内容。
3. 简述物业保洁及保洁管理的主要内容。
4. 简述保洁管理的工作标准。
5. 简述物业绿化的含义及其功能。
6. 物业绿化管理的主要内容有哪些？
7. 简述绿化管理的质量要求。

自测题

第十章 物业租赁管理

第一节 物业租赁概述

一、物业租赁及其分类

（一）物业租赁

物业租赁是物业所有者或代理人作为出租人，将物业使用权出让给作为物业消费者的承租人，并向承租人定期收取一定数额的资金，从而使物业价值得以实现的一种经营活动。

物业租赁的出租人可以是物业的所有权人，也可以是直接受业主委托的物业经营人，还可以是得到所有权人同意转租的物业使用人等。这个所有权人可以是自然人，也可以是法人；可以是单独所有权人，也可以是共有人（包括共同共有和部分共有）；可以是所有权人自己，也可以是经所有人委托的代理人，或按照法定程序指定的代管人。另外，转租不等于出租，转租人也不等于出租人。转租人受制于出租人，没有出租人的同意，转租不合法。因此，转租只能是附属于出租的非独立活动。

出租不仅包括将房屋让与承租人居住或从事经营活动，也包括利用自有房屋以联营、承包经营、入股经营或合作经营等名义出租或转租房产。

物业的承租人主要是物业使用的需求者。

（二）物业出租与出售的区别

1. 二者转移的权利不同

物业出租只转移物业的使用权，不转移所有权。因此，承租人拥有的是物业的占有权，物业的所用权归出租人所有。承租人只能按照租赁合同中的规定使用物业，并在租赁期满后，将物业归还出租人。而物业的出售是使用权和所有权一次性一并买断而发生转移。

2. 物业价值实现的方式不同

物业租赁是经过多次交换才逐步实现物业价值的，物业出售是通过一次性买卖实现物业的价值。

3. 流通和消费的过程不同

物业出租的流通过程（交换过程）与消费过程（使用过程）是相互交叉、同步转变的，即一边交换一边使用。而物业出售是在流通过程结束以后才开始消费过程，二者是分离的。

（三）物业租赁的分类

根据不同的分类标准，物业租赁可作如下分类。

（1）根据租赁房屋的性质不同，可分为公房租赁和私房租赁。

（2）根据租赁房屋的用途不同，可分为居住物业、商业物业、工业物业等的租赁。

（3）按照房屋的租赁期限不同，可分为定期租赁、不定期租赁和阶段式租赁。定期租赁是指有确定期限的租赁，租期满即租赁终止；不定期租赁是指租赁双方没有约定租期，出租人可随时要求收回房屋；阶段式租赁是指双方虽然确定了某个日期，但同时规定，双方没有提前通知终止的情况下可自动续约相同的租期。

（4）按照租金的计算和支付方式不同，可分为毛租约、纯租约和百分比租约。

（5）按照承租人的国籍不同，可分为国内租赁和涉外租赁。

（6）按照房屋租赁的具体情况可分为：①房地产行政主管部门直管公房向城市居民和单位出租。②单位自管公房向本单位职工出租。③各企、事业单位将自己临街的房屋或将围墙拆除后自建或改建商业用房向社会公开出租。④开发商将自己开发的房屋留作自用并兼管出租。⑤房产经租商通过买进房产专营租赁，经营范围主要是商业楼宇、写字楼、公寓、别墅、商住综合楼、标准厂房等。⑥私房房主出租住房或店堂门面。⑦城市居民、单位职工将自购住房中暂时有空余的用于出租等。

二、物业租赁的特征

1. 物业租赁的标的物是作为特定物的房屋

物业属于不动产，是具体的、单元性的房地产，因此出租人在供应房屋时，只能按合同规定的标的物出租，而不能用别的房屋代替。在租赁合同到期时，承租人必须将合同规定的标的物还租，而不能用别的物业代替。

2. 房屋的租赁是一种经济契约关系

租赁关系的建立，必须以租赁双方的协议或合同为依据，在协议中主要应说明出租的期限、用途、价格、修缮责任以及双方的权利和义务。在房屋租赁期间，即使房屋的所有权发生转移，原租赁的合同关系也有可能依然有效。

3. 租赁双方必须是符合法律规定的责任人

出租人必须是房屋所有权人或在产权人的明确授权下的代理人，而承租人应当是具有民事行为能力的人。

4. 承租人只享有房屋的使用权

承租人只享有房屋的占有权和使用权，因此不能将其所租赁的房屋擅自转租，除非已经获得出租人的同意。

5. 租赁合同必须采用书面形式

房屋租赁关系成立的标志是租赁双方已经订立书面合同。而且，只有书面合同才能明确地约定双方当事人的权利和义务，才能有效地解决将来可能发生的纠纷。

6. 租赁合同必须依法登记

房屋租赁实行备案登记制度，是政府对房屋租赁实施行政管理的重要措施和手段，不允许房屋租赁在私下进行交易。双方当事人应在租赁合同订立后，到相关主管部门接受审核，并进行登记备案。

三、物业租赁的一般原则

1. 竭力为租赁双方服务的原则

物业服务企业接受开发商或其他出租人委托，从事房屋租赁业务，必须维护租赁单位或租赁人的合法权益。具体来说，就是利用房屋租赁合同，明确双方的权利和义务，提高为承租人服务的质量。

2. 维护租赁房屋的原则

出租人或其委托的物业服务企业，应监督、宣传、教育承租人爱护房屋及设施，严格执行设计要求，控制房屋用途的变化。同时，应搞好房屋、设施的维修与养护，延长房屋的使用寿命。

3. 提高经济效益的原则

房屋租赁是一种商品交换的经济活动，出租人交出房屋的使用权，就是为了换回房屋的交换价值，这不仅是为了实现房屋再生产，而且是为了得到房屋这一商品的利润。

4. 保证租赁关系正常化的原则

租赁关系的正常，涉及千家万户的利益，也关系社会的安定团结。因此，双方都必须严格遵守国家的有关法律和规定，坚决抵制违反法律、法规与租赁合同的行为。

5. 充分发挥房屋效用的原则

房屋的物理性能是房屋的建筑结构、采光、采暖、通风、隔音等适应各种特定用途的性能。因此，在承租中必须按照设计要求和房屋性能使用房屋，不要轻易改变房屋的用途和结构，以免影响建筑安全和使用安全。

四、商品房屋租赁管理规定

2011年2月1日实施的《商品房屋租赁管理办法》规定，凡是公民、法人或其他组织对享有所有权的房屋以及国家授权管理和经营的房屋都可以依法出租。但是，有下列情况之一者均不得出租：

（1）属于违章建筑的；

（2）不符合安全、防火等工程建设强制标准的；

（3）违反规定改变房屋使用性质的；

（4）法律、法规规定禁止出租的其他情形。

出租住房的，应当以原设计的房间为最小出租单位，人均租住建筑面积不得低于当地人民政府规定的最低标准。

厨房、卫生间、阳台和地下储藏室不得出租供人员居住。

出租人应当按照合同约定履行房屋的维修义务并确保房屋和室内设施安全。未及时修复损坏的房屋，影响承租人正常使用的，应当按照约定承担赔偿责任或者减少租金。

房屋租赁合同期内，出租人不得单方面随意提高租金水平。

承租人应当按照合同约定的租赁用途和使用要求合理使用房屋，不得擅自改动房屋承重结构和拆改室内设施，不得损害其他业主和使用人的合法权益。

承租人因使用不当等原因造成承租房屋和设施损坏的，承租人应当负责修复或者承担赔偿责任。

凡是签订、变更、终止租赁合同的当事人，应当在租赁合同签订后 30 日内，持下列相关材料到租赁房屋所在地直辖市、市、县人民政府建设（房地产）主管部门办理房屋租赁登记备案：房屋租赁合同；房屋租赁当事人身份证明；房屋所有权证书或者其他合法权属证明；直辖市、市、县人民政府建设（房地产）主管部门规定的其他材料。

对符合要求的，直辖市、市、县人民政府建设（房地产）主管部门应当在 3 个工作日内办理房屋租赁登记备案，向房屋租赁当事人开具房屋租赁登记备案证明。

第二节　物业租赁合同

一、物业租赁合同概述

物业租赁不仅是实现物业投资价值的一种有效方式，也可以解决一部分由于各种原因还未能拥有自己的物业的人的住房问题，对于推动我国住房体制改革的进一步深入、加快市场化进程具有重要的促进作用。

为了使物业租赁关系正常化、规范化和合法化，在将物业出租给他人使用时，物业出租人必须与承租人签订书面的物业租赁合同，也称物业租赁契约或简称租约。物业租赁合同是出租人与承租人就房屋租赁事宜，明确双方的权利、义务和责任的协议，即以房屋为租赁标的物的契约。物业租赁活动是财产租赁合同的一种，属于经济合同的范畴。因此，物业租赁合同一经签订，就具有了法律效应。

物业租赁合同一般应具备以下一些内容或条款。

（1）合同当事人，即出租人与承租人的基本情况。

（2）标的物，即租赁的房屋，必须在合同中标明坐落地段、产权所有人、产权证号、建筑面积、使用性质、房屋结构、四至界限、附属物和附图等。其中，厨房、浴室、过道等房屋附属面积，附属于住房的租赁，不能作为独立的合同标的。

（3）出租的用途。合同应载明出租房作为何种用途。

（4）租金及支付方式。一般按月计租，支付方式可按月支付或每半年、一年支付，或按约定方式支付。

（5）有关税费的承担。按规定，房产税与土地使用税由房屋产权人缴纳。

（6）租赁期限。一般为定期租赁，也可不定期租赁。定期租赁应在合同中载明确切的期限和起止日期。

（7）出租人与承租人的义务。例如，出租人应保证产权清楚，出租房屋符合使用要求，定期检查和正常养护房屋及设施等。承租人应保证不擅自改建、改装，不擅自转租或换房，保证支付租金或按约定用途使用房屋等。

（8）违约责任。如存放违禁物品、影响安全居住、逾期交付租金等的责任。

（9）免责条件。因不可抗力的原因而导致承租房屋及设备的损坏，双方互不负责。

（10）纠纷解决。如协商、调解、仲裁等。

二、租赁合同的签订与变更

1. 签订租赁合同

（1）房屋租赁合同是正式建立租赁关系的凭证。无论是企业、事业单位配房、个人换房，还是物业服务企业租赁自有商品房，均应在租赁双方达成房屋租赁意向的前提下，签订物业租赁合同。

（2）物业租赁合同按统一规定填写，不得擅自涂改变更。如有特定协议内容，在合同附记栏内写清。

（3）租赁合同一式两份，双方各执一份，待双方签字盖章后生效。如有未尽事宜，双方另定协议。合同签订后应到房产管理机关办理合同登记手续。如双方同意，也可办理公证。

（4）起租日期应按合同约定之日确定。

（5）承租人入住房屋时，出租人应会同其到房屋现场核对房屋及附属设备，并向承租人点交，填写在合同附件中"附着物"一栏内。

2. 房屋租赁合同的登记备案

（1）出租人和承租人签订房屋租赁合同后，应及时向房屋所在地的房产管理部门申请登记备案。申请时，应提交房屋所有权证、房屋租赁合同等有关材料，双方填写房地产租赁申请审批表并签名盖章。

（2）房产管理部门对当事人提交的材料进行审批，对出租房屋进行现场调查并记录情况，最后作出是否准予租赁的决定。经审查符合租赁条件的，准予登记和租赁；反之，则不予同意。

（3）房产管理部门对于符合租赁条件的，发给房屋租赁许可证。

3. 房屋租赁合同的变更与终止

1）房屋租赁合同的变更

根据相关法律、法规的规定，凡发生下列情况之一的，可以允许租赁合同变更。

（1）因租赁一方当事人更名，房屋产权发生转移，承租人家庭分户或承租人死亡、迁移，均可以变更合同。

（2）因出租房屋面积的增减、附属物的增减等，也可以变更合同。

（3）因租赁双方约定改变或增减租赁房屋的用途，均可以变更合同。

（4）租金的增减或支付方式的改变可导致协议更改。

（5）由双方约定，改变租赁期限或期限长短等。

2）房屋租赁合同的终止

发生下列情况均可导致合同的终止。

（1）租赁期满。

（2）租赁房屋灭失。

（3）因承租人搬迁需要终止，或因一方严重违约等，均可终止合同。

三、物业租赁双方的权利和义务

物业租赁是出租人与承租人双方的一种商品交易行为，物业租赁合同实际上就是对双方当事人这种商品交易行为及各自权利与义务的约定。

（一）出租人的权利与义务

1. 出租人的权利

（1）有按期收取租金的权利。租金收入是实现房屋价值的途径和房屋修缮资金的来源。按照合同规定的租金标准收取租金是出租人的一项基本权利。随着房屋条件与市场行情的变动，在一定的条件下，出租人有权解除租赁合同。

（2）有监督承租人按合同规定合理使用房屋的权利。承租人在使用房屋的过程中，不得擅自拆改、私搭乱建、损坏房屋结构和附属设备；不得擅自改变房屋的使用性质；承租人也不得利用承租人进行非法和损害公共利益的活动。出租人有权制止承租人的违约违法行为，并要求其恢复原状或赔偿经济损失。

（3）有依法收回出租房屋的权利。房屋定期租赁的，在租赁期满后，出租人有权收回；不定期租赁时，出租人要求收回房屋自住的，在安排了承租人的搬迁后，一般应当准许。承租人如有违约、违法、拖欠租金等情况，出租人有权提前收回房屋。承租人拒不执行的，可以诉请人民法院处理。

（4）有向用户宣传、贯彻执行国家房管政策和物业管理规约、管理规定等的权利。出租人有权制止违反物业管理规定（如绿化、消防、安全等规定）的行为。

2. 出租人的义务

（1）有保障承租人合法使用房屋的义务。房屋一旦出租，就是向承租人承诺移交占有权和使用权。在正常使用范围和期限内，出租人不得干预、擅自毁约。

（2）有保证承租人居住安全和对房屋装修、设备进行维修的义务。如无力修缮，可与承租人合修，费用可以租金折抵偿还。

（3）有按照合同规定提供房屋给承租人使用的义务。出租人对出租房屋拥有产权，并按合同规定提供房屋，如有产权纠纷，由出租人一方承担。

（4）有组织住户、依靠群众管好房屋，接受住户监督的义务。

（二）承租人的权利与义务

1. 承租人的权利

（1）有按照租约（或房屋租赁许可证）所列的房屋、规定的用途使用房屋的权利。

（2）有要求保障房屋安全的权利。对非人为的房屋与设备的损坏，有权要求出租人维修、养护。

（3）出租房屋出售时，有优先购买权。

（4）有对房屋管理状况进行监督、建议的权利。

2. 承租人的义务

（1）有按期缴纳租金的义务。

（2）有按约定用途合理使用房屋的义务，不得私自转租、转让他人。

（3）有维护原有房屋的义务。

（4）使用租房时要遵守有关法律法规和物业管理规定等。

第三节　物业租赁管理综述

所谓物业租赁管理，就是按照社会主义市场经济体制的客观要求以及租赁双方签订的租赁契约，依法对物业租赁的主体和客体、租金与契约所进行的一系列管理活动。其目的在于保证物业租赁活动正常、顺利地进行，维护租赁双方当事人的合法权益。

物业租赁管理包括国家及相关主管部门依照相关法规对物业租赁活动的行政管理，以及物业服务企业为租赁双方提供的各种日常管理与服务。

物业服务企业为租赁双方提供的各种日常管理与服务主要包括租赁物业的交接、租赁物业的日常管理与服务，以及租赁合同到期后物业退房的交接等工作。

一、租赁物业的交接查验

物业租赁合同签署以后，物业租赁当事人到租赁物业现场对合同约定的标的物业进行查验，并签署物业查验交接单。一般由物业服务企业的管理部为其办理租赁物业的交接手续，并告知相关的管理规定。承租人需要进行装修的，管理部应告知装修的相关事宜，并通知相关部门协调装修事宜。

物业出租人应严格按照物业租赁合同的规定履行应尽的义务，保证提供与租赁合同相符的房屋。物业服务企业应带领承租人做好租赁房屋的查验交接工作，确保承租人安全合法地使用房屋。

对租赁物业的查验一般包括对其产权归属等资料的查验，以及对物业实体是否与合同内容一致进行现场查验，并对物业附属的设备、设施和室内器具或设备进行试用，以确定其是否完好。物业服务企业应积极参与标的物业的查验交接。

二、物业租赁的日常管理和服务

1. 租金的收取

物业服务企业根据物业租赁合同规定，按照约定的物业租金标准和收取时间收取租金。在收费之前应开具物业费用收费通知单。如果有拖欠租金的情况，可以对拖欠物业租金的客户进行欠款催收。

2. 日常管理与服务

应做好与租赁客户的沟通工作，充分了解客户的租赁需求，根据需要实施主动式管理，为客户提供优质的管理和服务，提高客户的满意度。很多物业服务企业利用先进的管理手段和管理工具，实施主动式管理，使物业管理行业出现了新的生机。所谓主动式管理，是指以满足客户对物业管理服务的需求为目标，利用先进的技术和手段以及规范化的管理服务，提高物业管理服务的水平和效率，从而提高物业管理的经济效益。在物业租赁的日常管理与服务过程中，要做好以下几项工作。

（1）将物业管理与租赁经营紧密结合，在提供管理服务的同时达到经营的目的。

（2）使物业环境尽善尽美、整洁高雅、秩序井然，符合住户对环境、卫生、安全和规范服务的期望。

（3）建立并保持物业形象。在经济发展到一定阶段后，消费者购买的是概念和形象，物业管理人员有责任确保物业形象得以建立和保持，以吸引潜在的租户。

（4）慎重使用管理费，确保物业管理费开支用得其所。物业管理的目标是以尽量低廉的价格，提供最佳的环境。因此，要想发挥主动式管理的优点，必须分析组织过程，及时收集和整理信息资料，对管理过程进行有效的控制和管理。

（5）建立物业管理信息系统，应用现代化工具协助物业管理人员分析、处理和传递信息资料。物业管理的自动化，一方面可以提高工作效率，降低物业管理成本；另一方面可以为租户提供高水平的优良服务，从而提高物业租金水平，达到物业增值的效果。

三、退房与验收交接

对于物业租赁合同到期或提前解除租赁合同的客户，要及时办理物业退房手续，为客户提供快捷、方便的服务。不能因为客户退房而降低最后一个环节的服务质量。在物业退房工作中，应做好以下几项工作。

（1）及时告知需退租的客户有关退房的相关规定或约定；

（2）为客户办理退房验收手续时，注意检验物业在使用过程中是否有违反合同约定的事项；

（3）如果约定客户自行拆除租赁房屋的装修，应做好监督管理工作；

（4）核算客户退房的截止费用，并办理合同的终止注销；

（5）结算客户的各项费用。

四、物业租赁的营销

（一）捕捉潜在租户

1. 通过广告捕捉潜在租户

物业出租人可以使用广告来挖掘和寻找潜在租户。广告有多种形式，如做标志牌、在报纸期刊上做宣传，或通过广播电视、信函、宣传手册、传单和网站，以及赞助体育比赛、戏剧、音乐会等形式。不同类型的物业针对潜在租户使用的广告形式及广告内容应有所不同。

工业物业的潜在租户，通过放置在工业区主要干道上的大型广告牌即可找到，当然也可以通过经纪人寻找；商业物业的潜在租户，可通过靠近写字楼或在写字楼上竖立广告牌或在大型橱窗里、城市报纸的特定版面上频繁刊登广告等方法寻找；而一个潜在的家庭租户有租赁需求时，往往通过邻居或朋友，也有通过看报纸来寻找的，因此居住物业的租赁可通过在物业上悬挂广告牌或在报纸上刊登广告。

出色的广告会在人们的脑海里留下深刻的印象，这样的广告主要通过强调物业的优点和服务来吸引潜在租户，一般在具体内容后附有物业位置、有效日期、参观时间和联系方式等。

（1）标志牌广告。物业的类型不同，潜在租户不同，通过标志牌寻找的效果也不同。例如，大型的工业、商业物业经常使用户外广告牌来吸引潜在租户；而大型住宅或办公楼宇应在内部设立一个小接待室以吸引潜在租户前来参观与咨询；小型的住宅或办公楼可以将物业类型和联系人、有效日期、参观时间和联系方式放在待租物业或其隔壁的显著位置。

（2）报纸期刊广告。在精心选择的非地区性报纸期刊上做广告可以吸引一批有实力的潜在租户。要吸引工业或商业方面的潜在租户，可以将陈列广告刊登在财经版面上，当然也可以放在其他版面上；而要吸引住宅类的潜在租户则要在房地产报纸上做较大版面的广告。

（3）广播电视广告。尽管广播电视的受众较多，但广告的费用高，而且这些受众都是没有经过选择的，人多并不意味着潜在租户多，所以这种方法会受到限制。

2. 使用"免费"噱头捕捉潜在租户

物业管理者可以采用"免费"噱头来寻找潜在租户，比如物业管理者可以提供免费旅行、免费游泳或网球课程、免费使用俱乐部的机会等。

3. 引导参观捕捉潜在租户

物业管理者要通过引导潜在租户参观，使其对待租物业产生兴趣和需求。物业管理者应估计潜在租户的爱好，在潜在租户对某地段、某单元感兴趣时，就带领其参观。应尽量避免潜在租户在参观现场时感到失望，如发现一些与先前的广告内容截然不同的地方等。物业管理者应注意从最佳线路带领他们参观，沿途介绍令人愉快的设施和服务。例如，参观工业区时，物业管理者可宣传其交通的便利；参观综合办公楼或购物中心的路上（如车上）可以说一说其他租户的情况，使其了解周边租户的素质，相信周边没有直接的竞争者；在车上可以回答关于公交车辆的问题。

参观中物业管理者不仅要突出不同物业的优点，而且要说明自己所能提供的服务，如保洁、便利服务、设备的维修保养和常规操作以及管理的方针和行为规范等。

4. 建立租售中心捕捉潜在租户

对于大型综合住宅和商业物业来说，建立一个组织健全、有专业人员值守的租售中心是必要的。租售中心要有完整的装修并配有极富吸引力的家具，以使潜在租户看到完成后物业的情况。由于建立租售中心的费用昂贵，因此是否建立取决于租赁的物业数量、希望出租的时间、租赁者期望的租赁额和竞争者的情况等。期望中的租金越高，租售中心的效用就越大，因为使用合适的租售中心会增加潜在租户的询问率，从而提高出租的可能性。当市场强劲时，一般不需要精心布置这样的租售中心。

（二）租户资格的审查

不管是居住、商业还是工业租户，租户资格的审查程序基本都是一样的。

1. 潜在租户的登记

力求让每一个前来咨询或参观物业的潜在租户填写一份来客登记表。

2. 潜在租户的身份证明

核对居住或商业物业租赁者的身份证明很重要，尤其是零售性的商业物业，如混合租赁的零售购物中心，因为在商业物业中租户做何种生意是很重要的，它关系到与其他租户能否协调，如有些租户就要求同一个购物中心中不能有竞争性的租户。

3. 租赁经历

由于经常改变租户的花费较高，再加上一般家庭或公司频繁地更换租赁场所的原因大多是陷入了经济困境，因此业主或物业管理者为了防范风险，会了解潜在租户的租赁历史，尽量寻找租赁历史稳定可靠、租赁期较长的租户。对于有改造物业要求的租户，其以往租赁是否稳定则更为重要。如果潜在租户有多个，物业管理者或业主在选择时，往往不会考虑那些业务规模迅速膨胀的公司。因为假使现有的物业对这些租户目前来说正合适的话，那么过不了一两年就会显得太小而不能再租用。当然这得排除业主有富裕的物业可以提供的情况。

4. 资信状况

业主或物业管理者可以从租户以往的拖欠记录中了解潜在租户的资信状况。一般来说，以往总是拖延或不按期付款的租户多数还是不会改变的，而以往总是稳定地按期付款的租户则总会保证信用。因此，对那些有拖欠赖账史的潜在租户可不予考虑，当然如果仅有偶尔拖欠记录的，则应请对方亲自对此作出解释。物业管理者可通过调查得到所需要的潜在租户的以往信用资料。

（三）租约条款谈判

若潜在租户对物业感兴趣并且其资质也符合业主的条件，即可展开具体的谈判过程。谈判的目标是签署租赁双方都满意的、公平合理的租约。

1. 控制签约进程

要使谈判有所进展，物业管理者要有驾驭谈判局面、控制签约进程的能力。物业管理者要设法避免业主与租户的冲突，防止租赁业务无果而终。物业管理者可通过不让业主和租户过早接触等方法，来规避可能出现的冲突。常用的技巧是当谈判快要结束、准备签约时，再让双方见面。成功的物业管理者总是在开始谈判前拟定谈判策略，使业主不至于太早进入面对面的谈判。

2. 经纪人参与

在办公物业、零售及商业物业和工业物业的租赁谈判中，业主为了满足专业知识的需要往往会聘请第三方——专业知识与经验都丰富的租赁经纪人加入，这时除非物业管理者能够很好地与这类经纪人配合，否则他们的介入会使谈判更加复杂。在谈判开始前，物业管理者与经纪人应商定好由谁直接去面对租户。一般情况下由物业管理者去面对租户，由经纪人在幕后提出建议和策略。因为在谈判中与租用者建立良好的关系是非常重要的，而物业管理者比租赁经纪人更能建立这种关系。

3. 谈判妥协

谈判妥协是指业主对原始条款作出让步而给租户的一种优惠，妥协的目的是让潜在租户成为真正的租户。有价值的妥协会使租户在基本问题或财政问题上有舒缓的感觉。对条款的每一次妥协都意味着业主租赁收益的减少，因此物业管理者在谈判中要时刻坚持业主的立场，在业主不可能作出让步的条款上不妥协。一般来说，租赁妥协的原则是租用规模越大、租期越长，租价妥协的空间越大。但要注意的是，一旦对一位租户作出妥协，可能对其他租户也要作出同样的妥协。

在谈判中不管妥协的大小，都要让租户感到是在业主不情愿的情况下作出的，是来之不易的。值得注意的是，有时候妥协对业主影响很大，但对租户却没有价值；而有时租户认为对方作出了巨大的让步，而实际上这对业主的意义并不大。因此，物业管理者有必要弄清楚租户一方的需求。

租约中几乎所有的条款都有谈判的余地，关键在于双方立场的坚定性，任何一点妥协都可能引导潜在租户接受并签署租约，成为真正的租户。因此，物业管理者在谈判中要考虑的是妥协程度多大时才能打动租户，即妥协的尺度。一般来说，决定妥协程度的因素包括：业主的财务和战略目标；该地区物业租赁市场的竞争情况；租户租赁的紧迫性。

在租金上作出让步，无疑是最具吸引力的，也是最具负面影响的让步。虽然任何租价折扣都不是业主或物业管理者情愿作出的，但激烈的物业租赁市场迫使其不得不这么做。因此，任何时候物业管理者都要分析租价折扣的利弊得失，在保证物业的一定租金水平的情况下才能考虑给予租户短期的租金减免优惠。租金上的让步通常只能在市场状况最坏的时候作出。

租金折扣通常是对个别租户作出的，但这类消息传播得很快，一旦对个别租户妥协，其他租户也会纷纷提出同样的要求，从而最终会导致租赁效益的降低，甚至造成严重的损失。因此，在谈判中物业管理者要坚持最起码的租金水平。如果物业管理者发现物业的实际价值在整个租期内因租金的降低而发生损失，这时的租赁市场又是低迷的，提升租价的可能性不大，那么也可以让物业空着，留待市场好转，租价合适时再出租。因为长期以低廉价格出租物业，会使租金收入与物业的日常营运开支相抵后所剩无几甚至无利可图或收支倒挂，这比物业空置还要糟糕。

在办公物业出租中经常采用分级定价的方法，基本标准租金以每平方米计算。在高层办公楼中，标准租金一般随楼层的增高而增加，因为楼层越高越安静。同样，每一层位于楼角的单元往往比其他单元的租金要高，每一层位于视野好的一面的单元，租价也要比其他的单元高一些。

居住物业的租价也采用分级定价，使所有的单元在价格和价值上取得平衡。例如，一幢无电梯的六层公寓楼，顶层单元的月租费可能就要比楼下同样单元的月租费便宜些；同样一幢高层住宅楼，高层视野广、风景优美的单元肯定比底层包围在中间的单元的租价高。

租金折扣中最常见的一种方式是短期减免租金，这种方法在一定程度上满足了租户和市场的要求。例如，在市场空置率很高的时候，物业管理者可以用减免两个月租金的妥协，来促使租户签约。物业管理者在采用这一妥协条款时要注意应在租期的最后执行，而不是在租期开始的第一个月免租。如租赁期是一年，则在最后两个月可以不收租金，这样可以避免租户不付钱就入住，直到被驱逐出去时都未付租金的情况。一般来说，短期减免租金的妥协比平均降低整个租期内的租金的妥协要好，因为平均降低租金的妥协无形中降低了物业的市场价值，它造成的损失要比短期减免租金的损失大。

4. 租期的确定

在租户更迭时，业主为寻找新租户要花费广告支出，对新租户的资格审查要花费成本，谈判要花时间和费用，而每次租户搬出搬进都要发生对物业进行清理、重装修和修整等费用，所有这些都要增加业主的租赁成本，减少租赁收益。因此，有经济头脑的业主往往愿意签一份长一些的租约。当然，业主如果在长租约中没有逐渐提高租金的条款（如随物价指数而变动等），长期租约也会造成一些损失。

一般情况下，对居住物业，如果租金能够随时间推移而增长，租期可适当长一些，否则通常都比较短（如一年）。当然也有例外，如对新建或新改造的居住物业，业主为提升物业的声望，就会与那些资信好、经济地位坚实的租户签订较长时间的租约，因为这些人的租用会提高物业在租户及邻里间的声望。

办公、商用物业不同于居住物业，其租期通常较长（如 5 年、10 年），而工业厂房租期一般更长。业主在长期租约中通常会加入租金随时间而增加的条款。由于商用物业往往有专为租户进行改造的费用，因此对商用物业，物业管理者要尽量寻求较长的租期，以期完全收回改造费用。在长期租约中，若以百分比租约方式出租，物业管理者通常会要求有保底租金，当然对那些声誉很高的大型商业企业租户也可以例外。

在租期结束时，给予续租也是一种优惠。有较高声誉或经营业绩好的工商业户往往能够得到续期的优惠。其他租户要续期则往往有附加条件，如提高租金等。

在租赁市场空置率高的情况下，租户有时在谈判中会提出在租用到预定的时间后可退租的条款；而在经济不景气的时候，租户会提出在租用达到一定时间后根据经营情况减少租用量的条款。在特殊时期,业主在谈判中可以同意上述条件而不附带任何惩罚条款,但对未收回的、为适应其租用要求而改造的费用,则要求租户在退租时补缴齐。

5. 关于物业改造的谈判

新租户在入住前,总会提出改造或改进物业的要求。改造费用一般通过租金的形式收回。但物业管理者要向租户申明的是,所有超标改造装修费用或由租户自负,或由业主提供并在租金中收回。在市场疲软或租户需要的时候,标准内的定期重装修或设备更新可以考虑在租约中规定由业主负担。例如,对一家声望显赫的证券公司租用的空间,业主负责每三年重新粉刷一次、每六年更换一次地毯等。

租户对居住物业的要求一般局限在物业的装饰上,如重新粉刷、重换窗帘、更换地毯等。有些新建住宅的业主让租户自己设计挑选装饰,并将其作为优惠条件。旧的住宅是否重新装饰由当时的租赁市场状况和租赁双方的急需程度决定。住宅在重新出租前一般都要重新粉刷一遍油漆,但当市场紧俏或租户急于入住时,如果租户愿意,可以由业主提供材料,由租户自行完成。物业管理者要注意把这些口头协议记录下来以免造成误解。

商业物业的租赁谈判中,物业管理者在就物业改造的条款作出妥协前,不仅要考虑改造对物业的影响,还要考虑由此增加的业主负担。一般谈判的结果是用其他条款来交换,以避免给业主造成损失。物业管理者要给租户一个可以改造的上限,允许租户在此范围内确定标准。

商业物业在出租前一般必须经过相当大的改造,以满足租户经营的特殊需要。改造项目和所需费用及费用如何分配必须在租赁契约中明确写明。一般情况下,新的商业物业业主在建造时,会根据建筑标准预留一定的出口、灯具、窗户等,这些费用一般由业主承担。但超出这些标准的任何设备、设施,如附加的楼梯、空间分隔、门、喷淋系统等的费用可以由租户负担。

如果租户要求业主无法满足的豪华昂贵的装修改造,业主可以直接给租户按每平方米计算的补贴。但物业管理者要监督租户的装修过程,使其按约完成。在租约中还要明确租户的任何改造都是物业不可分割的一部分,租户对其没有所有权。

6. 扩租权的谈判

扩租权是指允许租户在租用一段时间后根据需要增加租用邻近的物业。对居住物业而言,扩租并不常见。但对商业物业租户,尤其是对处在成长阶段的商业物业租户,这一优惠条件是很有吸引力的。但令业主和物业管理者头疼的是,将已答应扩租的物业出租给那些不知会租多久的租户会带来麻烦。显然物业的空置率越低,租户获得扩租权的可能性就越小,因为物业的大部分空间已被占用或被预约租用。

7. 限制竞争租户条款的谈判

限制竞争租户条款是指租户在物业中享有排他的、从事某一行业的经营垄断权。该附加限制条款常常出现在商业物业尤其是零售物业的租约中,有时也在服务业的物业租约中出现,如理发店等。如果这一限制条款不致影响业主的利益,或租户愿意为此交付额外的补偿,则可以考虑采纳;如果这一条款会影响其他有价值的大租户或有声望的租户的进入,则不能同意。

有些职业对竞争对手过于接近并不介意,而有些职业则不然。对大型的商业购物中心,无论租户愿意付出多大的代价,物业管理者都不能同意这样的限制性条款。因为购物中心的性质就是要多家同类企业共存,从而展开竞争,刺激商业和商场的发展。

(四)缔约技巧

在正式签约前,许多租户都会迟疑,如都会停下来思考这样一些问题:这是不是一个正确的决策?要租赁的物业是不是所出的价位上最好的?妥协条款是否符合我的需要?是否可以等等再说?面对租户的迟疑,物业管理者在签订租约时一般要考虑采用适当的策略或技巧。

例如,直接让对方提出他们满意的条件,如"您更希望什么样的空间?""您还有什么不满意的吗?"然后给出正面的回答。此外,可以强调物业的优点及对租户的适用性,在租户查看物业和洽谈过程中反复强调,以显示该物业十分理想等。

(五)核查物业

签订租约意味着租赁关系的真正开始。在租赁伊始,物业管理者应陪同租赁人核查物业,检查所租物业是否符合租赁条款中的条件。如果租赁双方都认可物业的状况,就应请承租人办理接受物业的签字手续。同时,物业管理者和租赁人都要填写物业迁入迁出检查表。租户离开时也将使用该表。双方都必须填写,以免发生争议。

(六)提供有效的租赁服务,建立良好的租赁关系

一旦双方签署了租赁合同,租赁关系即告成立。租户搬进,物业管理者就要与租户建立良好的关系。因为对物业的维修和管理来说,与租户建立良好的关系是成功的一半;此外,租户如果满意物业管理服务,一般情况下愿意续签合同的可能性较大。

1. 良好的沟通

要与租户建立良好的关系,实现良好的沟通,物业管理者在租赁之初就要让租户对租赁条约的方方面面有一个清晰的了解,对包括物业管理条约、制度、处理维修的要求、租金缴纳程序、租约终止时间、维修基金和有关处罚制度及业主委员会等内容有一个清楚的交代,从而使双方就今后的租赁和物业管理等问题基本达成共识。

2. 建立联系途径

物业管理者可以通过电话或私人拜访等途径与租户保持联系,设法抓住一切机会并创造机会与租户面谈,广泛征求他们对舒适、服务、维修、管理等方面的意见。

3. 开展租赁服务

物业管理者在所开展的租赁服务中最应重视、最为关键的是维修服务,因为租户对维修服务的好坏最为敏感。因此,在租赁伊始,物业管理者应确保租户了解维修程序(如向谁和怎样提出维修服务要求),以及由谁承担责任等。为此,物业服务企业必须建立一个快速有效的服务系统,能够准确地将租户要求反馈给相应的部门。一种方法是将有

关维修要求信息订为一式三份，物业管理者、维修者和租户各执一份。与租户建立良好关系，主要依赖业主或物业管理者对租户要求的反应程度。因此，无论什么服务要求，物业管理者都应该立即反馈给租户，如果答案是否定的，那么物业管理者也要如实地告知租户并进行解释。最糟糕的做法是表面应允，而实际上却拖延或逃避。

无论物业管理者对租户的要求多么重视，一旦租户们感到自己的要求受到冷落，其与物业服务企业的良好关系就会受到影响。因此，物业服务企业在处理租户的各类要求时，要尽量使其满意。即使遇到租户的过分要求，也要有礼貌地倾听，然后解释提供该服务将增加额外支出。尤其是要注意在电话联系时，租户们往往会根据声音判断物业管理者的热情与负责态度。

（七）收缴租金

在租赁开始时，物业管理者对租金缴纳的时间、地点等都要非常熟悉。一般来说，无论是办公、商业还是工业与居住物业，提前收取租金是通行的做法。物业管理者在签订租约之初，就应向租户解释缴费的相关要求。

物业管理者一般在月初开始租金收缴工作。物业管理者的收费政策直接关系租户缴纳租金的速度。

由于各种物业的管理服务不同，加上同一物业中的各租户享受的服务也不同，因此在收费通知单中应单列租金。例如，办公楼宇管理者要列出运行费用中每个租户的消费量；而商业物业的租金通知单，则要列出电力、公共照明、门厅服务付费等项目。

（八）续签租约

续签租约对业主和物业管理者都是有好处的，因为旧租户对再装修以及更换其他设施的要求不像新租户那样多，而且业主也节省了寻找新租户的费用。租户是否续约主要取决于对物业管理者的满意程度和新租约的条款。因此，新租约的条款作何改变是很关键的。

考虑新租约条款是否改变的因素包括：①初次租赁谈判中未考虑的因素，如租户以往是否准时缴纳租金等；②市场的情况。通常改变租赁条款的内容主要集中于租赁期限、维修、更换、再装修的程度和租金水平等。

续签租约时的谈判与初次谈判一样，如果宏观经济形势看涨，物业管理者就要提高租金，或增加提高租金的条款或签订短期租赁合同；相反，如果宏观经济形势看跌，物业管理者则倾向于签订长期租赁，以尽可能地保证收回租金，而租户则希望通过签订一个长期不变的合同来获取某些利益。

续签租约谈判中一个非常重要的问题是租金的调整，即租金是否随物业运行费用的增加而发生变化，在商业物业的租赁中这个问题尤其重要。一般来说，租户和物业管理者都不喜欢随意增加租金，因为租户不希望出更多的钱，而后者则担心高空置率会使业主对其工作不满意。但如果是100%的出租率则说明相对市场行情来说，租金偏低了，该是调整租金的时候了。另外，如果物业管理者的佣金与租金挂钩，则物业管理者也会倾向于提高租金。这时，他们通常会对有价值的物业单元提高租金。

租金增加不可避免地会使部分租户威胁业主或物业管理者要中止租赁而搬迁，但随着租户到市场上寻求新的物业，了解市场行情后，搬迁人数会降下来。即使真要搬走，物业空置率也是暂时的，不久会被新租户顶替。只要租赁费的增加能够弥补空置的损失，总收入就不会减少。

一旦租户明白了租金提高背后的逻辑关系，即明白租金调整的合理性，他们的态度会发生一些改变，因此物业管理者在提租的同时要附上运行费用稳定增加的说明图，可以将之递送到租户信箱里或张贴在公告栏里。另外，物业管理者为了在提高租金的同时仍然与租户保持良好的关系，在租金增加后，应保证服务和维修保持或超过原来的水平。例如，可以通过简单地做做门面改进，来增加租户的满意度。相反，如果租金增加而服务却下降，就会引起租户的不满和抗议，这时物业服务企业要迅速改进管理，免受失去租户的损失。

（九）租赁终（中）止

1. 租赁终（中）止的种类

（1）租户提出的租赁终止。租户提出搬迁的通告按租约条款规定办。但如果一个表现良好的租户要求搬迁，物业服务企业应立即与其取得联系，并检讨是不是管理过失所致。如果是的话，物业管理者应通过保证改变这种状况等的承诺，尽量挽留租户。即使租户的决定难以改变，物业服务企业仍然要调查清楚事情的真相，为以后加强管理、避免类似事件发生提供参考。

（2）物业服务企业拒绝续签。物业管理者及时发出终止租赁通知而不允许续签也是可以的，但物业服务企业拒签的理由必须充分。

（3）强制性的中止租赁。当租户违反法规、不付租金、参与犯罪或违反租约协议条款时，物业服务企业有权通过法律途径强制中止租赁合同，收回物业。

2. 租赁终（中）止的程序

（1）搬迁前的会面。物业管理者在租户搬迁前，应与租户进行一次私人会面，填写搬迁前会面表等。

（2）物业检查。无论哪一方提出结束租赁，物业管理者都必须在租户搬出之后与其一起检查物业。当房屋被清空后，物业管理者在检查时就应确定下一次搬迁前哪些地方需要重新粉刷，为此检查时物业管理者应带上一定格式的物业检查表，检查物业哪些地方受损以及房间及其设施是否处于完好状态，记下物业的实际情况和需要的维修量及何时可列入维修计划等，并计算出安全与清洁方面应扣除的押金。

（3）归还押金。归还租户押金时，物业管理者要说明押金扣除了哪些方面及其数额。如果扣除了安全押金，则要说明安全押金的用途并归还未支出部分。如果物业管理者违反租赁协议动用了部分押金，那么必须向租户逐条说明其使用情况。如果租户不能接受，物业服务企业必须承担相应的责任。

第四节 物业租金

一、物业租金及其类型

（一）物业租金的定义

物业租金，就是物业租赁价格，是物业产权所有者或授权经营者分期让渡物业使用价值所体现的价值补偿，即出租人出租某种物业时，向承租人收取的租金。物业租金是物业商品的一种特殊的价格形式，通常人们将其称为租金或房租。

从价格原理上看，物业租赁价格有两种表现形式：理论租金和实际租金。理论租金是物业价格的延伸，也是物业一次性销售价格和多次销售价格之间存在的实际价值的比例。作为衡量物业租金的客观标准，它是以物业价值为基础而形成的，因而应体现物业开发过程中的投入、时间价值因素、无形磨损和有形磨损等。实际租金则是以理论租金为基础，充分考虑当地的收入水平、消费水平、市场供求以及租赁物业的地点、位置和房屋朝向、楼层、采光条件、附属设施等因素后综合确定。

（二）物业租金的类型

物业租赁市场上存在福利租金、半成本租金、成本租金、商品租金和市场租金等几种类型。

1. **福利租金**

福利租金是国家根据政治、经济需要和居民的承受能力以及其他因素决定的实际执行租金。国家和单位对房屋租金的结收，只要求部分保证房屋的日常维修养护和管理费开支，其不足部分由财政补贴。目前国有公房和单位自管公房中，还有相当一部分实行这种低租金福利制。

2. **半成本租金**

半成本租金是业主或经营单位以低于成本租金的价格水平出租房屋。这种租金一般是在福利租金基础上考虑了折旧费。因此，租金收入可适当满足物业日常养护和必要修缮的要求，初步实现以租养房的目的。目前，绝大多数城市出现的公有物业和办公、医疗、教育等用房，一般都采用这种形式。

3. **成本租金**

成本租金是由折旧费、修缮费、管理费、投资利息和税金等因素构成的。这种租金体现了物业价值的最低经济界限，只能维持物业的简单再生产，达到盈亏平衡。目前，少数城市和一部分大企业出租公有住房和办公用房，采用的就是这种形式。

4. **商品租金**

商品租金是按照物业理论价格确定的租金。这种租金体现了房屋的商品价值的，不仅能实现物业的扩大再生产，实现以租养房、以租建房的目的，而且能使房屋的租赁者获得必要的利润。目前，大多数城市的工商企业用房均实行这种形式。

5. 市场租金

市场租金又称协议租金，是由租赁双方协商议定的租金。这种租金体现了物业的价值与市场供求关系的影响。目前，各大中城市出租的商业楼宇、写字楼、工厂大厦、商业铺面等经营性用房和住宅用房，均采用这种价格形式。

总之，我国公有住宅曾经主要以成本租金为主。但是，随着房地产市场的形成和发展、住房制度改革的不断深化，房屋租金将逐步向商品租金和市场租金方向发展。

二、物业商品租金的构成

1. 折旧费

折旧费是按房屋的使用年限计算的逐年回收的建筑房屋投资。折旧费取决于房屋造价、使用年限和残值率。

2. 维修费

维修费是为保证房屋的正常使用与预期使用年限所必需的维护和修理的费用。这部分费用是房产经营部门的追加投资，是房屋的必要组成部分。维修费就其性质来说，属于生产过程在流通领域继续追加的费用，它维持和延长了房屋的使用寿命，相应地增加了房屋的使用价值。

3. 管理费用

管理费用是房产的管理者和经营者对出租房屋进行必要的管理和服务所需要的费用，包括工作人员的工资、工资附加费、办公费、固定资产使用费、劳动保护费、上级管理费及其他费用。

4. 税金

税金是经营房产必须向国家缴纳的费用，是国家财政收入的来源之一。物业管理属于居民日常生活服务。按照有关规定，连续12个月应税服务销售额达到500万元及以上，按照6%的税率计算缴纳增值税；未达到500万元，则按照3%的税率计算缴纳增值税。

5. 利息

即房屋折旧部分建房投资的利息，一般按中国人民银行规定的利息计算。

6. 保险费

保险费是房屋所有者为了使自己的房产免受意外损失，而向保险公司投保房产保险所支付的费用。

7. 利润

利润是指房产经营部门从事物业租赁经营而获取的利润，一般是以社会平均利润计算，规定占成本价租金的3%~5%不等。

8. 地租

地租是指房产经营者因为占有国家土地而向国家缴纳的土地使用费，一般按每平方米土地年税额计征。

三、影响物业租金的因素

实际租金标准的制定，不仅取决于租金构成的"八要素"，还取决于出租房屋的内在影响因素和外部影响因素。

1. 内在影响因素

（1）房屋构造。包括房屋的建筑结构和房屋结构两个方面。从建筑结构来讲，有钢筋混凝土结构、砖混结构、砖木结构、简易结构，以及楼房（包括多层、高层）、平房之分。房屋结构不同，其租金标准不同。从房屋结构来看，是否舒适、合理也在一定程度上影响租金。

（2）房间设备和室内装修。一般情况下，房间设备、室内装修与租金标准成正比例关系。

（3）楼层。出租房屋所在楼层影响承租人生产、生活的舒适程度，所以各楼层租金有一定的差价系数。

（4）朝向。房屋的朝向影响出租房间的采光、采暖，影响居住者的舒适程度和身体健康，所以不同的朝向有一定的价格系数。

（5）层高。房间高低不同，租金也会受到一定影响。

（6）其他因素。诸如有无阳台、西山墙和顶层有无隔热层等，都会使租金受到一定影响。

2. 外部影响因素

（1）地理位置或地段因素。房屋所处的地理位置不同、地段不同，租金会受到很大的影响，特别是对营业性用房来说，这种差价表现得更为明显。

（2）供求关系。房屋供求与租金高低显然具有很大关系。如果房屋供不应求，租金会被普遍拉高；相反，如果房屋供过于求，租金就会被普遍压低。即使房屋供求总量平衡，供求关系也会影响租金。

（3）房屋用途的影响。房屋从总体上说，可以分为非收益性物业和收益性物业两大类。非收益性物业主要是指住宅物业；收益性物业主要是指以出租经营性房屋为主体对象的物业，包括写字楼、商业大厦、工厂物业等。根据房屋用途的不同，所带来的收益不同，租金可能会有很大差别，计算租金的方式、方法也存在很大差异。

四、物业租金的管理

目前，全国各地对房屋租金基本上实行两种价格管理形式：一种是国家定价；另一种是市场调节价。多数地区对房管部门直管公房的租金（包括住房和工商业住房）和单位自管的住宅租金实行国家定价。当然具体标准由各地根据具体情况而定。除此之外，单位自管的工商用房和私有房屋的租金则实行市场调节价，由出租人和承租人双方协商议定，市场调节价一般都比较高。

受传统体制住房无偿分配的影响，我国目前房租水平仍然偏低，使房价和房租关系发生了一定程度的扭曲，不利于推进住宅商品化。同时，房屋租金的管理比较混乱，缺乏有效的统一规定，国家对非住宅物业的租金和非房改范围内的住宅租金的管理还缺乏统一规范，租金标准也不够统一，在房屋租赁市场上仍然存在隐租、瞒租和私下交易行为。

由于房屋的地域特点较强，房屋产权的性质和用途不一样，加之各地房地产市场发育程度不同，很难采用整齐划一的房屋租赁价格管理办法，可以尝试实行多种形式的房屋租赁及租金管理办法，促进租赁市场的健康发展。

1. 住宅物业租金的管理

城市房地产管理部门直管公房和单位自管公房的租金标准，应由所在地人民政府管理，并按各地房改方案的规定逐步提租，向成本租金直至商品租金过渡。私有住房租赁价格则可放活，由租赁双方协商议定。随着租赁市场的形成和发展，以及住宅供求矛盾的缓解，租金水平也不可能总是大幅度地增长。反之，由于私有住宅租金适当放活，可以形成与非住宅房屋较合理的比价关系，促进房屋使用结构更趋合理。

2. 非住宅物业租金的管理

房管部门直管公房和房地产开发企业开发的房屋出租给行政事业单位的办公用房应纳入国家管理，执行国家规定的租金标准或最高限价；出租给工商企业等的营业性用房，由各地根据当地实际情况决定采取何种管理形式，国家不作统一规定。但是为防止租价差别过大，可制定一定的指导租金标准。对单位自管公房和私房出租用作工商营业用房的租金则适当放活，由租赁双方参照国家制定的指导租金标准，结合市场情况协商议定。

复习思考题

1. 简述物业租赁的含义及特征。
2. 物业租赁应遵循哪些基本原则？
3. 简述物业租赁的一般程序。
4. 简述物业租赁合同的主要内容。
5. 在什么情况下，可以对物业租赁合同的有关条款进行变更？
6. 简述房屋承租人的基本权利和义务。
7. 简述开展物业租赁的营销策略。
8. 简述物业商品租金的构成。
9. 影响物业租金的因素主要有哪些？

自测题

第十一章

物业风险管理与保险

第一节 风险及风险管理

一、风险

（一）风险及其类型

1. 风险的含义

在现实生活中，人们经常提到风险一词，如投资风险、人身风险、财产风险、市场风险、作业风险等。与风险有关的词语和事物比比皆是。对于究竟什么是风险，人们可能会有不同的回答，不同的人对风险也会有不同的态度和理解。

风险是指某种事件发生的不确定性。人们在从事某种活动或对某件事情作出决策时，未来的结果都可能是不确定的，从而导致某种事件的发生或不发生。从广义上讲，只要某一事件的发生存在两种或两种以上的可能，那么就可以认为该事件存在风险。从狭义的角度来讲，风险仅指损失发生的不确定性。具体来说，主要表现在三个方面：一是发生与否的不确定性；二是发生时间的不确定性；三是发生时导致结果的不确定性。

由于各类研究的角度及实践中所需结果的不同，对风险的理解主要有以下几种。

一是风险客观说。持该观点的人认为风险是客观存在的，承认损失的不确定性。现实论或实证论者都持这一观点。因为风险客观存在，所以它是可以预测的。在对风险事故进行观察的基础上，可以用统计观点对这种不确定性加以定义并测度其大小，而且所有结果都以金钱来计价。保险精算、流行病学和安全工程领域的风险概念都属于这一学派。经济学与财务理论的风险概念与此稍有不同，在该领域，很多结果并不是以绝对的金钱来计价，而是以效用损失或效用收益来代替实际损失或实际收益。但效用值也是以等值金钱来衡量的，所以也是偏向风险客观说。

二是风险主观说。持该观点的人并不否认风险的不确定性，但认为个人对未来的不确定性的认识和估计与个人的知识、经验、精神和心理状态等因素有关，不同的人面对相同的事物时会有不同的判断，因此所谓风险的不确定性是来自主观的。心理学、社会学、人类学、哲学等领域的学者都持这一观点。其中，心理学仍保持实证论的思维，认为风险可以用个人主观信念强度来测度；而社会学、人类学、哲学等领域则采用相对论者的思维，认为风险不是测度的问题，而是形成过程的问题。20 世纪 80 年代以来，人文学者就对风险客观说提出异议。他们指出了客观说中存在的两个主要问题：①有些方面的客观是相对的，其中的主观判断成分难以避免；②人们在进行风险评估时势必会加入自身的价值观与偏好。例如，同一种损失，对于不同财富的人来说感觉可能是不同的。因此，在风险评估这一阶段就不存在绝对的客观。由此可见，风险主观说更贴近实际决策，这种观点也日益受到重视。

三是风险因素结合说。持这种观点的人更注重风险产生的原因与结果，认为人类的行为是风险事故发生的重要原因之一。此外，正是由于人类及其财产的存在，风险事故才会造成损失，才能称为风险。因此，"风险是每个人和风险因素的结合体"，灾害的发生及其后果与人为因素有着极为复杂的互动关系。该学说并不强调风险的客观性或主观性。事实上，这一学派有人认为风险是客观存在的，也有人认为风险是主观的，所以严格来说，这一学说与前面的两个学说不是并列的，而是交叉在一起的。

从组织管理的角度来说，人们经常谈论的风险是指发生某种不利事件或损失的各种可能性的总和。它具有普遍性、负面性、不确定性和可测性等特征。

风险的普遍性是指人类的历史就是与各种风险相伴的历史。人类自从出现以后，就面临各种各样的风险，如自然灾害、疾病、战争等。企业也经常面临市场、技术、咨询、政治等方面的风险。总之，风险渗入社会、企业、个人生活的方方面面，无处不在，无时不有。

风险的负面性是指风险是与损失或不利事件相联系的，没有损失就没有风险和风险管理。

风险的不确定性是指风险发生频率、发生时间、发生空间和发生程度的不可预知性。

风险的可测性是指凡是风险都是与特定的时间和空间相联系的，所以可以通过大量的观测结果来揭示风险潜在的必然性和规律性。这也是保险公司能够经营保险的基础。

2. 风险的类型

（1）按照损失的性质分为纯粹风险与投机风险。纯粹风险是指只有损失可能而无获利可能的风险；而投机风险是指既有损失可能，也有获利可能的风险。

（2）按照风险的对象分为财产风险、责任风险及人身风险。财产风险是指相关财产发生损毁、灭失和贬值的风险；责任风险是指致使他人遭受财产损失或身体伤害，在法律上负有赔偿责任的风险；人身风险是指人们因生、老、病、死而招致损失的风险，这种风险的产生时间是不确定的。

（3）按风险发生的原因分为自然风险、社会风险、政治风险、经济风险、技术风险等。自然风险是指自然因素和物理现象造成的实质风险；社会风险是指由于个人或团体的不可预料的反常行为造成的风险；政治风险是由于种族、宗教、政治势力之间的冲突、暴乱、战争而导致的风险；经济风险是指在商品生产和销售活动中，由于经营不善、市场预测错误或市场情况的变化而导致价格涨跌、产销脱节等风险；技术风险是指由于技术进步、技术结构及相关因素的变动而导致的设备无形损耗、工人结构性失业、产品被迅速淘汰等风险。

（4）从企业管理的角度，可以分为市场风险、信用风险、流动性风险、作业风险、法律风险、会计风险、资讯风险等。市场风险是指市价波动可能使企业营运或投资产生亏损的风险，如利率、汇率、股价等变动对相关部门损益的影响。信用风险是指交易对手无力偿付货款或恶意倒闭致使求偿无门的风险。流动性风险是指影响企业资金调度能力的风险，如负债管理、资产变现性、紧急流动应变能力。作业风险是指作业制度不良与操作疏失对企业造成的风险，如流程设计不良或矛盾、作业执行发生疏漏、内部控制未落实。法律风险是指契约是否完备与有效对企业可能产生的风险，如承作业务的适法性、外文契约及外国法律的认知。会计风险是指会计处理与税务对企业盈亏可能产生的风险，如账务处理的妥适性、合法性、税务咨询及处理是否完备。资讯风险是指资讯系统安控、运作、备援失当导致的风险，如系统障碍、当机、资料消灭、计算机病毒等。

（二）风险的构成要素及风险成本

1. 风险的构成要素

一般来说，风险的构成要素主要包括风险因素、风险事故和风险损失。

风险因素是指促使某一特定风险发生，或者增加风险发生的可能性，或者扩大损失程度的原因及条件。风险因素是风险事故发生的潜在原因，是造成损失的间接原因。风险因素又通常表现为物质风险因素、道德风险因素和心理风险因素等。

物质风险因素是指影响损失概率和损失程度的物理条件或因素，如建筑物所处的位置、建筑物的建筑结构与等级、汽车的刹车系统等。当以上物质的物理功能不健全时，就有可能发生风险。

道德风险因素是指与人的品德修养有关的无形因素，即由于人们不诚实、不正直或有不轨企图，故意促使事故的发生，以致引起财产损失或人身伤害的因素，如盗窃、抢劫、纵火、高空抛物等行为。对于在高速公路上驾驶汽车的司机来说，故意违反交通规则就属于道德风险因素。

心理风险因素是与人的心理有关的无形的因素，即由于人们的疏忽或过失以及主观上不注意、不关心，致使风险事故发生的概率增加或扩大损失严重性的因素。心理风险因素虽然也是无形的，但与道德风险因素不同的是，它是与人的心理有关的，由于人们的疏忽或过失，以致增加风险事故发生的概率或扩大损失程度的因素，并不是故意的行为。例如，未根据天气的冷暖变化增减衣物而致使患感冒的概率增加、驾驶员在驾驶过程中走神而增加交通事故的可能性、购买了保险后放松对标的物的责任感等行为致使发生风险事故的可能性大大增加等，都是典型的心理风险因素。

风险事故是指造成财产损失或人身伤害的偶发事件，是造成损失的直接或外在原因。也就是说，只有发生风险事故，才会导致损失的出现。例如，汽车刹车系统失灵可能导致车祸的发生，车祸则可能导致车损人伤的结果。其中，刹车系统的失灵是风险因素，而车祸则是风险事故，它已经由风险因素的可能性转化为风险事故的现实性。如果只是发生了刹车系统的失灵而没有发生车祸，就不会造成车辆的损失或人身的伤害。

风险损失是指经济价值非故意、非预期、非计划的减少，即经济损失。它包含两个方面的含义。一方面，损失是经济损失，即必须以货币来衡量。当然，有很多损失是无法用货币来衡量的。例如，亲人去世，谁也无法计算出其家人在精神上所受到的打击和痛苦相当于多少人民币。尽管如此，在衡量人身伤害时，仍可以从由此引起的本人及家庭面临的经济困难或其对社会所创造经济价值的能力减少的角度给出一个货币衡量的评价。另一方面，损失是非故意、非预期、非计划的。上述两个方面缺一不可。例如，折旧虽然是经济价值的减少，但它是固定资产自然而有计划的经济价值的减少，不符合第二个条件，不属于风险损失的范畴。

从风险因素、风险事故与风险损失三者之间的关系来看，风险因素引发了风险事故，而风险事故则导致了损失的发生。也就是说，风险因素只是风险事故产生并造成损失的可能性或使这种可能性增加的条件，它并不直接导致损失，只有发生了风险事故才会产生损失。但是，对于某一特定事件，在一定的条件下，风险因素可能是造成损失的直接原因，则它就是引起损失的风险事故；而在其他条件下，风险因素可能是造成损失的间接原因，则它就是风险因素。例如，因为下冰雹路面湿滑而发生车祸，造成人员伤害，则此时冰雹是风险因素，车祸才是风险事故；若冰雹直接砸伤行人，则它是风险事故。

2. 风险成本

风险成本是指由于风险的存在和风险事故发生后人们必须支出的费用与减少的预期经济利益，具体包括：

（1）风险损失的实际成本，主要包括风险造成的直接损失和间接损失成本。

（2）风险损失的无形成本，主要是指风险对社会经济福利、社会生产率、社会资源配置及社会再生产等方面的破坏后果。

（3）风险预防或控制风险损失的成本，主要是为预防和控制风险损失必须采取各种措施而支付的费用等，包括资本支出和折旧费、安全人员费（含薪金、津贴、装备等费用）、训练计划费用、施教费及增加的机会成本等。

二、风险管理

（一）风险管理的含义

风险管理是社会组织或个人通过风险识别、风险估测、风险评价，选择与优化组合各种风险管理技术，对风险实施有效控制并妥善处理风险所致损失的后果，以最低的成本收获最大的安全保障。

风险管理是一个管理过程，包括对风险的定义、测量、评估和发展，以及应对风险的策略等，目的是将可避免的风险、成本及损失极小化。良好的风险管理有助于企业作出正确的决策，降低决策错误的概率，保护资产的安全和完整，实现经营活动目标，提高企业的附加价值。

理想的风险管理，事先已排定优先次序，可以优先处理引发最大损失及发生概率最高的事件，然后再处理风险相对较低的事件。实际中，因为风险与发生概率通常不一致，所以难以决定处理顺序。因此，需要进行权衡，作出最合适的决定。因为牵涉机会成本，风险管理也要面对如何运用有效资源的难题。把资源用于风险管理可能会减少运用于其他具有潜在报酬的活动的资源。而理想的风险管理，正是希望花最少的资源化解最大的危机。

风险管理是一项有目的的管理活动，只有目标明确，才能起到有效的作用。否则，风险管理就会流于形式，没有实际意义，也就无法评价其效果。

风险管理目标的确定通常要满足以下几个基本要求：风险管理目标与风险管理主体（如生产企业或建设工程的业主）总体目标的一致性；目标的现实性，即确定目标要充分考虑其实现的客观可能性；目标的明确性，要便于正确选择和实施各种方案，并对其效果进行客观的评价；目标的层次性，从总体目标出发，根据目标的重要程度，区分风险管理目标的主次，以提高风险管理的综合效果。

风险管理的具体目标还需要与风险事件的发生联系起来。从另一个角度分析，可分为损失前目标和损失后目标两种。

1. 损失前目标

（1）经济目标。企业应以最经济的方法预防潜在的损失，即在风险事故实际发生之前，就必须使整个风险管理计划、方案和措施最经济、最合理，这要求对安全计划、保险及防损技术的费用进行准确分析。

（2）安全状况目标。安全状况目标就是将风险控制在可承受的范围内。风险管理者必须使人们意识到风险的存在，而不是隐瞒风险，这有利于人们提高安全意识，防范风险并主动配合风险管理计划的实施。

（3）合法性目标。风险管理者必须密切关注与经营相关的各种法律法规，对每一项经营行为、每一份合同都加以合法性的审视，避免企业蒙受财务、人才、时间、名誉的损失，保证企业生产经营活动的合法性。

（4）履行外界赋予企业的责任目标。例如，政策法规可以要求企业安装安全设施以避免工伤，企业的债权人可以要求贷款的抵押品必须被保险。

2. 损失后目标

（1）生存目标。一旦发生风险事故，给企业造成了损失，损失发生后风险管理最基本、最主要的目标就是维持生存。实现这一目标，意味着通过风险管理人们有足够的抗灾救灾能力，使企业、个人、家庭，乃至整个社会能够经受住损失的打击，不至于因自然灾害或意外事故而元气大伤、一蹶不振。实现维持生存目标是受灾风险主体在损失发生之后，在一段合理的时间内能够部分恢复生产或经营的前提。

（2）保持企业生产经营的连续性目标。风险事故的发生会给人们带来不同程度的损失和危害，影响正常的生产经营活动和人们的正常生活，严重者可使生产和生活陷于瘫痪。这一点对公共事业单位尤为重要，因为它们有义务提供不间断的服务。

（3）收益稳定目标。保持企业经营的连续性便能实现收益稳定的目标，从而使企业保持生产持续增长。对大多数投资者来说，一个收益稳定的企业要比高风险的企业更具有吸引力。稳定的收益意味着企业的正常发展。为了达到收益稳定目标，企业必须增加风险管理支出。

（4）社会责任目标。尽可能减轻企业受损对他人和整个社会的不利影响，因为企业遭受严重损失会影响员工、顾客、供货人、债权人、税务部门以至整个社会的利益。为了实现上述目标，风险管理人员必须辨识风险、分析风险，选择应对风险损失的适当方法和措施。

（二）风险管理基本环节

1. 收集风险管理初始信息

风险管理基本流程的第一步是广泛地、持续不断地收集与本企业风险和风险管理相关的内部、外部初始信息，包括历史数据和未来预测。要根据所分析的风险类型，把收集初始信息的职责分工落实到各有关职能部门和业务单位。

2. 进行风险评估

完成了风险管理初始信息收集之后，企业要对收集的风险管理初始信息和企业的各项业务管理及其重要业务流程进行风险评估。风险评估包括风险辨识、风险分析、风险评价三个步骤。风险辨识是指查找企业各业务单元、重要经营活动及其重要业务流程中有无风险，有哪些风险。风险分析是对辨识出的风险及其特征进行明确的定义描述，分析和描述风险发生可能性的高低、风险发生的条件。风险评价是评估风险对企业实现目标的影响程度、风险的价值等。

进行风险辨识、分析和评价，应将定性与定量方法相结合。定性方法包括问卷调查、集体讨论、专家咨询、情景分析、政策分析、行业标杆比较、管理层访谈、由专人主持的工作访谈和调查研究等。定量方法包括统计推论、计算机模拟等。

企业在评估多项风险时，应根据对风险发生可能性高低及对目标的影响程度的评估，绘制风险坐标图，比较各项风险，初步确定各项风险的管理优先顺序和策略。

3. 制定风险管理策略

风险管理策略是指企业根据自身条件和外部环境，围绕企业发展战略，确定风险偏好、风险承受度、风险管理有效性标准，选择风险承担、风险规避、风险转移、风险转换、风险对冲、风险补偿、风险控制等风险管理工具的总体策略，并确定风险管理所需人力和财力资源的配置原则。企业要根据风险的不同类型选择适宜的风险管理策略。

制定风险管理策略的一个关键环节是企业应根据不同业务特点统一确定风险偏好和风险承受度，即企业愿意承担哪些风险，明确风险的最低限度和最高限度，并据此确定风险的预警线及相应的对策。

此外，应根据风险与收益相平衡的原则以及各项风险在风险坐标图中的位置，进一步确定风险管理的优先顺序，明确风险管理成本的资金预算及控制风险的组织体系、人力资源、应对措施等总体安排。

4. 制定和实施风险管理解决方案

按照风险管理的基本流程，制定风险管理策略后的工作是制定和实施风险管理解决方案，也就是执行前一阶段制定的风险管理策略，进一步落实风险管理工作。在这一阶段，企业应根据风险管理策略，针对各类风险或每一项重大风险制定风险管理解决方案。

5. 风险管理的监督与改进

风险管理基本流程的最后一个步骤是风险管理的监督与改进。

企业应确定重点风险，对风险管理初始信息、风险评估、风险管理策略、关键控制活动及风险管理解决方案的实施情况进行监督，采用压力测试、返回测试、穿行测试及风险控制自我评估等方法对风险管理的有效性进行检验，根据变化情况和存在的缺陷及时加以改进。

企业应建立贯穿整个风险管理基本流程，连接各上下级、部门和业务单位的风险管理信息沟通渠道，确保信息沟通的及时、准确、完整，为风险管理监督与改进奠定基础。

企业各有关部门和业务单位应定期对风险管理工作进行自查和检验，及时发现缺陷并改进。检查、检验报告应及时报送企业风险管理职能部门。

企业风险管理职能部门应定期对各部门与业务单位风险管理工作的实施情况和有效性进行检查、检验，根据制定风险策略时提出的有效性标准对风险管理策略进行评估，对跨部门和业务单位的风险管理解决方案进行评价，提出调整或改进建议，出具评价和建议报告。

三、风险管理的发展

风险管理最早起源于美国。受 1929—1933 年世界经济危机影响，美国约有 40%的银行和企业破产，经济倒退了约 20 年。为了应对经营上的危机，很多大中型企业在内部设立了保险管理部门，负责安排企业的各种保险项目。可见，当时的风险管理主要依赖保险手段。

1938 年以后，美国企业开始采用科学的方法进行风险管理，并积累了丰富的经验。1953 年 8 月 3 日，美国通用汽车公司的自动变速装置起火，造成 5 000 万美元的巨额损失。这场灾难震动了美国的企业界和学术界，成为风险管理科学发展的契机。一方面，美国各研究机构加强了对风险管理理论的研究，学术活动十分活跃；另一方面，美国的大中企业纷纷设立风险管理部门及风险经理职务。到了 60 年代，风险管理作为一门新的管理科学，首先在美国正式形成。

20 世纪 70 年代以后逐渐掀起了全球性的风险管理运动。随着企业面临的风险日益复杂多样和风险费用的增加，法国学者围绕经营管理中偶发风险的控制和资产保全问题，研究讨论经营管理型和保险管理型风险管理理论，并取得进展。

德国学者提出风险管理的主要手段，如风险的限制、分散、补偿、分割、防止、阻断、抵消等，并根据企业的实际状况加以灵活运用。

美国、英国、法国、德国、日本等国家先后成立了全国性和地区性的风险管理协会。1983 年在美国召开的风险和保险管理协会年会上，世界各国专家学者云集纽约，共同讨论并通过了"101 条风险管理准则"。这标志着风险管理的发展已进入了一个新的发展阶段。

1986 年，由欧洲 11 个国家共同成立的欧洲风险研究会将风险研究扩大到国际交流范围。1986 年 10 月，风险管理国际学术讨论会在新加坡召开，风险管理由环大西洋地区向亚洲太平洋地区发展。

建设工程项目管理中也提出了全面风险管理的概念，即风险管理是一个动态的过程，应运用系统的方法对风险进行控制，以减少工程项目实施过程中的不确定性。项目管理者必须树立风险意识，防患于未然，要在各阶段、各个方面实施有效的风险控制，形成一个全过程、全部风险、全方位、全部门的风险管理体系。

我国对风险管理的研究开始于 20 世纪 80 年代。一些学者引入了风险管理和安全系统工程理论，在少数企业试用后感觉比较满意。全球化和科技的快速发展所带来经济发展环境的变化加剧了企业生产经营的不确定性，企业的风险意识日益加强，对风险管理有关理论的研究也得到了快速发展，风险管理作为管理学的一门学科日益成熟起来，理论体系也日趋合理。

第二节　物业风险管理

一、物业风险

近年来，物业管理纠纷屡见不鲜，大至人员伤亡、汽车被盗，小到管道堵塞、私搭乱建等，都可能成为业主向物业服务企业索赔或拒付物业管理费的理由。物业服务企业无论自愿或不自愿担责，都将成为矛盾的焦点。强化物业管理风险防范意识，提高物业管理过程中的风险管理能力具有非常重要的意义。

物业管理风险，或物业服务风险，简称物业风险，是指物业服务企业在管理服务过程中，由于企业或企业以外的自然的、社会的各种因素所导致的应由物业服务企业承担的意外损失。在物业管理的运行过程中，从物业管理的早期介入、前期物业管理，到日常的管理期间都不同程度地存在管理和服务风险。

早期介入阶段的风险主要包括与项目接管的不确定性相关的风险和专业服务咨询的风险。有些物业服务企业在确定取得项目管理权之前，就投入了较多的人力、物力、财力，但因为各种原因，最终未能获得产权单位的聘用，物业服务企业不仅要蒙受一定的经济损失，企业的品牌形象等无形资产的减损也在所难免。

同时，由于早期介入具有涉及面广、时间长、技术性强、难度高等特点，物业服务企业如果不具备足够的经验和专业技能，就难以发现在项目规划设计与施工等方面存在的隐患和问题，其提供的专业意见和建议就很有可能出现偏差和不足。此外，如果不能与建设、施工、监理等单位进行良好的沟通与合作，早期介入提出的合理化意见与建议将很难得到重视和采纳。这都会使物业建成后的管理服务过程中面临风险。

前期物业管理的风险主要有投标风险和物业服务合同风险。

物业服务企业的投标风险是企业面临的市场风险的一部分，是指物业服务企业在市场拓展、参与项目管理权竞争过程中所面临的不确定性风险。参与物业项目的管理服务招标，是物业服务企业根据自身的战略部署及发展目标所采取的常规的市场拓展方式，从获取招标信息、进行可行性分析，到购买招标文件、着手投标等一系列活动，都要投入一定的人力、物力、财力。能否获得聘用资格面临很大的不确定性。即使获得了聘用，取得了投标项目的管理权，还面临管理过程中的实际项目情况与在招投标阶段所获得的项目信息不一致的风险。

物业服务合同风险包括合同期限风险、合同订立风险和合同执行风险。

（1）合同期限风险。《民法典》第九百四十条规定："建设单位依法与物业服务人订立的前期物业服务合同约定的服务期限届满前，业主委员会或者业主与新物业服务人订立的物业服务合同生效的，前期物业服务合同终止。"因此，前期物业服务合同的期限具有不确定性。当物业服务企业在前期物业管理过程中的管理能力、服务水平等未能达到业主的预期而使业主产生不满时，就会导致业主委员会或业主在前期物业服务合同期限内解除前期物业服务合同，重新选聘物业服务企业。一旦被提前解约，物业服务企业对物业项目的前期投入都会付诸东流，不仅会造成直接的经济损失，也会给企业的品牌带来折损。但如果物业服务企业过多考虑合同期限不确定的风险，又会不可避免地产生一些短期行为而带来管理滞后、服务水平不高等问题，进而引起新的管理风险。

（2）合同订立风险。在订立前期物业服务合同时，产权单位居于主导地位。而且物业相关资料的移交，物业管理用房、空置房管理费用等问题都需要产权单位的支持与配合。因此，产权单位与物业服务企业签订前期物业服务合同时，可能会将本不该由物业服务企业承担的风险转嫁给物业服务企业。此外，也有物业服务企业为了取得项目管理权，在签订合同时盲目压低前期物业服务的报价，这将影响接管项目后正常经营的持续性。还有一些物业服务企业在签订合同时没有清晰约定各方的责任义务，或忽视免责条款，甚至作出在以后的管理服务中难以实现的承诺等，致使在接管后处于被动局面。

（3）合同执行风险。前期物业服务阶段处于各方矛盾交织的特殊时期，工程遗留问题、设备设施调试等都会影响业主生活的便利性，房屋本身质量的问题等都会引发业主对前期物业服务的不满，进而导致不能全面执行合同。这些问题若处理不当，将会诱发管理风险。

此外，在常规的物业管理服务阶段，还有违规装修、物业使用、管理费收缴、项目外包员工服务、设备设施、消防、媒介发布等带来的风险。

业主和使用人在装修过程中，由于未能履行有关程序和规定，不仅会造成安全隐患和物业的损坏，还会引起邻里纠纷，增加物业管理的运行成本等。

在日常使用过程中的一些不当行为，如高空抛物、堵塞消防通道、损坏公共设备设施等而发生的意外事故，物业服务企业也会有承担一定管理责任的法律风险。

在公共安全、人身财产的保险、保管等方面，业主和使用人往往对物业管理安全防范主体的责任认识不清，误将本应由公安机关或业主自身承担的安全防范责任强加给物业服务企业，导致物业服务企业与业主和使用人的纠纷增加，企业也将为此产生一些不必要的损耗，承担额外责任的风险。

二、物业风险管理

物业风险管理主要是指物业服务企业利用各种自然资源和技术手段对导致人们利益损失的风险事故加以防范、控制以致消除的全部过程，其目的是以最小的经济成本达到分散、转移、消除风险，保障人们的经济利益和社会稳定的基本目的。

物业管理者通过对物业风险的有效管理来防止损失的发生，削弱损失发生的影响程度，以期为业主获取最大的利益。因此，物业管理中的风险管理的主要目标就是以最低的人力、财力、时间等成本，预防和控制物业管理中的各种风险或降低其损失，使物业获得最佳的安全保障和保值升值能力，使物业管理企业增强生存竞争力进而提供更令顾客满意的物业管理服务。

在物业管理活动中，风险是客观存在和不可避免的，在一定条件下还带有某些规律性。虽然不可能完全消除风险，但可以通过提高风险管理能力，把风险降到最低限度。这就要求物业服务企业主动识别风险，积极应对风险，提高风险管理能力，有效地控制和防范风险，以保证物业管理活动的正常进行。

风险管理主要包括确定风险管理目标、风险识别与评估、风险防范和控制，以及风险管理经验总结和调整等工作。

风险管理目标可分为损失前目标和损失后目标。其中损失前目标具体包括经济目标，即降低管理成本，提高公司利润，解除忧患以便专心于事业的发展，并努力树立企业良好的社会形象。损失后目标包括维持企业生存，保持企业继续运营和持续发展，确保企业稳定的盈利能力和良好的社会声誉。

识别风险就是要根据某种科学方法去认识和区别风险。常用的科学方法包括问卷调查、财务报表分析、组织及相关数据和文件审查、设备设施自检等。

风险评估就是应用各种概率与数理统计方法，测算出某一风险发生的频率及损害程度，既包括直接损害程度，即防范和处理风险所消耗的人、财、物，又包括与直接损失相关联的间接损失程度。要对可能遭受的风险的相对严重程度作出准确估算，就必须科学地测算一些常见风险的损失发生频率及一次损失的幅度。

风险防范和控制主要涉及回避风险、自担或保留风险、预防和控制风险，以及转移风险等。回避风险是指在风险识别和评估的基础上，提前避开风险源或改变行为方式来消除风险隐患。自担或保留风险是当事人自己承担某项风险的部分以至全部的损失。预防和控制风险是指直接面对风险采取相关行动，以减少损失发生的可能。损失的预防是消除或减少引起损失的原因。损失的控制是当预防措施不能充分发挥作用，风险事故依然发生时为减轻损失的程度所采取的行动。预防与控制的区别在于前者施之于事前，后者发生在事中。转移风险是指个人或团体通过一定方式将风险转移给其他个人或团体。转移的形式主要有两种：一种是保险形式转移，即通过购买保险，将风险部分或全部转移给保险方；另一种是非保险转移，即通过合同方式将某些风险责任转移给对方。检查、评估及调整主要是针对不同的风险控制措施的结果进行检查和评估，对原风险管理系统进行适当的调整，从而可以通过定时、不定时的检查、评估来不断完善整个风险管理系统,以获得最佳成本效益。

物业风险管理的具体措施应根据物业管理活动的时间、地点和具体情况区别处理。总的来说,物业风险管理主要可以从以下几个方面着手。

1. 学法、懂法、守法、用法

物业管理行业发展至今,已成为一个高风险行业,物业管理所面临的风险超出人们的想象,并有不断加大的趋势。物业服务企业应认真学习贯彻物业管理相关法律法规及配套文件,熟悉与物业管理相关的法律法规,尤其是一些对物业服务企业的"强制性"要求、涉及的主体责任等,理顺与开发商、业主、业主委员会及相关职能部门的法律关系,依法维护各权利人的合法权益,规范物业管理活动。

在签订物业服务合同的过程中,要依法依规把握细节,明确哪些可以做、哪些不可以做。特别是关于物业服务的具体内容方面,不能笼统概括,应明确哪些是常规服务、哪些是特约服务,权利和义务是否对等,企业的合法权益在合同条款中是否得到体现,合同双方的责任是否明确等。合同中的企业责任条款是评判风险责任的重要依据,必须认真审定。例如,物业管理服务中关于小区安全秩序方面的问题,实际上是一种承担约定责任,而不是法定责任。因此,企业必须增强合同意识,订立物业服务合同时要把企业应尽的安全防范义务明确载入合同。对安全责任问题,在不违反法定义务的前提下,可以实行菜单式服务,由双方通过协商具体约定,而且越细致越好。只有在合同的具体条款中对企业的安全防范责任作出明确、具体的约定,才能有效地规避物业服务企业在安全责任方面的管理风险。

在自身学法、懂法、守法、用法的同时,还要重视物业管理法律法规的宣传教育工作。可以利用相关的条件和机会,对物业管理区域相关主体广泛、细致、系统地开展物业管理法律法规的宣传教育工作,让业主及相关主体也能学法、懂法、守法、用法。合同双方都能做到依法行事,相互支持与配合,可以很好地规避管理服务过程中的一些风险。

2. 加强内部管理

物业服务企业要注重制度建设、员工素质等方面的企业内部管理。建立健全并严格落实各项规章制度、岗位责任制等,不断提高员工的服务意识、服务技能和风险防范意识。通过机制创新、管理创新和新技术的应用等改进企业的运营方式,提高管理水平和运营效率,降低运营成本,增强企业的市场竞争能力和抵御风险的能力。在日常管理中应特别注意对事故隐患的排查,在服务区域的关键位置设立必要的提示和警示标牌,尽可能避免意外事件的发生。

3. 妥善处理与物业管理活动相关主体之间的关系

物业服务企业在向业主或使用人提供规范、约定的服务的过程中,可以通过业主规约、宣传栏、群公告等形式向业主宣传物业管理有关政策和合同条款,协助业主树立合理的物业管理责任意识、消费意识和合同意识等,争取业主或使用人对物业管理服务工作的支持和理解。

物业服务企业在日常的管理服务过程中,还要积极主动向物业服务的上游拓展,加强物业管理早期介入的投入力度,既可以获得早期介入的专业服务收入,还可以通过早期介入，在项目的规划设计、工程施工、设备设施、装饰装修等方面提供一些便于管理、易于使用的专业意见，与开发商密切合作，提高工程质量，节约开发资金。与开发建设单位建立良好的关系，在日后的物业管理工作中得到开发建设单位的支持与配合，也能避免一些管理服务中的不确定性所带来的管理风险。

为了防范管理服务过程中的运行风险，物业服务企业还要与辖区内的供水、供电、供气、供热、通信、有线电视等单位建立良好的沟通渠道，按照有关规定，分清责任，各司其职。对分包合作单位，要认真筛选，择优分包，并严格要求，在分包合同中明确双方的责任。物业服务企业还要积极配合各级主管部门的工作，主动接受辖区行政主管部门、街道办事处、居委会等组织对物业服务工作的指导和监督。

4. 重视企业品牌的市场宣传，树立良好的社会形象

物业服务企业要重视品牌的市场推广与宣传，建立规范化的品牌宣传体系，树立良好的企业形象。要与政府机构、行业协会、业主大会、新闻媒体等建立良好的沟通和协调机制，系统推广企业的整体形象，树立企业品牌。在风险与危机发生后，要从容应对、及时妥善处理，做好相关协调和沟通工作，争取舆论支持，最大限度地降低企业的经济损失和企业形象的折损。

5. 适当引入社会化的风险分担机制

物业管理具有公共服务的特点，各种潜在风险客观存在。物业服务企业可以根据自身的实际情况，引入社会化的风险管理分担机制，购买相关保险产品，进行风险转移。风险转移是科学，不能盲从。物业服务企业要重视对风险发生规律的研究，加强风险防范与控制能力，科学预测，把握风险的规律性，引入先进的风险管理技术，规避、转移风险。

第三节 物 业 保 险

一、物业保险概述

1. 物业保险的含义及特征

物业保险从属于保险范畴，是指以物业和相关财产为标的，围绕物业经营和管理所涉及的各类风险的补偿与给付制度。

物业保险从属于保险范畴，因而同样具有保险商品的共同特征。保险属于一种风险保障性质的商品。这种商品的供求双方都得遵循自愿对价、公平互利原则来完成交易。不过，保险商品也具有区别于一般商品的特征。

（1）保险是一种特殊商品，不属于物质形态的商品而是无形商品。投保人投保缴付了保险费，意在将自己可能遭遇的风险转嫁给保险公司，此时得到的只是一份保险合同，是保险公司的一种有条件的承诺，而并非即期可使用的商品。这份保险承诺也仅仅以约定的偶然发生的保险事故致使保险标的在保险金额内的损失为限。

（2）保险商品的价格具有预估性，且以迂回形式表示。保险经营者事前不能测定其事件成本，只有到保险期满后才能计算出实际损失金额和经营费用开支。同时保险价格不是用货币单位直接表现出来的，而是以百分比的形式表示，与其他商品的价格的表现形式完全不同。物业保险也同样如此。

（3）保险商品的生产与销售过程是同步完成的。卖出一份保单，建立一份保险合同即为保险生产，这与其他物质形态的商品生产完全不同。物业所涉及的各个险种，也只有在出售给有关标的的利益人时，才算完成了整个物业保险关系。

（4）保险制度不同于灾害救济、银行储蓄，更不同于赌博。投保与承保是一种合同行为，合同双方存在一定的权利与义务关系，损失补偿或给付是必须履行的义务。物业保险的相关利益人也必须按预先约定的权利与义务履行各自的职责，不得谋取任何额外利益。

2. 物业保险的标的和类别

从完整意义上说，物业是指已经建成并具有使用功能和经济效用的各类供居住的房屋，以及属于非居住性质的高层楼宇、商业大厦、厂房仓库等建筑及配套的设施设备，以及相关的场地。

按照物业管理的通常规则，物业服务企业不仅需要对楼盖、屋顶、外墙面、承重墙体、楼梯间、走廊通道、门厅、庭院等房屋建筑公用部位进行维修养护和管理，而且需要对公用的上下水管道、落水管、污水管、共用照明、中央空调、供暖锅炉房、楼内消防设施设备，以及道路、室外上下水管道、泵房、自行车棚、停车场进行维修养护和管理；此外，物业管理还负有安全监控、巡视，保证安全的职责。可见，物业管理是围绕保全物业及其设备展开的。

因此，涉及物业风险保障的标的无疑应包括不动产建筑物标的和内部设备等。不动产建筑物标的是开发商和业主考虑投保的首要标的。

相关设备及机动车等保险标的，主要有以下几种。

（1）运载设备。现代化城市高楼林立，高层建筑必然离不开运载设备（主要是电梯），而且随着楼层高度的增加，所需的运载设备数量也必然要增多。显而易见，电梯成了大楼须臾不可离开的重要交通工具。

由于电梯的日常使用频率很高，物业服务企业又负有维修养护的责任，因此在选用时应谨慎，综合考虑设备的通用性和实用性，注重质量的可靠性，同时还应该注意经常性的保养和维修。

（2）供暖、供冷、通风与空调设备。在日常实践中，供暖、供冷、通风设备以及中央空调都有可能发生停电或者机器不能正常运作的事件，由此可能会引发一些责任风险，如温度或湿度过高会造成大楼商场内某些商品的变质、毁坏等。

（3）电器工程设备。所有供使用的建筑物都必须安装好供电设备，高层楼宇还都设置高压配电房，用于保证大楼民用商用，以及其他设备的动力供应，如中央空调机和水泵的供电等。除了齐全的室内外供电设备、供电线路、漏电保护电动开关及照明器之外，大楼内一般还设有弱电设备。保证电器设备的安全，预先做好各方面的风险排查，落实严密的防范措施，是有关物业管理人员义不容辞的职责。对于自身无法承担的风险，应转嫁给专业保险公司。

（4）给排水设备。建筑物还必须配置给排水设备，其中包括供水设备、排水设备、卫生设备和消防设备等。现代建筑物对消防设备的要求很周全，不仅主要通道、重要部位需要设置消防设施，而且每层道口都要设置多个消防箱和消防龙头，配备相应数量的灭火机和灭火瓶。这是现代建筑物必须达到的基本消防要求。

（5）计算机安全监控通信设施。现代化的建筑或综合性的商用大楼通常还需要配备计算机安全监控通信设施。这种设施一般包括电话配电箱、通信对讲联络、电视通信监控系统等，以便及时排除各类险情，有效阻止各种灾害事故的蔓延，将损失降到最低。另外，现代化大厦一般都设置有智能型火灾报警控制系统，而智能型火灾报警控制系统总是需要借助计算机安全监控通信设备才能发挥效用。

上述设备也是有关利益人需要投保的重要标的，是关系整个物业安全的不可或缺的组成部分。

（6）机动车面临的风险及标的。汽车已经成为人们日常频繁使用且必不可少的重要交通工具，因此普通物业居住区也常常设有车库或专门的停车场地，供住户和外来访问者停放。物业服务企业对车辆的安全负有不可推卸的责任。汽车运用越是普遍，风险就越高。明显的表现为停放时遭盗窃、火灾、暴风、运行物体或邻近物体坠落、邻近物体倒塌而损毁，以及在停车场进出车道时可能发生的碰撞等各种意外事故和过失责任。尤其是居住人口密度较高且车流量大的大物业区，风险比较集中。汽车保险是一种综合险种，通常由车辆损失险和第三者责任险两部分构成。可纳入汽车保险承保范围的标的必须是合法取得和占有，并具有合格行驶证明、配备具有有效驾驶执照的人员的车辆。机动车辆作为一个整体标的承保的，包括发动机、底盘、车身轮胎及车上必备的零件和装备（随车工具、备用胎、空调设备、收音机等）等。

（7）人身保险。物业保险所涉及的内容不只限于财产和责任标的，而且应该包括物业管理人员的人身风险的保障安排。人身所面临的各种风险是客观存在的，具体表现为：由生命损失引起的家庭额外费用的支出和家庭主要财务来源所得能力的损失；由健康问题而引起的收入所得损失，以及由于健康原因而支出的额外费用；由于意外事故而造成的医疗费以及伤残长期疗养费用，与此相关的收入所得能力的减弱或丧失损失；由于经济因素引起的非资源性失业也是人们收入所得能力的一种风险。

物业管理人员所涉及的人身保险主要包括意外伤害保险、人寿保险、养老保险及健康保险等。

物业管理人员可能遭受的意外伤害风险是最常见的，其所保障的风险仅限于外来的、偶然的、突然的、不可抗力的因素所导致的人身死亡或健康损害。意外伤害通常是指被保险人身体以外的因素所发生的剧烈的、明显的突发事故所造成的伤害，如摔伤、急性中毒、遭受歹徒伤害等。

物业管理人员可以通人寿保险和养老保险获得个人及家人的必要保障，解除后顾之忧。我国的人寿保险分为死亡保险和两全保险。养老保险是保障被保险人老年生活的一种保险，按照合同，保险公司每隔一定周期向被保险人支付一定金额的生存保险金。

健康保险是人身保险的一大类别，它是提供给被保险人因疾病或意外事故所引发的医疗费用支出或收入减少的损失补偿。健康保险通常分为两大类：医疗保险和残疾收入补偿保险。

二、物业管理中所涉及的保险

1. 建造过程中的物业保险

（1）建筑工程保险。各类民用、工业、商业和公共事业用的建筑物都属于建筑工程保险的承保标的范围。按常理，与工程的所有权有任何有关利益的人，即物业的所有人、工程的承包人、技术顾问以及管理者等都可以充当投保人。不过一般情况下，房产所有权人、房产投资人出面投保建筑工程保险能涵盖工程全过程，并能兼顾各个利益方，是最为恰当的。

（2）安装工程保险。新建或扩建建筑物必然要安装相应的设备或附属钢结构部件，在安装操作期间可能会因为意外事故而造成物质损失和第三者损害赔偿责任。这些风险是可以通过安装工程保险得以转嫁的。安装工程保险是针对超负荷、超电压、碰线、电弧、走电、短路、大气放电以及电器引起的财产损失和安装技术不善所引起的事故损失承担责任。

2. 物业租售过程中可投保的险种

（1）物业产权证书保险。物业租售过程中，物业的产权会发生变更。受让人为了保障自身合法权益可向保险公司投保物业产权证书保险。其保险的保障内容是对于财产所有人因产权证明文件上的法律缺陷而遭受的经济损失提供保险保障。

（2）房屋产权全面保险。房屋产权全面保险保障的内容不仅包括提供产权登记、防止法律文件伪造和缺陷方面的保护，而且包括物业产权的丈量、尚未登记的留置权、地役权，以及有关产权侵占等方面的检查保护。

（3）个人住房保险和抵押住房保险。我国的个人住房保险规定的投保标的限于被保险人合法拥有的产权住房，以及在销售合同中列明的房屋附属设施及其他室内财产。我国的抵押住房保险只承保毛坯房建筑框架。

3. 物业日常管理中所涉及的财产险种

物业建造和租售完成之后，就进入了漫长的管理期，其间物业服务企业或接受房产商的委托，或者在销售基本完毕后受业主聘用，对物业进行日常管理。在物业管理中遭遇的一些风险通常可以通过选择适当的保险险种转嫁风险。

（1）财产保险基本险。我国现行财产保险基本险承保的保险标的包括：凡是属于被保险人所有或与他人共有而由被保险人负责的财产；由被保险人经营或替他人保管的财产；其他具有法律上承认的与被保险人有经济利害关系的财产。

（2）财产保险综合险。财产保险综合险是在基本险的基础上，扩展了保险保障责任范围，以便更好地满足被保险人的需求。因此财产保险综合险的保险标的范围与基本险是一致的，关键区别在于承保责任范围的扩展。

（3）火灾保险。按国际保险界常规，火灾保险承保的范围一般包括动产和不动产，即住宅、商店、工厂、仓库、医院、娱乐场所等建筑物，也可包括附属于投保建筑物的固定设备，以及建筑物内的家具、衣服、书籍、商品、货物、机器等。

4. 物业及其设备财产方面可附加的保险险种

（1）破坏性地震保险。我国财产标的地震方面的保障险已采取附加险的方式，在投保财产基本险和综合险的基础上都可附加破坏性地震保险。

（2）水暖管爆裂保险。水暖管爆裂保险通常也是作为附加险承保的。在财产保险基本险和综合险的保障基础上可以根据被保险人的需要选择该附加险。被保险人自有的水暖管因火灾、爆炸、雷击、飞行物及其他空中运行物体坠落、高压、碰撞、严寒、高温造成水暖管爆炸，致使水暖管本身损失以及其他保险财产遭受损害、侵蚀、腐蚀的损失，均属保险人承担的责任，但因水暖管年久失修、腐蚀变质以及没有采取必要的防护措施而导致的损失，或在水暖管处安装、检修、试水、试压阶段而发生的损失，不属于保险责任范围。

（3）盗抢保险。盗抢保险主要保障建筑物内企业或个人所拥有的财产。这种保障通常采用附加险的形式。其保障的是保单所载明的放置场所内，由于遭受外来的、有明显的盗抢痕迹，并经公安部门证明确系盗抢行为所致的财产丢失、毁损或污损的直接损失。

（4）煤气保险。现代建筑物内都设置有煤气或天然气供气设备，有的还安装有燃气热水器，这无疑能提高居住人的生活质量，有积极的社会意义，然而，也会产生煤气中毒或煤气爆炸侵害的风险。对此需要根据实际情况投保煤气保险，为需要转嫁这类风险的住户提供保险保障。

5. 批单扩展责任条款

（1）自动恢复保险金额条款。经保险双方约定，保险公司可以对保险单明细表中列明的保险财产在遭受损失履行赔偿后，自动恢复到原保险金额，但被保险人需按日比例补交自损失发生之日起至保险终止之日恢复保险金额部分的保险费。

（2）定制保险条款。如果投保人希望采用定制保险的方式则需要通过特别约定，用批单的方式加以修正。经保险双方同意，被保险人交付附加保险费，保险公司按保险单明细表中列明的保险财产约定价值履行赔偿职责，但被保险人在投保时必须提供详细的财产清单，并且该财产清单要作为保险单的组成部分。

（3）自动喷淋水损条款。经保险双方约定，被保险人缴付附加保险费，保险公司扩展承保保险单明细表所列保险财产因喷淋系统突然破裂、失灵造成的水损。

（4）建筑物变动条款。经双方同意，被保险人缴付附加保险费，保险公司扩展承保保险财产在扩建、改建、维修、装修过程中发生的物质损失，但被保险人必须以书面形式通知保险公司，并恪尽职责防止损失发生。

由于物业管理所涉及的某些风险造成的损失金额巨大，物业管理者或业主即使已在预算中预备了备用金也难以应付。而如果购买了保险，一旦事故发生，物业管理者就可以将意外经济损失分散、转移到保险人身上，减轻物业管理人及其所服务的业主受经济损失冲击的程度。

购买保险不仅可以分散、转移巨大的经济损失，还可以在意外发生后，减轻物业管理者处理索赔方面的负担，使其可以专心进行善后工作。

三、物业保险合同

（一）物业保险关系的确立

确立保险关系，按常规，投保人首先要向保险人提出要约，经过协商和审核，保险人作出承保允诺，此时表明双方达成了协议，双方的保险关系即告确立。物业利益的有关方需要通过保险转嫁风险的，同样也需通过要约和保险公司的承诺来确立保险关系。通常，保险关系的确立是以保险合同的形式表示的。保险合同不仅记载了双方合意的内容，而且是存续保险关系的正式凭证。

保险合同是投保人与保险人在公平互利、协商一致和自愿诚信原则的基础上，为实现一定的经济目的，依法约定权利与义务关系的协议。其中投保人一方要向保险人缴付与其所获保障权利相应的保险费，保险人一方则要承担已约定保险期限内，保险事故所造成保险标的损失的赔偿责任或人身保险金的给付责任。保险合同的订立意味着保险双方建立了权利与义务的对价关系，这种保险关系实质是一种民事法律关系。

（二）物业保险合同的特点

如前所述，保险合同是保险双方确立权利与义务关系的正式文件，也是保险双方协议内容的书面记载文件，因为我们也可以将保险合同视为保险关系内容和形式的统一。保险合同是经济合同的一种，它既具有一般经济合同所共有的承诺性、有偿性、商业行为性的特征，又具有区别于其他合同的标志和特点。

1. 物业保险合同是以保障已约定的不可抗力风险为特点的合同

保险合同是将具有不可抗力的自然灾害和意外事故风险所造成的损失作为核心义务，在被保险人与保险人之间进行转嫁和分摊。这一点是诸如买卖合同或租赁合同等其他任何经济合同所不具有的。

2. 物业保险合同是具有鲜明的附和性与条件性特点的合同

保险合同一般采用定式合同形式，其内容格式一般由保险行业协会和政府主管部门制定和审定，而且大多数险种都有标准化的条款。在签订保险合同的过程中，投保人只能概括地表示接受或者不接受，而不能逐条拟定基本条款。即使需要变动保险单上的某些内容，也只能在保险人事先准备好的附加条款和批单条款中作出"取与舍"的选择。因而保险合同全然不同于协商合同。

另外，保险合同不仅具有鲜明的附和特点，而且附有一些条件作为保险人赔偿与给付的决定性前提。投保人和被保险人必须严格履行合同所约定的一切义务，才能顺利地获取保险人的赔偿。

3. 物业保险合同是具有射幸性的利益平衡合同

射幸合同，又称侥幸合同，是指合同的一方支付的代价所得到的仅是一个机会，是一个或是"一本万利"或是"一无所获"的可能性。具体来说，在保险合同有效期内，一旦发生合同所约定的保险事故，投保人就可以获得大大超过所支付的保险费的赔偿额；而如果在此期间无保险事故发生，投保人将一无所获。

对于大多数不出险的被保险人而言，虽然交付了一定的保险费，但通过保险可以解除后顾之忧，获得安全保障以及相关的防灾防损服务。保险公司收取的保险费是以大多数法则、概率规则和平均率为基础的，投保人所交纳的保险费总额与保险人实际赔付的金额总和形成对价关系。这种对价又是相互联系且基本对应的，往往一方所享有的权益恰好是另一方应尽的义务。保险公司所收取的保险费中包括了经营的稳定系数和总准备金的提取因素，以足以支付各个年份的赔款成本为基本条件。因此，投保群体与保险公司的利益从长期和总体上看也是平衡的。这是保险合同有别于其他经济合同的又一特点。

（三）物业保险合同的主要内容

一份完整的物业保险合同，按照相关规范，一般应载明以下主要条款。

1. 当事人的姓名和地址

姓名包括自然人或法人的名称以及经济组织的名称。地址包括住址或经营地址。

2. 保险标的

为了确定保险的种类以及判断投保人或被保险人对所保标的有无保险利益的存在，保险人一般要求投保人在合同中详细、明确地记载投保标的。一个保险合同可以有单一的保险标的，也可以允许一个以上保险标的的集合。

3. 保险金额

保险金额也称保险额或保额，是保险人计收保险费的基础，也是保险人在损失发生时给付的最高金额。保额不得超过保险标的的保险价值，超过保险价值的，超过部分无效。

4. 保险责任范围

保险责任范围是指哪些风险的实际发生所带来的损害应由保险人承担补偿或给付责任。责任范围可以是单一的，也可以是多种责任的综合险，还可以是除了除外责任以外的一切险。

5. 除外责任

除外责任是指保险合同明确指明保险人不予承担的风险责任，一般包括战争造成的损失、自然损耗、被保险人的故意行为所造成的损失等。

6. 保费

保费也称保险费，是被保险人根据合同约定向保险人支付的费用。保费的多少取决于保险额的大小以及保险费率的高低这两个因素。

7. 保险期间

保险期间是指保险合同的有效期间。只有在此期间，保险人才承担保险责任。保险期间的开始，也就是保险合同的生效时间，它不同于保险合同的订立时间。订立时间可以是生效时间，也可以不是，这取决于双方合同的约定。我国规定，保险期间的起讫时间为生效日当天北京时间的零点开始,至规定终止日北京时间 24 时止。

8. 违约责任

由于保险合同是保障性合同,也是最大诚意合同,所以保险合同当事人应在合同中明确规定违约责任,否则会引起不必要的法律纠纷。

(四)物业保险合同效力的维持与终止

签订了保险合同,保险关系确立后,有时也会因为多种原因导致合同失效,即依法终止原合同的效力或终止合同关系。

1. 保险合同关系的解除

保险合同关系的解除是指合同一方当事人依照法律或合同规定行使解除权,使合同的一切效果消失而恢复到合同订立前的状态。保险合同关系的解除分为协议解除和法定解除。协议解除是在保险合同规定的自然终止前,双方当事人约定在发生某种事项时行使解除权。法定解除则是在保险合同自然终止前,由于法律规定的原因,保险合同的一方当事人依法行使解除权。

2. 保险合同效力的终止

保险合同效力的终止是指保险合同的法律效力因法定或约定的事由出现而永远消失。首先,即使保险有效期内没有发生约定的保险事故,或保险人只履行了部分赔偿责任,只要保险期限届满了,保险合同的效力也就终止了。其次,保险期间因保险人已履行了全额保险责任而终止。在保险合同有效期内发生了保险事故,保险人赔偿了全额财产损失或给付了全额保险金后,则一般无论保险期限是否届满,保险合同效力即行终止。

四、物业保险关系确立的基本原则

1. 诚信原则

诚信原则要求订立保险合同的双方都要诚实守信。这里的诚信不仅要求在签订合同前当事双方如实说明情况和条款,而且要求在签订合同后如果情况有所改变,投保人应如实声明并作出双方同意的相应变动,否则保险人会以情况失实而拒赔。

2. 可保利益原则

这项原则要求投保人对投保标的具有一定的经济利益、经济效益或责任关系。如果投保人对投保标的无可保利益则保险合同无效。

3. 近因原则

这项原则对风险的致因要求以最直接的因果关系来衡量。近因不是实践上最接近风险损失的原因,而是促成风险损失的最直接的原因。在损失的原因有两个以上且各个原因之间互有因果关系的情况下,则最先发生的原因为近因。保险人分析引起损失的原因是以近因为准的。

4. 比例分摊原则

比例分摊原则适用于投保人对投保标的进行了重复保险,也就是有多个保险人对同一标的承保的情况。在此情况下,一旦投保标的受到损失,则由所有承保此标的的保险人按承保责任的大小共同分摊。

五、保险争议

保险争议一般是指保险关系当事人因履行保险合同时对于应享有的权利和应履行的义务有不同的看法而发生争执。众所周知，保险合同是保险双方当事人约定各自权利与义务关系的正式证明文件，其条款内容约束着保险合同双方的行为，双方都必须严格遵守，否则就会影响保险合同的效力。保险合同一经双方确认、生效，就受法律保护，一旦发生争议，无论采用何种解决方式，也都需要以保险合同约定的内容作为评判依据，这是解决保险争议的基础。

世界各国保险界基本上都对主要险种采用定制格式合同，条款内容也基本统一规范。不过现在保险市场还存在激烈的竞争，各家保险公司也需要创设各自的特色险种，因此各个险种的保险单还不能实现完全的标准化。况且保险条款只能做原则规定，而保险的实际情况却是千变万化的。保险标的性质、用途、场所、投保单位管理水平的差异以及人们主观判断理解力的不同，都会产生保险合同条款解释上的争执和分歧，而不同的解释又会直接涉及保险双方当事人的合法利益，因此有必要确定对保险合同相关条款及内容的解释原则。

（一）保险合同文意解释原则

保险合同措辞的文意按照通常的文字含义进行统一解释，专业术语按行业通用含义解释。保险公司必须严格按照国际保险惯例规定执行约定的义务。

保险行为意图解释需尊重双方订约时的真正意思，根据订约时的背景和实际情况，进行实事求是的分析，而不能在双方发生争执时任意改动，强词夺理地仅作出对自己有利的解释。

由于保险合同是格式合同，如果双方对合同条款发生争议，按一般惯例应作有利于被保险人的解释，这是国际保险通行的准则，但这一原则不能绝对化。

（二）保险合同争议的处理方式

保险双方当事人在履行保险合同的过程中，如因缴付保险费、合同的有效期、赔偿处理及责任归属等问题发生争议，一般可采用协商、仲裁和司法诉讼等方式进行处理。

1. 协商

争议双方通过友好协商达成协议，是解决争议最好的方法，也是一般情况下双方都希望的首选方式。协商通常有两种做法：一是双方当事人直接协商达成和解；二是由第三者调停，促成双方和解。第三者调停多由双方当事人所信任的、具有丰富经验的、熟悉保险和法律知识的人负责，容易取得良好的效果，同时也可节省时间，以便及时解决争端。

2. 仲裁

仲裁是指争议的双方根据保险合同原先约定的仲裁条款，或者在争议发生后自愿将争议提交双方都同意的第三者裁决的一种解决争议的方法。仲裁协议的形式主要有两种。一种是双方当事人在保险合同订立之初，就以保险合同条款的形式加以确立。许多险种的保险合同中就有专门的仲裁条款，表明将来一旦发生争议，双方愿意通过仲裁机构解决争端。另一种是在争议发生以后，双方同意将争议提交仲裁机构解决而达成的协议，通常称为提交仲裁协议。

仲裁过程必须有仲裁员参加。由于仲裁员具有专业知识和法律知识，与合同当事人又不存在直接利害关系，而且仲裁必须严格按照一定的程序规则进行细致的调查和审理，在查清事实真相、分清责任的基础上作出裁决，况且仲裁员是以裁判者而不是调解员的身份对双方争议事项作出裁决，一般而言，裁决的结果是公正和客观的。此外，由于仲裁是双方自愿选择的解决争议的方式，因此双方当事人一般都愿意接受裁决决议。

3. 诉讼

诉讼是处理争议较为严厉的一种方式，通常也是争议双方最后采用的解决方式。

保险合同的争议一般属于民事诉讼，只要一方当事人向有管辖权的法院起诉并得到法院受理，则另一方就要应诉，具有强制性。法院审理以事实为依据，以法律和保险合同条款为准绳，经过调查、辩论和评议后作出判决。

复习思考题

1. 简述风险及风险成本的含义。
2. 风险成本主要包括哪些内容？
3. 简述物业风险的含义及特点。
4. 简述物业风险管理的基本步骤。
5. 结合实际，谈谈物业管理过程中涉及的主要保险类别。
6. 简述物业保险合同的主要内容。
7. 简述保险合同争议的处理。

自测题

参考文献

[1] 邵小云. 物业绿化养护及病虫害防治[M]. 北京：化学工业出版社，2015.

[2] 安静，樊玉璞，徐丹. 住宅小区物业管理[M]. 北京：石油工业出版社，2020.

[3] 余远鹏. 物业工程设施设备管理与维修实务：第2版[M]. 北京：机械工业出版社，2015.

[4] 刘绪荒. 物业设备设施维护与管理[M]. 北京：化学工业出版社，2017.

[5] 谭景林. 物业管理实务[M]. 湘潭：湘潭大学出版社，2018.

[6] 张作祥，党志宏，张辉. 物业管理概论：第3版[M]. 北京：清华大学出版社，2014.

[7] 谭善勇，郭立. 物业管理理论与实务：第2版[M]. 北京：机械工业出版社，2019.

[8] 张海雷. 现代物业管理[M]. 北京：化学工业出版社，2019.

[9] 杨桂芳. 物业管理实务[M]. 北京：石油工业出版社，2011.

[10] 李斌. 物业管理理论与实务：第2版[M]. 上海：复旦大学出版社，2012.

[11] 周建华，马光红. 物业管理[M]. 北京：中国电力出版社，2019.

[12] 陈德豪，黄蕾. 物业经营管理[M]. 北京：中国建筑工业出版社，2020.

[13] 龙正哲. 物业管理实务[M]. 北京：北京理工大学出版社，2020.

[14] 全福泉. 物业管理理论与实务[M]. 北京：化学工业出版社，2010.

[15] 戴玉林，王穗玲，汪启东. 商业物业的物业服务与经营[M]. 北京：化学工业出版社，2019.

[16] 张雪玉. 物业经营管理[M]. 北京：中国建筑工业出版社，2019.

[17] 臧炜彤，崔琦，刘薇，等. 物业管理概论[M]. 北京：化学工业出版社，2017.

[18] 陈伟. 物业管理基本制度[M]. 北京：中国市场出版社，2014.

[19] 陈德豪. 物业管理综合能力[M]. 北京：中国市场出版社，2014.

[20] 黄安心. 物业管理职业能力训练[M]. 北京：北京交通大学出版社，2010.

[21] 何召祥. 物业管理理论与实务[M]. 合肥：中国科学技术大学出版社，2010.

[22] 朱寿全. 物业纠纷[M]. 北京：中国法制出版社，2010.

[23] 张志红，张新爱，安芸静，等. 物业管理实务[M]. 北京：清华大学出版社，北京交通大学出版社，2020.

附 录

中华人民共和国住房和城乡建设部令

第 6 号

《商品房屋租赁管理办法》已经第 12 次部常务会议审议通过，现予发布，自 2011 年 2 月 1 日起施行。

住房和城乡建设部部长　姜伟新

二〇一〇年十二月一日

商品房屋租赁管理办法

第一条　为加强商品房屋租赁管理，规范商品房屋租赁行为，维护商品房屋租赁双方当事人的合法权益，根据《中华人民共和国城市房地产管理法》等有关法律、法规，制定本办法。

第二条　城市规划区内国有土地上的商品房屋租赁（以下简称房屋租赁）及其监督管理，适用本办法。

第三条　房屋租赁应当遵循平等、自愿、合法和诚实信用原则。

第四条　国务院住房和城乡建设主管部门负责全国房屋租赁的指导和监督工作。

县级以上地方人民政府建设（房地产）主管部门负责本行政区域内房屋租赁的监督管理。

第五条　直辖市、市、县人民政府建设（房地产）主管部门应当加强房屋租赁管理规定和房屋使用安全知识的宣传，定期分区域公布不同类型房屋的市场租金水平等信息。

第六条　有下列情形之一的房屋不得出租：

（一）属于违法建筑的；

（二）不符合安全、防灾等工程建设强制性标准的；

（三）违反规定改变房屋使用性质的；

（四）法律、法规规定禁止出租的其他情形。

第七条　房屋租赁当事人应当依法订立租赁合同。房屋租赁合同的内容由当事人双方约定，一般应当包括以下内容：

（一）房屋租赁当事人的姓名（名称）和住所；

（二）房屋的坐落、面积、结构、附属设施，家具和家电等室内设施状况；

（三）租金和押金数额、支付方式；

（四）租赁用途和房屋使用要求；

（五）房屋和室内设施的安全性能；

（六）租赁期限；

（七）房屋维修责任；

（八）物业服务、水、电、燃气等相关费用的缴纳；

（九）争议解决办法和违约责任；

（十）其他约定。

房屋租赁当事人应当在房屋租赁合同中约定房屋被征收或者拆迁时的处理办法。

建设（房地产）管理部门可以会同工商行政管理部门制定房屋租赁合同示范文本，供当事人选用。

第八条　出租住房的，应当以原设计的房间为最小出租单位，人均租住建筑面积不得低于当地人民政府规定的最低标准。

厨房、卫生间、阳台和地下储藏室不得出租供人员居住。

第九条　出租人应当按照合同约定履行房屋的维修义务并确保房屋和室内设施安全。未及时修复损坏的房屋，影响承租人正常使用的，应当按照约定承担赔偿责任或者减少租金。

房屋租赁合同期内，出租人不得单方面随意提高租金水平。

第十条　承租人应当按照合同约定的租赁用途和使用要求合理使用房屋，不得擅自改动房屋承重结构和拆改室内设施，不得损害其他业主和使用人的合法权益。

承租人因使用不当等原因造成承租房屋和设施损坏的，承租人应当负责修复或者承担赔偿责任。

第十一条　承租人转租房屋的，应当经出租人书面同意。

承租人未经出租人书面同意转租的，出租人可以解除租赁合同，收回房屋并要求承租人赔偿损失。

第十二条　房屋租赁期间内，因赠与、析产、继承或者买卖转让房屋的，原房屋租赁合同继续有效。

承租人在房屋租赁期间死亡的，与其生前共同居住的人可以按照原租合同租赁该房屋。

第十三条　房屋租赁期间出租人出售租赁房屋的，应当在出售前合理期限内通知承租人，承租人在同等条件下有优先购买权。

第十四条　房屋租赁合同订立后三十日内，房屋租赁当事人应当到租赁房屋所在地直辖市、市、县人民政府建设（房地产）主管部门办理房屋租赁登记备案。

房屋租赁当事人可以书面委托他人办理房屋租赁登记备案。

第十五条　办理房屋租赁登记备案，房屋租赁当事人应当提交下列材料：

（一）房屋租赁合同；

（二）房屋租赁当事人身份证明；

（三）房屋所有权证书或者其他合法权属证明；

（四）直辖市、市、县人民政府建设（房地产）主管部门规定的其他材料。

房屋租赁当事人提交的材料应当真实、合法、有效，不得隐瞒真实情况或者提供虚假材料。

第十六条　对符合下列要求的，直辖市、市、县人民政府建设（房地产）主管部门应当在三个工作日内办理房屋租赁登记备案，向租赁当事人开具房屋租赁登记备案证明：

（一）申请人提交的申请材料齐全并且符合法定形式；

（二）出租人与房屋所有权证书或者其他合法权属证明记载的主体一致；

（三）不属于本办法第六条规定不得出租的房屋。

申请人提交的申请材料不齐全或者不符合法定形式的，直辖市、市、县人民政府建设（房地产）主管部门应当告知房屋租赁当事人需要补正的内容。

第十七条　房屋租赁登记备案证明应当载明出租人的姓名或者名称、承租人的姓名或者名称、有效身份证件种类和号码，出租房屋的坐落、租赁用途、租金数额、租赁期限等。

第十八条　房屋租赁登记备案证明遗失的，应当向原登记备案的部门补领。

第十九条　房屋租赁登记备案内容发生变化、续租或者租赁终止的，当事人应当在三十日内，到原租赁登记备案的部门办理房屋租赁登记备案的变更、延续或者注销手续。

第二十条　直辖市、市、县建设（房地产）主管部门应当建立房屋租赁登记备案信息系统，逐步实行房屋租赁合同网上登记备案，并纳入房地产市场信息系统。

房屋租赁登记备案记载的信息应当包含以下内容：

（一）出租人的姓名（名称）、住所；

（二）承租人的姓名（名称）、身份证件种类和号码；

（三）出租房屋的坐落、租赁用途、租金数额、租赁期限；

（四）其他需要记载的内容。

第二十一条　违反本办法第六条规定的，由直辖市、市、县人民政府建设（房地产）主管部门责令限期改正，对没有违法所得的，可处以五千元以下罚款；对有违法所得的，可以处以违法所得一倍以上三倍以下，但不超过三万元的罚款。

第二十二条　违反本办法第八条规定的，由直辖市、市、县人民政府建设（房地产）主管部门责令限期改正，逾期不改正的，可处以五千元以上三万元以下罚款。

第二十三条　违反本办法第十四条第一款、第十九条规定的，由直辖市、市、县人民政府建设（房地产）主管部门责令限期改正；个人逾期不改正的，处以一千元以下罚款；单位逾期不改正的，处以一千元以上一万元以下罚款。

第二十四条　直辖市、市、县人民政府建设（房地产）主管部门对符合本办法规定的房屋租赁登记备案申请不予办理、对不符合本办法规定的房屋租赁登记备案申请予以办理,或者对房屋租赁登记备案信息管理不当,给租赁当事人造成损失的,对直接负责的主管人员和其他直接责任人员依法给予处分;构成犯罪的,依法追究刑事责任。

第二十五条 保障性住房租赁按照国家有关规定执行。

第二十六条 城市规划区外国有土地上的房屋租赁和监督管理,参照本办法执行。

第二十七条 省、自治区、直辖市人民政府住房和城乡建设主管部门可以依据本办法制定实施细则。

第二十八条 本办法自 2011 年 2 月 1 日起施行,建设部 1995 年 5 月 9 日发布的《城市房屋租赁管理办法》(建设部令第 42 号)同时废止。

前期物业服务合同（示范文本）

甲方：_____；
法定代表人：_____；
住所地：_____；
邮编：_____。
乙方：_____；
法定代表人：_____；
住所地：_____；
邮编：_____。

根据《物业管理条例》和相关法律、法规、政策，甲乙双方在自愿、平等、协商一致的基础上，就甲方选聘乙方对_____（物业名称）提供前期物业管理服务事宜，订立本合同。

第一章　物业基本情况

第一条　物业基本情况：
物业名称 _____；
物业类型 _____；
坐落位置 _____；
建筑面积 _____。
物业管理区域四至：
东至 _____；
南至 _____；
西至 _____；
北至 _____。
（规划平面图见附件一，物业构成明细见附件二）。

第二章　服务内容与质量

第二条　在物业管理区域内，乙方提供的前期物业管理服务包括以下内容：
1. 物业共用部位的维修、养护和管理（物业共用部位明细见附件三）；
2. 物业共用设施设备的运行、维修、养护和管理（物业共用设施设备明细见附件四）；
3. 物业共用部位和相关场地的清洁卫生，垃圾的收集、清运及雨、污水管道的疏通；
4. 公共绿化的养护和管理；
5. 车辆停放管理；
6. 公共秩序维护、安全防范等事项的协助管理；
7. 装饰装修管理服务；

8. 物业档案资料管理。

第三条　在物业管理区域内，乙方提供的其他服务包括以下事项：

1. ＿＿＿＿＿＿＿＿＿＿＿＿＿＿＿＿＿＿＿＿＿；
2. ＿＿＿＿＿＿＿＿＿＿＿＿＿＿＿＿＿＿＿＿＿；
3. ＿＿＿＿＿＿＿＿＿＿＿＿＿＿＿＿＿＿＿＿＿。

第四条　乙方提供的前期物业管理服务应达到约定的质量标准（前期物业管理服务质量标准见附件五）。

第五条　单个业主可委托乙方对其物业的专有部分提供维修养护等服务，服务内容和费用由双方另行商定。

第三章　服 务 费 用

第六条　本物业管理区域物业服务收费选择以下第＿＿＿＿种方式：

1. 包干制

物业服务费用由业主按其拥有物业的建筑面积交纳，具体标准如下：

多层住宅：＿＿＿＿＿＿＿＿＿＿＿＿＿＿＿＿＿元/月·平方米；

高层住宅：＿＿＿＿＿＿＿＿＿＿＿＿＿＿＿＿＿元/月·平方米；

别墅：＿＿＿＿＿＿＿＿＿＿＿＿＿＿＿＿＿＿＿元/月·平方米；

办公楼：＿＿＿＿＿＿＿＿＿＿＿＿＿＿＿＿＿＿元/月·平方米；

商业物业：＿＿＿＿＿＿＿＿＿＿＿＿＿＿＿＿＿元/月·平方米；

＿＿＿＿＿＿＿＿＿＿物业：＿＿＿＿＿＿＿＿＿元/月·平方米。

物业服务费用主要用于以下开支：

（1）管理服务人员的工资、社会保险和按规定提取的福利费等；

（2）物业共用部位、共用设施设备的日常运行、维护费用；

（3）物业管理区域清洁卫生费用；

（4）物业管理区域绿化养护费用；

（5）物业管理区域秩序维护费用；

（6）办公费用；

（7）物业服务企业固定资产折旧；

（8）物业共用部位、共用设施设备及公众责任保险费用；

（9）法定税费；

（10）物业服务企业的利润；

（11）＿＿＿＿＿＿＿＿＿＿＿＿＿＿＿＿＿＿＿＿＿＿。

乙方按照上述标准收取物业服务费用，并按本合同约定的服务内容和质量标准提供服务，盈余或亏损由乙方享有或承担。

2. 酬金制

物业服务资金由业主按其拥有物业的建筑面积预先交纳，具体标准如下：

多层住宅：＿＿＿＿＿＿＿＿＿＿＿＿＿＿＿＿＿元/月·平方米；

高层住宅：_____元/月·平方米；
　　别墅：_____元/月·平方米；
　　办公楼：_____元/月·平方米；
　　商业物业：_____元/月·平方米；
　　_____物业：_____元/月·平方米。
　　预收的物业服务资金由物业服务支出和乙方的酬金构成。
　　物业服务支出为所交纳的业主所有，由乙方代管，主要用于以下开支：
　　（1）管理服务人员的工资、社会保险和按规定提取的福利费等；
　　（2）物业共用部位、共用设施设备的日常运行、维护费用；
　　（3）物业管理区域清洁卫生费用；
　　（4）物业管理区域绿化养护费用；
　　（5）物业管理区域秩序维护费用；
　　（6）办公费用；
　　（7）物业服务企业固定资产折旧；
　　（8）物业共用部位、共用设施设备及公众责任保险费用；
　　（9）_____。
　　乙方采取以下第_____种方式提取酬金：
　　（1）乙方按_____（每月/每季/每年）_____元的标准从预收的物业服务资金中提取。
　　（2）乙方_____（每月/每季/每年）按应收的物业服务资金____%的比例提取。
　　物业服务支出应全部用于本合同约定的支出。物业服务支出年度结算后结余部分，转入下一年度继续使用；物业服务支出年度结算后不足部分，由全体业主承担。
　　第七条　业主应于_____之日起交纳物业服务费用（物业服务资金）。
　　纳入物业管理范围的已竣工但尚未出售，或者因甲方原因未能按时交给物业买受人的物业，其物业服务费用（物业服务资金）由甲方全额交纳。
　　业主与物业使用人约定由物业使用人交纳物业服务费用（物业服务资金）的，从其约定，业主负连带交纳责任。业主与物业使用人之间的交费约定，业主应及时书面告知乙方。
　　物业服务费用（物业服务资金）按_____（年/季/月）交纳，业主或物业使用人应在_____（每次缴费的具体时间）履行交纳义务。
　　第八条　物业服务费用实行酬金制方式计费的，乙方应向全体业主公布物业管理年度计划和物业服务资金年度预决算，并每年____次向全体业主公布物业服务资金的收支情况。
　　对物业服务资金收支情况有争议的，甲乙双方同意采取以下方式解决：
　　1._____；
　　2._____。

第四章　物业的经营与管理

第九条　停车场收费分别采取以下方式：

1. 停车场属于全体业主共有的，车位使用人应按露天车位_____元/个·月、车库车位_____元/个·月的标准向乙方交纳停车费。

乙方从停车费中按露天车位_____元/个·月、车库车位_____元/个·月的标准提取停车管理服务费。

2. 停车场属于甲方所有、委托乙方管理的，业主和物业使用人有优先使用权，车位使用人应按露天车位_____元/个·月、车库车位_____元/个·月的标准向乙方交纳停车费。

乙方从停车费中按露天车位_____元/个·月、车库车位_____元/个·月的标准提取停车管理服务费。

3. 停车场车位所有权或使用权由业主购置的，车位使用人应按露天车位_____元/个·月、车库车位_____元/个·月的标准向乙方交纳停车管理服务费。

第十条　乙方应与停车场车位使用人签订书面的停车管理服务协议，明确双方在车位使用及停车管理服务等方面的权利、义务。

第十一条　本物业管理区域内的会所属_____（全体业主/甲方）所有。

会所委托乙方经营管理的，乙方按下列标准向使用会所的业主或物业使用人收取费用：

1. _____；
2. _____。

第十二条　本物业管理区域内属于全体业主所有的停车场、会所及其他物业共用部位、公用设备设施统一委托乙方经营，经营收入按下列约定分配：

1. _____；
2. _____。

第五章　物业的承接验收

第十三条　乙方承接物业时，甲方应配合乙方对以下物业共用部位、共用设施设备进行查验：

1. _____；
2. _____；
3. _____。

第十四条　甲乙双方确认查验过的物业共用部位、共用设施设备存在以下问题：

1. _____；
2. _____；
3. _____。

甲方应承担解决以上问题的责任，解决办法如下：

1. _____；

2. _____；
3. _____。

第十五条 对于本合同签订后承接的物业共用部位、共用设施设备，甲乙双方应按照前条规定进行查验并签订确认书，作为界定各自在开发建设和物业管理方面承担责任的依据。

第十六条 乙方承接物业时，甲方应向乙方移交下列资料：
1. 竣工总平面图，单体建筑、结构、设备竣工图，配套设施、地下管网工程竣工图等竣工验收资料；
2. 设施设备的安装、使用和维护保养等技术资料；
3. 物业质量保修文件和物业使用说明文件；
4. _____。

第十七条 甲方保证交付使用的物业符合国家规定的验收标准，按照国家规定的保修期限和保修范围承担物业的保修责任。

第六章 物业的使用与维护

第十八条 业主大会成立前，乙方应配合甲方制定本物业管理区域内物业共用部位和共用设施设备的使用、公共秩序和环境卫生的维护等方面的规章制度。

乙方根据规章制度提供管理服务时，甲方、业主和物业使用人应给予必要配合。

第十九条 乙方可采取规劝、_____、_____等必要措施，制止业主、物业使用人违反本临时公约和物业管理区域内物业管理规章制度的行为。

第二十条 乙方应及时向全体业主通告本物业管理区域内有关物业管理的重大事项，及时处理业主和物业使用人的投诉，接受甲方、业主和物业使用人的监督。

第二十一条 因维修物业或者公共利益，甲方确需临时占用、挖掘本物业管理区域内道路、场地的，应征得相关业主和乙方的同意；乙方确需临时占用、挖掘本物业管理区域内道路、场地的，应征得相关业主和甲方的同意。

临时占用、挖掘本物业管理区域内道路、场地的，应在约定期限内恢复原状。

第二十二条 乙方与装饰装修房屋的业主或物业使用人应签订书面的装饰装修管理服务协议，就允许施工的时间、废弃物的清运与处置、装修管理服务费用等事项进行约定，并事先告知业主或物业使用人装饰装修中的禁止行为和注意事项。

第二十三条 甲方应于_____（具体时间）按有关规定向乙方提供能够直接投入使用的物业管理用房。

物业管理用房建筑面积_____平方米，其中：办公用房_____平方米，位于_____；住宿用房_____平方米，位于_____；_____用房_____平方米，位于_____。

第二十四条 物业管理用房属全体业主所有，乙方在本合同期限内无偿使用，但不得改变其用途。

第七章　专项维修资金

第二十五条　专项维修资金的缴存_____。

第二十六条　专项维修资金的管理_____。

第二十七条　专项维修资金的使用_____。

第二十八条　专项维修资金的续筹_____。

第八章　违约责任

第二十九条　甲方违反本合同第十三条、第十四条、第十五条的约定，致使乙方的管理服务无法达到本合同第二条、第三条、第四条约定的服务内容和质量标准的，由甲方赔偿由此给业主和物业使用人造成的损失。

第三十条　除前条规定情况外，乙方的管理服务达不到本合同第二条、第三条、第四条约定的服务内容和质量标准，应按_____的标准向甲方、业主支付违约金。

第三十一条　甲方、业主或物业使用人违反本合同第六条、第七条的约定，未能按时足额交纳物业服务费用（物业服务资金）的，应按_____的标准向乙方支付违约金。

第三十二条　乙方违反本合同第六条、第七条的约定，擅自提高物业服务费用标准的，业主和物业使用人有权拒绝交纳超额部分；乙方已经收取的，业主和物业使用人有权要求乙方双倍返还。

第三十三条　甲方违反本合同第十七条的约定，拒绝或拖延履行保修义务的，业主、物业使用人可以自行或委托乙方修复，修复费用及造成的其他损失由甲方承担。

第三十四条　以下情况乙方不承担责任：

1. 因不可抗力导致物业管理服务中断的；

2. 乙方已履行本合同约定义务，但因物业本身固有瑕疵造成损失的；

3. 因维修养护物业共用部位、共用设施设备需要且事先已告知业主和物业使用人，暂时停水、停电、停止共用设施设备使用等造成损失的；

4. 因非乙方责任出现供水、供电、供气、供热、通信、有线电视及其他共用设施设备运行障碍造成损失的；

5. _____。

第九章　其他事项

第三十五条　本合同期限自_____年____月____日起至_____年____月____日止；但在本合同期限内，业主委员会代表全体业主与物业服务企业签订的物业服务合同生效时，本合同自动终止。

第三十六条　本合同期满前_____月，业主大会尚未成立的，甲、乙双方应就延长本合同期限达成协议；双方未能达成协议的，甲方应在本合同期满前选聘新的物业服务企业。

第三十七条　本合同终止时，乙方应将物业管理用房、物业管理相关资料等属于全体业主所有的财物及时完整地移交给业主委员会；业主委员会尚未成立的，移交给甲方或_____代管。

第三十八条 甲方与物业买受人签订的物业买卖合同，应当包含本合同约定的内容；物业买受人签订物业买卖合同，即为对接受本合同内容的承诺。

第三十九条 业主可与物业使用人就本合同的权利、义务进行约定，但物业使用人违反本合同约定的，业主应承担连带责任。

第四十条 本合同的附件为本合同不可分割的组成部分，与本合同具有同等法律效力。

第四十一条 本合同未尽事宜，双方可另行以书面形式签订补充协议，补充协议与本合同存在冲突的，以本合同为准。

第四十二条 本合同在履行中发生争议，由双方协商解决，协商不成，双方可选择以下第_____种方式处理：

1. 向_____仲裁委员会申请仲裁；
2. 向人民法院提起诉讼。

第四十三条 本合同一式_____份，甲、乙双方各执_____份。

     甲方（签章）：   乙方（签章）：
     法定代表人：   法定代表人：
                   年 月 日

附件一

物业构成明细

类　型	幢　数	套（单元）数	建筑面积（平方米）
高层住宅			
多层住宅			
别墅			
商业用房			
工业用房			
办公楼			
车库			
会所			
学校			
幼儿园			
用房			
合计			
备注			

附件二

物业共用部位明细

1. 房屋承重结构；
2. 房屋主体结构；
3. 公共门厅；
4. 公共走廊；
5. 公共楼梯间；
6. 内天井；
7. 户外墙面；
8. 屋面；
9. 传达室；
10. ＿＿＿＿＿＿＿＿＿＿＿＿＿；
11. ＿＿＿＿＿＿＿＿＿＿＿＿＿。

附件三

物业共用设施设备明细

1. 绿地_____平方米;
2. 道路_____平方米;
3. 化粪池_____个;
4. 污水井_____个;
5. 雨水井_____个;
6. 垃圾中转站_____个;
7. 水泵_____个;
8. 水箱_____个;
9. 电梯_____部;
10. 信报箱_____个;
11. 消防设施_____;
12. 公共照明设施_____;
13. 监控设施_____;
14. 避雷设施_____;
15. 共用天线_____;
16. 机动车库_____个_____平方米;
17. 露天停车场_____个_____平方米;
18. 非机动车库_____个_____平方米;
19. 共用设施设备用房_____平方米;
20. 物业管理用房_____平方米;
21. _____;
22. _____。

附件四

前期物业管理服务质量标准

一、物业共用部位的维修、养护和管理

1. _____;
2. _____;
3. _____。

二、物业共用设施设备的运行、维修、养护和管理

1. _____;
2. _____;
3. _____。

三、物业共用部位和相关场地的清洁卫生，垃圾的收集、清运及雨水、污水管道的疏通

1. _____；
2. _____；
3. _____。

四、公共绿化的养护和管理

1. _____；
2. _____；
3. _____。

五、车辆停放管理

1. _____；
2. _____；
3. _____。

六、公共秩序维护、安全防范等事项的协助管理

1. _____；
2. _____；
3. _____。

七、装饰装修管理服务

1. _____；
2. _____；
3. _____。

八、物业档案资料管理

1. _____；
2. _____；
3. _____。

九、其他服务

1. _____；
2. _____；
3. _____。

《前期物业服务合同（示范文本）》使用说明

1. 本示范文本仅供建设单位与物业服务企业签订《前期物业服务合同》参考使用。

2. 经协商确定，建设单位和物业服务企业可对本示范文本的条款内容进行选择、修改、增补或删减。

3. 本示范文本第六条、第七条、第八条、第九条第二款和第三款、第二十条、第二十一条、第二十二条、第二十四条所称业主，是指拥有房屋所有权的建设单位和房屋买受人；其他条款所称业主，是指拥有房屋所有权的房屋买受人。

关于印发《物业承接查验办法》的通知

建房〔2010〕165号

各省、自治区住房和城乡建设厅，直辖市房地局（建委），新疆生产建设兵团建设局：

　　为了规范物业承接查验行为，加强前期物业管理活动的指导和监督，维护业主的合法权益，根据《中华人民共和国物权法》、《中华人民共和国合同法》和《物业管理条例》等法律、法规的规定，我部制定了《物业承接查验办法》，现印发给你们，请贯彻执行。执行中的情况，请及时告知我部房地产市场监管司。

中华人民共和国住房和城乡建设部
二〇一〇年十月十四日

物业承接查验办法

　　第一条　为了规范物业承接查验行为，加强前期物业管理活动的指导和监督，维护业主的合法权益，根据《中华人民共和国物权法》、《中华人民共和国合同法》和《物业管理条例》等法律、法规的规定，制定本办法。

　　第二条　本办法所称物业承接查验，是指承接新建物业前，物业服务企业和建设单位按照国家有关规定和前期物业服务合同的约定，共同对物业共用部位、共用设施设备进行检查和验收的活动。

　　第三条　物业承接查验应当遵循诚实信用、客观公正、权责分明以及保护业主共有财产的原则。

　　第四条　鼓励物业服务企业通过参与建设工程的设计、施工、分户验收和竣工验收等活动，向建设单位提供有关物业管理的建议，为实施物业承接查验创造有利条件。

　　第五条　国务院住房和城乡建设主管部门负责全国物业承接查验活动的指导和监督工作。

　　县级以上地方人民政府房地产行政主管部门负责本行政区域内物业承接查验活动的指导和监督工作。

　　第六条　建设单位与物业买受人签订的物业买卖合同，应当约定其所交付物业的共用部位、共用设施设备的配置和建设标准。

　　第七条　建设单位制定的临时管理规约，应当对全体业主同意授权物业服务企业代为查验物业共用部位、共用设施设备的事项作出约定。

　　第八条　建设单位与物业服务企业签订的前期物业服务合同，应当包含物业承接查验的内容。

　　前期物业服务合同就物业承接查验的内容没有约定或者约定不明确的，建设单位与物业服务企业可以协议补充。

不能达成补充协议的，按照国家标准、行业标准履行；没有国家标准、行业标准的，按照通常标准或者符合合同目的的特定标准履行。

第九条　建设单位应当按照国家有关规定和物业买卖合同的约定，移交权属明确、资料完整、质量合格、功能完备、配套齐全的物业。

第十条　建设单位应当在物业交付使用 15 日前，与选聘的物业服务企业完成物业共用部位、共用设施设备的承接查验工作。

第十一条　实施承接查验的物业，应当具备以下条件：

（一）建设工程竣工验收合格，取得规划、消防、环保等主管部门出具的认可或者准许使用文件，并经建设行政主管部门备案；

（二）供水、排水、供电、供气、供热、通信、公共照明、有线电视等市政公用设施设备按规划设计要求建成，供水、供电、供气、供热已安装独立计量表具；

（三）教育、邮政、医疗卫生、文化体育、环卫、社区服务等公共服务设施已按规划设计要求建成；

（四）道路、绿地和物业服务用房等公共配套设施按规划设计要求建成，并满足使用功能要求；

（五）电梯、二次供水、高压供电、消防设施、压力容器、电子监控系统等共用设施设备取得使用合格证书；

（六）物业使用、维护和管理的相关技术资料完整齐全；

（七）法律、法规规定的其他条件。

第十二条　实施物业承接查验，主要依据下列文件：

（一）物业买卖合同；

（二）临时管理规约；

（三）前期物业服务合同；

（四）物业规划设计方案；

（五）建设单位移交的图纸资料；

（六）建设工程质量法规、政策、标准和规范。

第十三条　物业承接查验按照下列程序进行：

（一）确定物业承接查验方案；

（二）移交有关图纸资料；

（三）查验共用部位、共用设施设备；

（四）解决查验发现的问题；

（五）确认现场查验结果；

（六）签订物业承接查验协议；

（七）办理物业交接手续。

第十四条　现场查验 20 日前，建设单位应当向物业服务企业移交下列资料：

（一）竣工总平面图，单体建筑、结构、设备竣工图，配套设施、地下管网工程竣工图等竣工验收资料；

（二）共用设施设备清单及其安装、使用和维护保养等技术资料；

（三）供水、供电、供气、供热、通信、有线电视等准许使用文件；

（四）物业质量保修文件和物业使用说明文件；

（五）承接查验所必需的其他资料。

未能全部移交前款所列资料的，建设单位应当列出未移交资料的详细清单并书面承诺补交的具体时限。

第十五条　物业服务企业应当对建设单位移交的资料进行清点和核查，重点核查共用设施设备出厂、安装、试验和运行的合格证明文件。

第十六条　物业服务企业应当对下列物业共用部位、共用设施设备进行现场检查和验收：

（一）共用部位：一般包括建筑物的基础、承重墙体、柱、梁、楼板、屋顶以及外墙、门厅、楼梯间、走廊、楼道、扶手、护栏、电梯井道、架空层及设备间等；

（二）共用设备：一般包括电梯、水泵、水箱、避雷设施、消防设备、楼道灯、电视天线、发电机、变配电设备、给排水管线、电线、供暖及空调设备等；

（三）共用设施：一般包括道路、绿地、人造景观、围墙、大门、信报箱、宣传栏、路灯、排水沟、渠、池、污水井、化粪池、垃圾容器、污水处理设施、机动车（非机动车）停车设施、休闲娱乐设施、消防设施、安防监控设施、人防设施、垃圾转运设施以及物业服务用房等。

第十七条　建设单位应当依法移交有关单位的供水、供电、供气、供热、通信和有线电视等共用设施设备，不作为物业服务企业现场检查和验收的内容。

第十八条　现场查验应当综合运用核对、观察、使用、检测和试验等方法，重点查验物业共用部位、共用设施设备的配置标准、外观质量和使用功能。

第十九条　现场查验应当形成书面记录。查验记录应当包括查验时间、项目名称、查验范围、查验方法、存在问题、修复情况以及查验结论等内容，查验记录应当由建设单位和物业服务企业参加查验的人员签字确认。

第二十条　现场查验中，物业服务企业应当将物业共用部位、共用设施设备的数量和质量不符合约定或者规定的情形，书面通知建设单位，建设单位应当及时解决并组织物业服务企业复验。

第二十一条　建设单位应当委派专业人员参与现场查验，与物业服务企业共同确认现场查验的结果，签订物业承接查验协议。

第二十二条　物业承接查验协议应当对物业承接查验基本情况、存在问题、解决方法及其时限、双方权利义务、违约责任等事项作出明确约定。

第二十三条　物业承接查验协议作为前期物业服务合同的补充协议，与前期物业服务合同具有同等法律效力。

第二十四条　建设单位应当在物业承接查验协议签订后10日内办理物业交接手续，向物业服务企业移交物业服务用房以及其他物业共用部位、共用设施设备。

第二十五条　物业承接查验协议生效后，当事人一方不履行协议约定的交接义务，导致前期物业服务合同无法履行的，应当承担违约责任。

第二十六条　交接工作应当形成书面记录。交接记录应当包括移交资料明细、物业共用部位、共用设施设备明细、交接时间、交接方式等内容。交接记录应当由建设单位和物业服务企业共同签章确认。

第二十七条　分期开发建设的物业项目，可以根据开发进度，对符合交付使用条件的物业分期承接查验。建设单位与物业服务企业应当在承接最后一期物业时，办理物业项目整体交接手续。

第二十八条　物业承接查验费用的承担，由建设单位和物业服务企业在前期物业服务合同中约定。没有约定或者约定不明确的，由建设单位承担。

第二十九条　物业服务企业应当自物业交接后 30 日内，持下列文件向物业所在地的区、县（市）房地产行政主管部门办理备案手续：

（一）前期物业服务合同；

（二）临时管理规约；

（三）物业承接查验协议；

（四）建设单位移交资料清单；

（五）查验记录；

（六）交接记录；

（七）其他承接查验有关的文件。

第三十条　建设单位和物业服务企业应当将物业承接查验备案情况书面告知业主。

第三十一条　物业承接查验可以邀请业主代表以及物业所在地房地产行政主管部门参加，可以聘请相关专业机构协助进行，物业承接查验的过程和结果可以公证。

第三十二条　物业交接后，建设单位未能按照物业承接查验协议的约定，及时解决物业共用部位、共用设施设备存在的问题，导致业主人身、财产安全受到损害的，应当依法承担相应的法律责任。

第三十三条　物业交接后，发现隐蔽工程质量问题，影响房屋结构安全和正常使用的，建设单位应当负责修复；给业主造成经济损失的，建设单位应当依法承担赔偿责任。

第三十四条　自物业交接之日起，物业服务企业应当全面履行前期物业服务合同约定的、法律法规规定的以及行业规范确定的维修、养护和管理义务，承担因管理服务不当致使物业共用部位、共用设施设备毁损或者灭失的责任。

第三十五条　物业服务企业应当将承接查验有关的文件、资料和记录建立档案并妥善保管。

物业承接查验档案属于全体业主所有。前期物业服务合同终止，业主大会选聘新的物业服务企业的，原物业服务企业应当在前期物业服务合同终止之日起 10 日内，向业主委员会移交物业承接查验档案。

第三十六条　建设单位应当按照国家规定的保修期限和保修范围，承担物业共用部位、共用设施设备的保修责任。

建设单位可以委托物业服务企业提供物业共用部位、共用设施设备的保修服务，服务内容和费用由双方约定。

第三十七条　建设单位不得凭借关联关系滥用股东权利，在物业承接查验中免除自身责任，加重物业服务企业的责任，损害物业买受人的权益。

第三十八条　建设单位不得以物业交付期限届满为由，要求物业服务企业承接不符合交用条件或者未经查验的物业。

第三十九条　物业服务企业擅自承接未经查验的物业，因物业共用部位、共用设施设备缺陷给业主造成损害的，物业服务企业应当承担相应的赔偿责任。

第四十条　建设单位与物业服务企业恶意串通、弄虚作假，在物业承接查验活动中共同侵害业主利益的，双方应当共同承担赔偿责任。

第四十一条　物业承接查验活动，业主享有知情权和监督权。物业所在地房地产行政主管部门应当及时处理业主对建设单位和物业服务企业承接查验行为的投诉。

第四十二条　建设单位、物业服务企业未按本办法履行承接查验义务的，由物业所在地房地产行政主管部门责令限期改正；逾期仍不改正的，作为不良经营行为记入企业信用档案，并予以通报。

第四十三条　建设单位不移交有关承接查验资料的，由物业所在地房地产行政主管部门责令限期改正；逾期仍不移交的，对建设单位予以通报，并按照《物业管理条例》第五十九条的规定处罚。

第四十四条　物业承接查验中发生的争议，可以申请物业所在地房地产行政主管部门调解，也可以委托有关行业协会调解。

第四十五条　前期物业服务合同终止后，业主委员会与业主大会选聘的物业服务企业之间的承接查验活动，可以参照执行本办法。

第四十六条　省、自治区、直辖市人民政府住房和城乡建设主管部门可以依据本办法，制定实施细则。

第四十七条　本办法由国务院住房和城乡建设主管部门负责解释。

第四十八条　本办法自2011年1月1日起施行。

保安服务管理条例

(中华人民共和国国务院令 第564号)

《保安服务管理条例》已经2009年9月28日国务院第82次常务会议通过,现予公布,自2010年1月1日起施行。

总理 温家宝

二〇〇九年十月十三日

第一章 总 则

第一条 为了规范保安服务活动,加强对从事保安服务的单位和保安员的管理,保护人身安全和财产安全,维护社会治安,制定本条例。

第二条 本条例所称保安服务是指:

(一)保安服务公司根据保安服务合同,派出保安员为客户单位提供的门卫、巡逻、守护、押运、随身护卫、安全检查以及安全技术防范、安全风险评估等服务;

(二)机关、团体、企业、事业单位招用人员从事的本单位门卫、巡逻、守护等安全防范工作;

(三)物业服务企业招用人员在物业管理区域内开展的门卫、巡逻、秩序维护等服务。

前款第(二)项、第(三)项中的机关、团体、企业、事业单位和物业服务企业,统称自行招用保安员的单位。

第三条 国务院公安部门负责全国保安服务活动的监督管理工作。县级以上地方人民政府公安机关负责本行政区域内保安服务活动的监督管理工作。

保安服务行业协会在公安机关的指导下,依法开展保安服务行业自律活动。

第四条 保安服务公司和自行招用保安员的单位(以下统称保安从业单位)应当建立健全保安服务管理制度、岗位责任制度和保安员管理制度,加强对保安员的管理、教育和培训,提高保安员的职业道德水平、业务素质和责任意识。

第五条 保安从业单位应当依法保障保安员在社会保险、劳动用工、劳动保护、工资福利、教育培训等方面的合法权益。

第六条 保安服务活动应当文明、合法,不得损害社会公共利益或者侵犯他人合法权益。

保安员依法从事保安服务活动,受法律保护。

第七条 对在保护公共财产和人民群众生命财产安全、预防和制止违法犯罪活动中有突出贡献的保安从业单位和保安员,公安机关和其他有关部门应当给予表彰、奖励。

第二章　保安服务公司

第八条　保安服务公司应当具备下列条件：

（一）有不低于人民币 100 万元的注册资本；

（二）拟任的保安服务公司法定代表人和主要管理人员应当具备任职所需的专业知识和有关业务工作经验，无被刑事处罚、劳动教养、收容教育、强制隔离戒毒或者被开除公职、开除军籍等不良记录；

（三）有与所提供的保安服务相适应的专业技术人员，其中法律、行政法规有资格要求的专业技术人员，应当取得相应的资格；

（四）有住所和提供保安服务所需的设施、装备；

（五）有健全的组织机构和保安服务管理制度、岗位责任制度、保安员管理制度。

第九条　申请设立保安服务公司，应当向所在地设区的市级人民政府公安机关提交申请书以及能够证明其符合本条例第八条规定条件的材料。

受理的公安机关应当自收到申请材料之日起 15 日内进行审核，并将审核意见报所在地的省、自治区、直辖市人民政府公安机关。省、自治区、直辖市人民政府公安机关应当自收到审核意见之日起 15 日内作出决定，对符合条件的，核发保安服务许可证；对不符合条件的，书面通知申请人并说明理由。

第十条　从事武装守护押运服务的保安服务公司，应当符合国务院公安部门对武装守护押运服务的规划、布局要求，具备本条例第八条规定的条件，并符合下列条件：

（一）有不低于人民币 1000 万元的注册资本；

（二）国有独资或者国有资本占注册资本总额的 51% 以上；

（三）有符合《专职守护押运人员枪支使用管理条例》规定条件的守护押运人员；

（四）有符合国家标准或者行业标准的专用运输车辆以及通信、报警设备。

第十一条　申请设立从事武装守护押运服务的保安服务公司，应当向所在地设区的市级人民政府公安机关提交申请书以及能够证明其符合本条例第八条、第十条规定条件的材料。保安服务公司申请增设武装守护押运业务的，无须再次提交证明其符合本条例第八条规定条件的材料。

受理的公安机关应当自收到申请材料之日起 15 日内进行审核，并将审核意见报所在地的省、自治区、直辖市人民政府公安机关。省、自治区、直辖市人民政府公安机关应当自收到审核意见之日起 15 日内作出决定，对符合条件的，核发从事武装守护押运业务的保安服务许可证或者在已有的保安服务许可证上增注武装守护押运服务；对不符合条件的，书面通知申请人并说明理由。

第十二条　取得保安服务许可证的申请人，凭保安服务许可证到工商行政管理机关办理工商登记。取得保安服务许可证后超过 6 个月未办理工商登记的，取得的保安服务许可证失效。

保安服务公司设立分公司的，应当向分公司所在地设区的市级人民政府公安机关备案。备案应当提供总公司的保安服务许可证和工商营业执照，总公司法定代表人、分公司负责人和保安员的基本情况。

保安服务公司的法定代表人变更的，应当经原审批公安机关审核，持审核文件到工商行政管理机关办理变更登记。

第三章 自行招用保安员的单位

第十三条 自行招用保安员的单位应当具有法人资格，有符合本条例规定条件的保安员，有健全的保安服务管理制度、岗位责任制度和保安员管理制度。

娱乐场所应当依照《娱乐场所管理条例》的规定，从保安服务公司聘用保安员，不得自行招用保安员。

第十四条 自行招用保安员的单位，应当自开始保安服务之日起 30 日内向所在地设区的市级人民政府公安机关备案，备案应当提供下列材料：

（一）法人资格证明；

（二）法定代表人（主要负责人）、分管负责人和保安员的基本情况；

（三）保安服务区域的基本情况；

（四）建立保安服务管理制度、岗位责任制度、保安员管理制度的情况。

自行招用保安员的单位不再招用保安员进行保安服务的，应当自停止保安服务之日起 30 日内到备案的公安机关撤销备案。

第十五条 自行招用保安员的单位不得在本单位以外或者物业管理区域以外提供保安服务。

第四章 保 安 员

第十六条 年满 18 周岁，身体健康，品行良好，具有初中以上学历的中国公民可以申领保安员证，从事保安服务工作。申请人经设区的市级人民政府公安机关考试、审查合格并留存指纹等人体生物信息的，发给保安员证。

提取、留存保安员指纹等人体生物信息的具体办法，由国务院公安部门规定。

第十七条 有下列情形之一的，不得担任保安员：

（一）曾被收容教育、强制隔离戒毒、劳动教养或者 3 次以上行政拘留的；

（二）曾因故意犯罪被刑事处罚的；

（三）被吊销保安员证未满 3 年的；

（四）曾两次被吊销保安员证的。

第十八条 保安从业单位应当招用符合保安员条件的人员担任保安员，并与被招用的保安员依法签订劳动合同。保安从业单位及其保安员应当依法参加社会保险。

保安从业单位应当根据保安服务岗位需要定期对保安员进行法律、保安专业知识和技能培训。

第十九条 保安从业单位应当定期对保安员进行考核，发现保安员不合格或者严重违反管理制度，需要解除劳动合同的，应当依法办理。

第二十条 保安从业单位应当根据保安服务岗位的风险程度为保安员投保意外伤害保险。

保安员因工伤亡的,依照国家有关工伤保险的规定享受工伤保险待遇;保安员牺牲被批准为烈士的,依照国家有关烈士褒扬的规定享受抚恤优待。

第五章 保 安 服 务

第二十一条 保安服务公司提供保安服务应当与客户单位签订保安服务合同,明确规定服务的项目、内容以及双方的权利义务。保安服务合同终止后,保安服务公司应当将保安服务合同至少留存2年备查。

保安服务公司应当对客户单位要求提供的保安服务的合法性进行核查,对违法的保安服务要求应当拒绝,并向公安机关报告。

第二十二条 设区的市级以上地方人民政府确定的关系国家安全、涉及国家秘密等治安保卫重点单位不得聘请外商独资、中外合资、中外合作的保安服务公司提供保安服务。

第二十三条 保安服务公司派出保安员跨省、自治区、直辖市为客户单位提供保安服务的,应当向服务所在地设区的市级人民政府公安机关备案。备案应当提供保安服务公司的保安服务许可证和工商营业执照、保安服务合同、服务项目负责人和保安员的基本情况。

第二十四条 保安服务公司应当按照保安服务业服务标准提供规范的保安服务,保安服务公司派出的保安员应当遵守客户单位的有关规章制度。客户单位应当为保安员从事保安服务提供必要的条件和保障。

第二十五条 保安服务中使用的技术防范产品,应当符合有关的产品质量要求。保安服务中安装监控设备应当遵守国家有关技术规范,使用监控设备不得侵犯他人合法权益或者个人隐私。

保安服务中形成的监控影像资料、报警记录,应当至少留存30日备查,保安从业单位和客户单位不得删改或者扩散。

第二十六条 保安从业单位对保安服务中获知的国家秘密、商业秘密以及客户单位明确要求保密的信息,应当予以保密。

保安从业单位不得指使、纵容保安员阻碍依法执行公务、参与追索债务、采用暴力或者以暴力相威胁的手段处置纠纷。

第二十七条 保安员上岗应当着保安员服装,佩戴全国统一的保安服务标志。保安员服装和保安服务标志应当与人民解放军、人民武装警察和人民警察、工商税务等行政执法机关以及人民法院、人民检察院工作人员的制式服装、标志服饰有明显区别。

保安员服装由全国保安服务行业协会推荐式样,由保安服务从业单位在推荐式样范围内选用。保安服务标志式样由全国保安服务行业协会确定。

第二十八条 保安从业单位应当根据保安服务岗位的需要为保安员配备所需的装备。保安服务岗位装备配备标准由国务院公安部门规定。

第二十九条 在保安服务中,为履行保安服务职责,保安员可以采取下列措施:

(一)查验出入服务区域的人员的证件,登记出入的车辆和物品;

（二）在服务区域内进行巡逻、守护、安全检查、报警监控；

（三）在机场、车站、码头等公共场所对人员及其所携带的物品进行安全检查，维护公共秩序；

（四）执行武装守护押运任务，可以根据任务需要设立临时隔离区，但应当尽可能减少对公民正常活动的妨碍。

保安员应当及时制止发生在服务区域内的违法犯罪行为，对制止无效的违法犯罪行为应当立即报警，同时采取措施保护现场。

从事武装守护押运服务的保安员执行武装守护押运任务使用枪支，依照《专职守护押运人员枪支使用管理条例》的规定执行。

第三十条　保安员不得有下列行为：

（一）限制他人人身自由、搜查他人身体或者侮辱、殴打他人；

（二）扣押、没收他人证件、财物；

（三）阻碍依法执行公务；

（四）参与追索债务、采用暴力或者以暴力相威胁的手段处置纠纷；

（五）删改或者扩散保安服务中形成的监控影像资料、报警记录；

（六）侵犯个人隐私或者泄露在保安服务中获知的国家秘密、商业秘密以及客户单位明确要求保密的信息；

（七）违反法律、行政法规的其他行为。

第三十一条　保安员有权拒绝执行保安从业单位或者客户单位的违法指令。保安从业单位不得因保安员不执行违法指令而解除与保安员的劳动合同，降低其劳动报酬和其他待遇，或者停缴、少缴依法应当为其缴纳的社会保险费。

第六章　保安培训单位

第三十二条　保安培训单位应当具备下列条件：

（一）是依法设立的保安服务公司或者依法设立的具有法人资格的学校、职业培训机构；

（二）有保安培训所需的师资力量，其中保安专业师资人员应当具有大学本科以上学历或者10年以上治安保卫管理工作经历；

（三）有保安培训所需的场所、设施等教学条件。

第三十三条　申请从事保安培训的单位，应当向所在地设区的市级人民政府公安机关提交申请书以及能够证明其符合本条例第三十二条规定条件的材料。

受理的公安机关应当自收到申请材料之日起15日内进行审核，并将审核意见报所在地的省、自治区、直辖市人民政府公安机关。省、自治区、直辖市人民政府公安机关应当自收到审核意见之日起15日内作出决定，对符合条件的，核发保安培训许可证；对不符合条件的，书面通知申请人并说明理由。

第三十四条　从事武装守护押运服务的保安员的枪支使用培训，应当由人民警察院校、人民警察培训机构负责。承担培训工作的人民警察院校、人民警察培训机构应当向所在地的省、自治区、直辖市人民政府公安机关备案。

第三十五条　保安培训单位应当按照保安员培训教学大纲制订教学计划，对接受培训的人员进行法律、保安专业知识和技能培训以及职业道德教育。

保安员培训教学大纲由国务院公安部门审定。

第七章　监督管理

第三十六条　公安机关应当指导保安从业单位建立健全保安服务管理制度、岗位责任制度、保安员管理制度和紧急情况应急预案，督促保安从业单位落实相关管理制度。

保安从业单位、保安培训单位和保安员应当接受公安机关的监督检查。

第三十七条　公安机关建立保安服务监督管理信息系统，记录保安从业单位、保安培训单位和保安员的相关信息。

公安机关应当对提取、留存的保安员指纹等人体生物信息予以保密。

第三十八条　公安机关的人民警察对保安从业单位、保安培训单位实施监督检查应当出示证件，对监督检查中发现的问题，应当督促其整改。监督检查的情况和处理结果应当如实记录，并由公安机关的监督检查人员和保安从业单位、保安培训单位的有关负责人签字。

第三十九条　县级以上人民政府公安机关应当公布投诉方式，受理社会公众对保安从业单位、保安培训单位和保安员的投诉。接到投诉的公安机关应当及时调查处理，并反馈查处结果。

第四十条　国家机关及其工作人员不得设立保安服务公司，不得参与或者变相参与保安服务公司的经营活动。

第八章　法律责任

第四十一条　任何组织或者个人未经许可，擅自从事保安服务、保安培训的，依法给予治安管理处罚，并没收违法所得；构成犯罪的，依法追究刑事责任。

第四十二条　保安从业单位有下列情形之一的，责令限期改正，给予警告；情节严重的，并处1万元以上5万元以下的罚款；有违法所得的，没收违法所得：

（一）保安服务公司法定代表人变更未经公安机关审核的；

（二）未按照本条例的规定进行备案或者撤销备案的；

（三）自行招用保安员的单位在本单位以外或者物业管理区域以外开展保安服务的；

（四）招用不符合本条例规定条件的人员担任保安员的；

（五）保安服务公司未对客户单位要求提供的保安服务的合法性进行核查的，或者未将违法的保安服务要求向公安机关报告的；

（六）保安服务公司未按照本条例的规定签订、留存保安服务合同的；

（七）未按照本条例的规定留存保安服务中形成的监控影像资料、报警记录的。

客户单位未按照本条例的规定留存保安服务中形成的监控影像资料、报警记录的，依照前款规定处罚。

第四十三条　保安从业单位有下列情形之一的，责令限期改正，处 2 万元以上 10 万元以下的罚款；违反治安管理的，依法给予治安管理处罚；构成犯罪的，依法追究直接负责的主管人员和其他直接责任人员的刑事责任：

（一）泄露在保安服务中获知的国家秘密、商业秘密以及客户单位明确要求保密的信息的；

（二）使用监控设备侵犯他人合法权益或者个人隐私的；

（三）删改或者扩散保安服务中形成的监控影像资料、报警记录的；

（四）指使、纵容保安员阻碍依法执行公务、参与追索债务、采用暴力或者以暴力相威胁的手段处置纠纷的；

（五）对保安员疏于管理、教育和培训，发生保安员违法犯罪案件，造成严重后果的。

客户单位删改或者扩散保安服务中形成的监控影像资料、报警记录的，依照前款规定处罚。

第四十四条　保安从业单位因保安员不执行违法指令而解除与保安员的劳动合同，降低其劳动报酬和其他待遇，或者停缴、少缴依法应当为其缴纳的社会保险费的，对保安从业单位的处罚和对保安员的赔偿依照有关劳动合同和社会保险的法律、行政法规的规定执行。

第四十五条　保安员有下列行为之一的，由公安机关予以训诫；情节严重的，吊销其保安员证；违反治安管理的，依法给予治安管理处罚；构成犯罪的，依法追究刑事责任：

（一）限制他人人身自由、搜查他人身体或者侮辱、殴打他人的；

（二）扣押、没收他人证件、财物的；

（三）阻碍依法执行公务的；

（四）参与追索债务、采用暴力或者以暴力相威胁的手段处置纠纷的；

（五）删改或者扩散保安服务中形成的监控影像资料、报警记录的；

（六）侵犯个人隐私或者泄露在保安服务中获知的国家秘密、商业秘密以及客户单位明确要求保密的信息的；

（七）有违反法律、行政法规的其他行为的。

从事武装守护押运的保安员违反规定使用枪支的，依照《专职守护押运人员枪支使用管理条例》的规定处罚。

第四十六条　保安员在保安服务中造成他人人身伤亡、财产损失的，由保安从业单位赔付；保安员有故意或者重大过失的，保安从业单位可以依法向保安员追偿。

第四十七条　保安培训单位未按照保安员培训教学大纲的规定进行培训的，责令限期改正，给予警告；情节严重的，并处 1 万元以上 5 万元以下的罚款；以保安培训为名进行诈骗活动的，依法给予治安管理处罚；构成犯罪的，依法追究刑事责任。

第四十八条　国家机关及其工作人员设立保安服务公司，参与或者变相参与保安服务公司经营活动的,对直接负责的主管人员和其他直接责任人员依法给予处分。

第四十九条　公安机关的人民警察在保安服务活动监督管理工作中滥用职权、玩忽职守、徇私舞弊的,依法给予处分;构成犯罪的,依法追究刑事责任。

第九章　附　　则

第五十条　保安服务许可证、保安培训许可证以及保安员证的式样由国务院公安部门规定。

第五十一条　本条例施行前已经设立的保安服务公司、保安培训单位,应当自本条例施行之日起6个月内重新申请保安服务许可证、保安培训许可证。本条例施行前自行招用保安员的单位,应当自本条例施行之日起3个月内向公安机关备案。

本条例施行前已经从事保安服务的保安员,自本条例施行之日起1年内由保安员所在单位组织培训,经设区的市级人民政府公安机关考试、审查合格并留存指纹等人体生物信息的,发给保安员证。

第五十二条　本条例自2010年1月1日起施行。

电梯应急指南

第一章 总　　则

第一条　为了保障电梯乘客在乘梯出现紧急情况（困人、开门运行、溜梯、冲顶、夹人和伤人等）时能够得到及时解救，帮助人们应对电梯紧急情况，避免因恐慌、非理性操作而导致伤亡事故，最大限度地保障乘客的人身安全以及设备安全，制定本指南。

第二条　电梯使用管理单位应当根据《特种设备安全监察条例》及其他相关规定，加强对电梯运行的安全管理。

第三条　本指南所指电梯，是指动力驱动、沿刚性导轨或固定线路运送人、货物的机电设备，包括载人（货）电梯、自动扶梯、自动人行道等。

本指南所指电梯使用管理单位，是指设有电梯房屋建筑的产权人或其委托的电梯管理单位。

第二章　电梯的应急管理

第四条　电梯使用管理单位应当根据本单位的实际情况，配备电梯管理人员，落实每台电梯的责任人，配置必备的专业救助工具及 24 小时不间断的通信设备。

电梯使用管理单位应当制定电梯事故应急措施和救援预案。

第五条　电梯使用管理单位应当与电梯维修保养单位签订维修保养合同，明确电梯维修保养单位的责任。

电梯维修保养单位作为救助工作的责任单位之一，应当建立严格的救助规程，配置一定数量的专业救援人员和相应的专业工具等，确保接到电梯发生紧急情况报告后，及时赶到现场进行救助。

第六条　市、县人民政府应当逐步建立和完善电梯发生紧急情况时的社会救援体系。有条件的地方，应当设立电梯救援中心，组织专业力量，按区域建立救助网络。

第七条　电梯发生异常情况，电梯使用管理单位应当立即通知电梯维修保养单位或向电梯救援中心报告（已设立的），同时由本单位专业人员先行实施力所能及的处理。电梯维修保养单位或电梯救援中心应当指挥专业人员迅速赶到现场进行救助。

第八条　政府有关部门应当加强各种电梯紧急情况应对常识的宣传。电梯使用管理单位应当每年进行至少一次电梯应急预案的演练，并通过在电梯轿厢内张贴宣传品和标明注意事项等方式，宣传电梯安全使用和应对紧急情况的常识。

第三章　电梯的应急救援

第九条　乘客在遇到紧急情况时，应当采取以下求救和自我保护措施：

（一）通过警铃、对讲系统、移动电话或电梯轿厢内的提示方式进行求援，如电梯轿厢内有病人或其他危急情况，应当告知救援人员。

（二）与电梯轿厢门或已开启的轿厢门保持一定距离，听从管理人员指挥。

（三）在救援人员到达现场前不得撬砸电梯轿厢门或攀爬安全窗，不得将身体的任何部位伸出电梯轿厢外。

（四）保持镇静，可做屈膝动作，以减轻对电梯急停的不适应。

第十条　电梯使用管理单位接报电梯紧急情况的处理程序：

（一）值班人员发现所管理的电梯发生紧急情况或接到求助信号后，应当立即通知本单位专业人员到现场进行处理，同时通知电梯维修保养单位。

（二）值班人员应用电梯配置的通信对讲系统或其他可行方式，详细告知电梯轿厢内被困乘客应注意的事项。

（三）值班人员应当了解电梯轿厢所停楼层的位置、被困人数、是否有病人或其他危险因素等情况，如有紧急情况应当立即向有关部门和单位报告。

（四）电梯使用管理单位的专业人员到达现场后可先行实施救援程序，如自行救助有困难，应当配合电梯维修保养单位实施救援。

第十一条　乘客在电梯轿厢被困时的解救程序：

（一）到达现场的救援专业人员应当先判别电梯轿厢所处的位置再实施救援。

（二）电梯轿厢高于或低于楼面超过 0.5 米时，应当先执行盘车解救程序，再按照下列程序实施救援：

1. 确定电梯轿厢所在位置；
2. 关闭电梯总电源；
3. 用紧急开锁钥匙打开电梯厅门、轿厢门；
4. 疏导乘客离开轿厢，防止乘客跌伤；
5. 重新将电梯厅门、轿厢门关好；
6. 在电梯出入口处设置禁用电梯的指示牌。

第十二条　电梯使用管理单位的善后处理工作：

（一）如有乘客重伤，应当按事故报告程序进行紧急事故报告。

（二）向乘客了解事故发生的经过，调查电梯故障原因，协助做好相关的取证工作。

（三）如属电梯故障所致，应当督促电梯维修保养单位尽快检查并修复。

（四）及时向相关部门提交故障及事故情况汇报资料。

第四章　紧急状态时对电梯的处理

第十三条　发生火灾时，应当采取以下应急措施：

（一）立即向消防部门报警。

（二）按动有消防功能电梯的消防按钮，使消防电梯进入消防运行状态，以供消防人员使用；对于无消防功能的电梯，应当立即将电梯直驶至首层并切断电源或将电梯停于火灾尚未蔓延的楼层。在乘客离开电梯轿厢后，将电梯置于停止运行状态，用手关闭电梯轿厢厅门、轿门，切断电梯总电源。

（三）井道内或电梯轿厢发生火灾时，必须立即停梯疏导乘客撤离，切断电源，用灭火器灭火。

（四）有共用井道的电梯发生火灾时，应当立即将其余尚未发生火灾的电梯停于远离火灾蔓延区，或交给消防人员用以灭火使用。

（五）相邻建筑物发生火灾时，也应停梯，以避免因火灾停电造成困人事故。

第十四条　应对地震的应急措施：

（一）已发布地震预报的，应根据地方人民政府发布的紧急处理措施，决定电梯是否停止，何时停止。

（二）震前没有发出临震预报而突然发生震级和强度较大的地震，一旦有震感应当立即就近停梯，乘客迅速离开电梯轿厢。

（三）地震后应当由专业人员对电梯进行检查和试运行，正常后方可恢复使用。

第十五条　发生湿水时，在对建筑设施及时采取堵漏措施的同时，应当采取以下应急措施：

（一）当楼层发生水淹而使井道或底坑进水时，应当将电梯轿厢停于进水层站的上二层，停梯断电，以防止电梯轿厢进水。

（二）当底坑井道或机房进水较多时，立即停梯，断开总电源开关，防止发生短路、触电等事故。

（三）对湿水电梯应当进行除湿处理。确认湿水消除，并经试梯无异常后，方可恢复使用。

（四）电梯恢复使用后，要详细填写湿水检查报告，对湿水原因、处理方法、防范措施等记录清楚并存档。

中国物业管理协会关于印发
《普通住宅小区物业管理服务等级标准（试行）》的通知

中物协〔2004〕1号

各物业服务企业：

　　为了提高物业管理服务水平，督促物业服务企业提供质价相符的服务，引导业主正确评判物业服务企业的服务质量，树立等价有偿的消费观念，促进物业管理规范发展，根据国家发展与改革委员会会同建设部印发的《物业服务收费管理办法》，我会制定了《普通住宅小区物业管理服务等级标准（试行）》，现印发给你们，作为与开发建设单位或业主大会签订物业服务合同、确定物业服务等级、约定物业服务项目、内容与标准以及物业服务价格的参考依据。试行中的情况，请及时告知我会秘书处。

二〇〇四年一月六日

普通住宅小区物业管理服务等级标准（试行）

一　级

项目	内容与标准
（一）基本要求	1. 服务与被服务双方签订规范的物业服务合同，双方权利义务关系明确。 2. 承接项目时，对住宅小区共用部位、共用设施设备进行认真查验，验收手续齐全。 3. 管理人员、专业操作人员按照国家有关规定取得物业管理职业资格证书或者岗位证书。 4. 有完善的物业管理方案，质量管理、财务管理、档案管理等制度健全。 5. 管理服务人员统一着装、佩戴标志，行为规范，服务主动、热情。 6. 设有服务接待中心，公示24小时服务电话。急修半小时内、其他报修按双方约定时间到达现场，有完整的报修、维修和回访记录。 7. 根据业主需求，提供物业服务合同之外的特约服务和代办服务的，公示服务项目与收费价目。 8. 按有关规定和合同约定公布物业服务费用或者物业服务资金的收支情况。 9. 按合同约定规范使用住房专项维修资金。 每年至少1次征询业主对物业服务的意见，满意率80%以上。
（二）房屋管理	1. 对房屋共用部位进行日常管理和维修养护，检修记录和保养记录齐全。 2. 根据房屋实际使用年限，定期检查房屋共用部位的使用状况，需要维修，属于小修范围的，及时组织修复；属于大、中修范围的，及时编制维修计划和住房专项维修资金使用计划，向业主大会或者业主委员会提出报告与建议，根据业主大会的决定，组织维修。 3. 每日巡查1次小区房屋单元门、楼梯通道以及其他共用部位的门窗、玻璃等，做好巡查记录，并及时维修养护。 4. 按照住宅装饰装修管理有关规定和管理规约（临时管理规约）要求，建立完善的住宅装饰装修管理制度。装修前，依规定审核业主（使用人）的装修方案，告知装修人有关装饰装修的禁止行为和注意事项。每日巡查1次装修施工现场，发现影响房屋外观、危及房屋结构安全及拆改共用管线等损害公共利益现象的，及时劝阻并报告业主委员会和有关主管部门。 5. 对违反规划私搭乱建和擅自改变房屋用途的行为及时劝阻，并报告业主委员会和有关主管部门。 6. 小区主出入口设有小区平面示意图，主要路口设有路标。各组团、栋及单元（门）、户和公共配套设施、场地有明显标志。

续表

项目	内容与标准
（三）共用设施设备维修养护	1. 对共用设施设备进行日常管理和维修养护（依法应由专业部门负责的除外）。 2. 建立共用设施设备档案（设备台账），设施设备的运行、检查、维修、保养等记录齐全。 3. 设施设备标志齐全、规范，责任人明确；操作维护人员严格执行设施设备操作规程及保养规范；设施设备运行正常。 4. 对共用设施设备定期组织巡查，做好巡查记录，需要维修，属于小修范围的，及时组织修复；属于大、中修范围或者需要更新改造的，及时编制维修、更新改造计划和住房专项维修资金使用计划，向业主大会或业主委员会提出报告与建议，根据业主大会的决定，组织维修或者更新改造。 5. 载人电梯 24 小时正常运行。 6. 消防设施设备完好，可随时启用；消防通道畅通。 7. 设备房保持整洁、通风，无跑、冒、滴、漏和鼠害现象。 8. 小区道路平整，主要道路及停车场交通标志齐全、规范。 9. 路灯、楼道灯完好率不低于 95%。 10. 容易危及人身安全的设施设备有明显警示标志和防范措施；对可能发生的各种突发设备故障有应急方案。
（四）协助维护公共秩序	1. 小区主出入口 24 小时站岗值勤。 2. 对重点区域、重点部位每 1 小时至少巡查 1 次；配有安全监控设施的，实施 24 小时监控。 3. 对进出小区的车辆实施证、卡管理，引导车辆有序通行、停放。 4. 对进出小区的装修、家政等劳务人员实行临时出入证管理。 5. 对火灾、治安、公共卫生等突发事件有应急预案，事发时及时报告业主委员会和有关部门，并协助采取相应措施。
（五）保洁服务	1. 高层按层、多层按幢设置垃圾桶，每日清运 2 次。垃圾袋装化，保持垃圾桶清洁、无异味。 2. 合理设置果壳箱或者垃圾桶，每日清运 2 次。 3. 小区道路、广场、停车场、绿地等每日清扫 2 次；电梯厅、楼道每日清扫 2 次，每周拖洗 1 次；一层共用大厅每日拖洗 1 次；楼梯扶手每日擦洗 1 次；共用部位玻璃每周清洁 1 次；路灯、楼道灯每月清洁 1 次。及时清除道路积水、积雪。 4. 共用雨、污水管道每年疏通 1 次；雨、污水井每月检查 1 次，视检查情况及时清掏；化粪池每月检查 1 次，每半年清掏 1 次，发现异常及时清掏。 5. 二次供水水箱按规定清洗，定时巡查，水质符合卫生要求。 6. 根据当地实际情况定期进行消毒和灭虫除害。
（六）绿化养护管理	1. 有专业人员实施绿化养护管理。 2. 草坪生长良好，及时修剪和补栽补种，无杂草、杂物。 3. 花卉、绿篱、树木应根据其品种和生长情况，及时修剪整形，保持观赏效果。 4. 定期组织浇灌、施肥和松土，做好防涝、防冻。 5. 定期喷洒药物，预防病虫害。

二 级

项目	内容与标准
（一）基本要求	1. 服务与被服务双方签订规范的物业服务合同，双方权利义务关系明确。 2. 承接项目时，对住宅小区共用部位、共用设施设备进行认真查验，验收手续齐全。 3. 管理人员、专业操作人员按照国家有关规定取得物业管理职业资格证书或者岗位证书。 4. 有完善的物业管理方案，质量管理、财务管理、档案管理等制度健全。 5. 管理服务人员统一着装、佩戴标志，行为规范，服务主动、热情。 6. 公示16小时服务电话。急修1小时内、其他报修按双方约定时间到达现场，有报修、维修和回访记录。 7. 根据业主需求，提供物业服务合同之外的特约服务和代办服务的，公示服务项目与收费价目。 8. 按有关规定和合同约定公布物业服务费用或者物业服务资金的收支情况。 9. 按合同约定规范使用住房专项维修资金。 10. 每年至少1次征询业主对物业服务的意见，满意率75%以上。
（二）房屋管理	1. 对房屋共用部位进行日常管理和维修养护，检修记录和保养记录齐全。 2. 根据房屋实际使用年限，适时检查房屋共用部位的使用状况，需要维修，属于小修范围的，及时组织修复；属于大、中修范围的，及时编制维修计划和住房专项维修资金使用计划，向业主大会或者业主委员会提出报告与建议，根据业主大会的决定，组织维修。 3. 每3日巡查1次小区房屋单元门、楼梯通道以及其他共用部位的门窗、玻璃等，做好巡查记录，并及时维修养护。 4. 按照住宅装饰装修管理有关规定和管理规约（临时管理规约）要求，建立完善的住宅装饰装修管理制度。装修前，依规定审核业主（使用人）的装修方案，告知装修人有关装饰装修的禁止行为和注意事项。每3日巡查1次装修施工现场，发现影响房屋外观、危及房屋结构安全及拆改共用管线等损害公共利益现象的，及时劝阻并报告业主委员会和有关主管部门。 5. 对违反规划私搭乱建和擅自改变房屋用途的行为及时劝阻，并报告业主委员会和有关主管部门。 6. 小区主出入口设有小区平面示意图，各组团、栋及单元（门）、户有明显标志。

续表

项目	内容与标准
（三）共用设施设备维修养护	1. 对共用设施设备进行日常管理和维修养护（依法应由专业部门负责的除外）。 2. 建立共用设施设备档案（设备台账），设施设备的运行、检查、维修、保养等记录齐全。 3. 设施设备标志齐全、规范，责任人明确；操作维护人员严格执行设施设备操作规程及保养规范；设施设备运行正常。 4. 对共用设施设备定期组织巡查，做好巡查记录，需要维修，属于小修范围的，及时组织修复；属于大、中修范围或者需要更新改造的，及时编制维修、更新改造计划和住房专项维修资金使用计划，向业主大会或业主委员会提出报告与建议，根据业主大会的决定，组织维修或者更新改造。 5. 载人电梯早 6 点至晚 12 点正常运行。 6. 消防设施设备完好，可随时启用；消防通道畅通。 7. 设备房保持整洁、通风，无跑、冒、滴、漏和鼠害现象。 8. 小区主要道路及停车场交通标志齐全。 9. 路灯、楼道灯完好率不低于 90%。 10. 容易危及人身安全的设施设备有明显警示标志和防范措施；对可能发生的各种突发设备故障有应急方案。
（四）协助维护公共秩序	1. 小区主出入口 24 小时值勤。 2. 对重点区域、重点部位每 2 小时至少巡查 1 次。 3. 对进出小区的车辆进行管理，引导车辆有序通行、停放。 4. 对进出小区的装修等劳务人员实行登记管理。 5. 对火灾、治安、公共卫生等突发事件有应急预案，事发时及时报告业主委员会和有关部门，并协助采取相应措施。
（五）保洁服务	1. 按幢设置垃圾桶，生活垃圾每天清运 1 次。 2. 小区道路、广场、停车场、绿地等每日清扫 1 次；电梯厅、楼道每日清扫 1 次，半月拖洗 1 次；楼梯扶手每周擦洗 2 次；共用部位玻璃每月清洁 1 次；路灯、楼道灯每季度清洁 1 次。及时清除区内主要道路积水、积雪。 3. 区内公共雨、污水管道每年疏通 1 次；雨、污水井每季度检查 1 次，并视检查情况及时清掏；化粪池每 2 个月检查 1 次，每年清掏 1 次，发现异常及时清掏。 4. 二次供水水箱按规定清洗，定时巡查，水质符合卫生要求。 5. 根据当地实际情况定期进行消毒和灭虫除害。
（六）绿化养护管理	1. 有专业人员实施绿化养护管理。 2. 对草坪、花卉、绿篱、树木定期进行修剪、养护。 3. 定期清除绿地杂草、杂物。 4. 适时组织浇灌、施肥和松土，做好防涝、防冻。 5. 适时喷洒药物，预防病虫害。

三　级

项目	内容与标准
（一）基本要求	1. 服务与被服务双方签订规范的物业服务合同，双方权利义务关系明确。 2. 承接项目时，对住宅小区共用部位、共用设施设备进行认真查验，验收手续齐全。 3. 管理人员、专业操作人员按照国家有关规定取得物业管理职业资格证书或者岗位证书。 4. 有完善的物业管理方案，质量管理、财务管理、档案管理等制度健全。 5. 管理服务人员佩戴标志，行为规范，服务主动、热情。 6. 公示 8 小时服务电话。报修按双方约定时间到达现场，有报修、维修记录。 7. 按有关规定和合同约定公布物业服务费用或者物业服务资金的收支情况。 8. 按合同约定规范使用住房专项维修资金。 9. 每年至少 1 次征询业主对物业服务的意见，满意率 70%以上。
（二）房屋管理	1. 对房屋共用部位进行日常管理和维修养护，检修记录和保养记录齐全。 2. 根据房屋实际使用年限，检查房屋共用部位的使用状况，需要维修，属于小修范围的，及时组织修复；属于大、中修范围的，及时编制维修计划和住房专项维修资金使用计划，向业主大会或者业主委员会提出报告与建议，根据业主大会的决定，组织维修。 3. 每周巡查 1 次小区房屋单元门、楼梯通道以及其他共用部位的门窗、玻璃等，定期维修养护。 4. 按照住宅装饰装修管理有关规定和管理规约（临时管理规约）要求，建立完善的住宅装饰装修管理制度。装修前，依规定审核业主（使用人）的装修方案，告知装修人有关装饰装修的禁止行为和注意事项。至少两次巡查装修施工现场，发现影响房屋外观、危及房屋结构安全及拆改共用管线等损害公共利益现象的，及时劝阻并报告业主委员会和有关主管部门。 5. 对违反规划私搭乱建和擅自改变房屋用途的行为及时劝阻，并报告业主委员会和有关主管部门。 6. 各组团、栋、单元（门）、户有明显标志。
（三）共用设施设备维修养护	1. 对共用设施设备进行日常管理和维修养护（依法应由专业部门负责的除外）。 2. 建立共用设施设备档案（设备台账），设施设备的运行、检修等记录齐全。 3. 操作维护人员严格执行设施设备操作规程及保养规范；设施设备运行正常。 4. 对共用设施设备定期组织巡查，做好巡查记录，需要维修，属于小修范围的，及时组织修复；属于大、中修范围或者需要更新改造的，及时编制维修、更新改造计划和住房专项维修资金使用计划，向业主大会或业主委员会提出报告与建议，根据业主大会的决定，组织维修或者更新改造。 5. 载人电梯早 6 点至晚 12 点正常运行。 6. 消防设施设备完好，可随时启用；消防通道畅通。 7. 路灯、楼道灯完好率不低于 80%。 8. 容易危及人身安全的设施设备有明显警示标志和防范措施；对可能发生的各种突发设备故障有应急方案。

续表

项目	内容与标准
（四）协助维护公共秩序	1. 小区 24 小时值勤。 2. 对重点区域、重点部位每 3 小时至少巡查 1 次。 3. 车辆停放有序。 4. 对火灾、治安、公共卫生等突发事件有应急预案，事发时及时报告业主委员会和有关部门，并协助采取相应措施。
（五）保洁服务	1. 小区内设有垃圾收集点，生活垃圾每天清运 1 次。 2. 小区公共场所每日清扫 1 次；电梯厅、楼道每日清扫 1 次；共用部位玻璃每季度清洁 1 次；路灯、楼道灯每半年清洁 1 次。 3. 区内公共雨、污水管道每年疏通 1 次；雨、污水井每半年检查 1 次，并视检查情况及时清掏；化粪池每季度检查 1 次，每年清掏 1 次，发现异常及时清掏。 4. 二次供水水箱按规定清洗，水质符合卫生要求。
（六）绿化养护管理	1. 对草坪、花卉、绿篱、树木定期进行修剪、养护。 2. 定期清除绿地杂草、杂物。 3. 预防花草、树木病虫害。

《普通住宅小区物业管理服务等级标准（试行）》的使用说明

  1. 本标准为普通商品住房、经济适用住房、房改房、集资建房、廉租住房等普通住宅小区物业服务的试行标准。物业服务收费实行市场调节价的高档商品住宅的物业服务不适用本标准。

  2. 本标准根据普通住宅小区物业服务需求的不同情况，由高到低设定为一级、二级、三级三个服务等级，级别越高，表示物业服务标准越高。

  3. 本标准各等级服务分别由基本要求、房屋管理、共用设施设备维修养护、协助维护公共秩序、保洁服务、绿化养护管理等六大项主要内容组成。本标准以外的其他服务项目、内容及标准，由签订物业服务合同的双方协商约定。

  4. 选用本标准时，应充分考虑住宅小区的建设标准、配套设施设备、服务功能及业主（使用人）的居住消费能力等因素，选择相应的服务等级。

教师服务

感谢您选用清华大学出版社的教材！为了更好地服务教学，我们为授课教师提供本书的教学辅助资源，以及本学科重点教材信息。请您扫码获取。

>> **教辅获取**

本书教辅资源，授课教师扫码获取

>> **样书赠送**

企业管理类重点教材，教师扫码获取样书

 清华大学出版社

E-mail: tupfuwu@163.com
电话：010-83470332 / 83470142
地址：北京市海淀区双清路学研大厦 B 座 509
网址：http://www.tup.com.cn/
传真：8610-83470107
邮编：100084